현대자동차 모빌리티

생산직/기술인력 **필기시험**

시대에듀

시대에듀 현대자동차 모빌리티 생산직/기술인력
필기시험 2개년 기출 + 모의고사 4회

Always **with you**

사람의 인연은 길에서 우연하게 만나거나 함께 살아가는 것만을 의미하지는 않습니다.
책을 펴내는 출판사와 그 책을 읽는 독자의 만남도 소중한 인연입니다.
시대에듀는 항상 독자의 마음을 헤아리기 위해 노력하고 있습니다. 늘 독자와 함께하겠습니다.

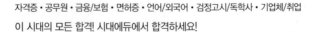

현대자동차그룹은 창의적 사고와 끝없는 도전을 통해 새로운 미래를 창조함으로써 인류 사회의 꿈을 실현한다는 경영철학을 바탕으로 한다. 현대자동차그룹은 고객의 삶의 동반자로서 만족과 감동을 주는 브랜드로 더욱 성장하기 위해, 브랜드 슬로건 'New Thinking, New Possibilities'를 바탕으로 브랜드 방향성인 'Modern Premium'을 고객에게 전달하고자 한다.

현대자동차그룹은 이러한 그룹의 비전에 적합한 인재를 창출해 내기 위해 최근 수시채용으로 전환하여 채용을 실시하고 있으며, 2023년 10년 만에 생산직 채용을 실시해 청년실업을 해소하고 국내 고용을 활성화하고자 하였다.

이에 시대에듀에서는 현대자동차그룹에 입사하고자 하는 수험생들에게 도움이 되고자 다음과 같은 특징을 가진 본서를 출간하게 되었다.

도서의 특징

❶ 2024~2023년에 출제된 2개년 기출복원문제를 수록하여 최신 출제경향을 파악할 수 있도록 하였다.

❷ 현대자동차 생산직/기술인력 필기시험의 출제영역별 핵심이론과 적중예상문제를 통해 보다 체계적으로 학습할 수 있도록 하였다.

❸ 실제 시험과 유사한 최종점검 모의고사 3회분과 온라인 모의고사 1회분을 수록하여 실전과 같이 연습할 수 있도록 하였다.

❹ 부록으로 현대자동차그룹의 회사상식과 문제를 수록하여 회사에 대한 기본지식을 다지며 실전에 대비할 수 있도록 하였다.

❺ 인성검사와 면접 유형 및 실전 대책, 면접 기출 질문을 수록하여 한 권으로 채용 전반에 대비할 수 있도록 하였다.

끝으로 본서를 통해 현대자동차 모빌리티 생산직/기술인력 채용을 준비하는 여러분 모두에게 합격의 기쁨이 있기를 진심으로 기원한다.

SDC(Sidae Data Center) 씀

현대자동차그룹 이야기 INTRODUCE

⟳ 비전

> ### 휴머니티를 향한 진보
> ## Progress for Humanity

현대자동차그룹은 진보가 인류에 대한 깊은 배려와 맞닿아 있을 때 비로소 의미를 가진다고 믿는다. 휴머니티는 현대자동차그룹을 하나로 만들고, 관계를 더욱 단단하게 해준다. 그리고 무엇에 힘을 쏟아야 할지 알려주며, 혁신을 향해 나아가야 할 지향점을 제시해 준다. 이러한 원칙은 현대자동차그룹의 관계를 더 강하게 하고, 서로를 공감하게 하여 더 가치 있는 삶을 제공한다. 현대자동차그룹은 인류를 위해 옳은 일을 하고자 존재한다.

⟳ 핵심 가치

5대 핵심 가치는 현대자동차그룹의 조직과 구성원에게 내재되어 있는 성공 DNA이자 더 나은 미래를 향하여 새롭게 발전시키고 있는 구체적인 행동양식이다. 현대자동차그룹은 5대 핵심 가치를 통해 글로벌 기업의 위상에 맞는 선진문화를 구축하며 성공 DNA를 더욱 발전시켜 나갈 것이다.

고객 최우선 CUSTOMER	최고의 품질과 최상의 서비스를 제공함으로써 모든 가치의 중심에 고객을 최우선으로 두는 고객 감동의 기업 문화를 조성한다.
도전적 실행 CHALLENGE	현실에 안주하지 않고 새로운 가능성에 도전하며 '할 수 있다'는 열정과 창의적 사고로 반드시 목표를 달성한다.
소통과 협력 COLLABORATION	타 부문 및 협력사에 대한 상호 소통과 협력을 통해 '우리'라는 공동체 의식을 나눔으로써 시너지효과를 창출한다.
인재 존중 PEOPLE	우리 조직의 미래가 각 구성원의 마음가짐과 역량에 달려 있음을 믿고 자기계발에 힘쓰며, 인재 존중의 기업문화를 만들어 간다.
글로벌 지향 GLOBALITY	문화와 관행의 다양성을 존중하며, 모든 분야에서 글로벌 최고를 지향하고 글로벌 기업 시민으로서 존경받는 개인과 조직이 된다.

○ 인재상

> 도전, 창의, 열정, 협력, 글로벌 마인드로
> 그룹의 핵심 가치를 실천할 수 있는 인재

도전 ▶ 실패를 두려워하지 않으며,
신념과 의지를 가지고 적극적으로 업무를 추진하는 인재

창의 ▶ 항상 새로운 시각에서 문제를 바라보며
창의적인 사고와 행동을 실무에 적용하는 인재

열정 ▶ 주인의식과 책임감을 바탕으로
회사와 고객을 위해 헌신적으로 몰입하는 인재

협력 ▶ 개방적 사고를 바탕으로 타 조직과 방향성을 공유하고
타인과 적극적으로 소통하는 인재

글로벌 마인드 ▶ 타 문화의 이해와 다양성의 존중을 바탕으로
글로벌 네트워크를 활용하여 전문성을 개발하는 인재

현대자동차그룹 채용안내 INFORMATION

모집시기
시기가 정해져 있지는 않으며, 연중 수시로 진행

지원방법
현대자동차그룹 채용 홈페이지(talent.hyundai.com)를 통한 온라인 지원 접수

필수요건
1. 고등학교 이상의 학력을 보유하신 분
2. 해외여행에 결격 사유가 없는 분
3. 남성의 경우, 지원서 접수 마감일까지 병역을 마쳤거나 면제되신 분

우대요건
[한국산업인력공단]에서 주관하는 국가기술자격 항목 중 자동차생산 직무와 관련된 자격증에 한해 우대

※ 발행처 기준, 한국산업인력공단 외 자격증은 입력하지 않아도 됨

채용절차

지원서 접수 → 서류 전형 → 인적성검사 → 1차면접 → 2차면접(+채용검진) → 최종합격

학습플랜 STUDY PLAN

본서에 수록된 전 영역을 단기간에 끝낼 수 있도록 구성한 학습플랜이다. 한 번에 전 영역을 공부하지 않고, 한 영역을 집중적으로 공부할 수 있도록 하였다. 필기시험에 대한 기초 학습은 되어 있으나, 학습 계획 세우기에 자신이 없는 분들 혹은 미리 시험에 대비하지 못해 단시간에 많은 분량을 봐야 하는 수험생에게 추천한다.

TWO WEEKS STUDY PLAN

	1일 차 ☐	2일 차 ☐	3일 차 ☐
Start!	_____월_____일	_____월_____일	_____월_____일

4일 차 ☐	5일 차 ☐	6일 차 ☐	7일 차 ☐
_____월_____일	_____월_____일	_____월_____일	_____월_____일

8일 차 ☐	9일 차 ☐	10일 차 ☐	11일 차 ☐
_____월_____일	_____월_____일	_____월_____일	_____월_____일

12일 차 ☐	13일 차 ☐	14일 차 ☐	
_____월_____일	_____월_____일	_____월_____일	**Finish**

이 책의 차례 CONTENTS

Add+
기출복원문제

01 | 2024년 상반기 기출복원문제

01 다음 중 밑줄 친 단어의 철자가 옳지 않은 것은?

> The mechanics <u>replace</u> old parts of the <u>gearshift</u> and <u>assamble</u> it to <u>maintain</u> it in optimal <u>condition</u>.

① replace
② gearshift
③ assamble
④ maintain
⑤ condition

02 잇수가 48개인 A기어가 B기어와 서로 맞물려 회전하고 있다. A기어가 240바퀴 회전할 때 B기어가 320바퀴 회전한다면, A기어와 B기어의 잇수의 차이는?

① 12개
② 16개
③ 20개
④ 24개
⑤ 28개

정답 및 해설

01 | 머휘 |
• assemble : 조립하다

| 해석 |

정비사들은 변속기어의 오래된 부품을 교체하고 조립하여 최적의 상태를 유지합니다.

02 서로 맞물려 돌아가는 두 기어의 회전수의 비는 다음과 같다.
(A기어의 회전수) : (B기어의 회전수)＝240 : 320＝3 : 4

(A기어의 잇수)×3＝(B기어의 잇수)×4이므로 B기어의 잇수는 $\dfrac{48 \times 3}{4}=36$개이다.

따라서 두 기어의 잇수의 차이는 48－36＝12개이다.

01 ③ 02 ① 정답

03 다음 글의 내용으로 적절하지 않은 것은?

> 최근 민간 부문에 이어 공공 부문의 인사관리 분야에 '역량(Competency)'의 개념이 핵심 주제로 등장하고 있다. '역량'이라는 개념은 1973년 사회심리학자인 맥클랜드에 의하여 '전통적 학업 적성 검사 혹은 성취도 검사의 문제점 지적'이라는 연구에서 본격적으로 논의된 이후 다양하게 정의되어 왔으나, 여기서의 역량의 개념은 직무에서 탁월한 성과를 나타내는 고성과자(High Performer)에게서 일관되게 관찰되는 행동적 특성을 의미한다. 즉, 지식·기술·태도 등 내적 특성들이 상호작용하여 높은 성과로 이어지는 행동적 특성이다. 따라서 역량은 관찰과 측정할 수 있는 구체적인 행위의 관점에서 설명된다. 조직이 필요로 하는 역량 모델이 개발된다면 이는 채용이나 선발, 경력 관리, 평가와 보상, 교육·훈련 등 다양한 인사관리 분야에 적용될 수 있다.

① 역량의 개념 정의는 역사적으로 다양하였다.
② 역량은 개인의 내재적 특성을 포함하는 개념이다.
③ 역량은 직무에서 높은 성과로 이어지는 행동적 특성을 말한다.
④ 역량 모델은 공공 부문보다 민간 부문에서 더욱 효과적으로 작용한다.
⑤ 역량 모델의 개발은 조직의 인사관리를 용이하게 한다.

04 체중계 눈금이 600N인 현수가 엘리베이터를 탔다. 이 엘리베이터가 $2m/s^2$의 가속도로 위층으로 올라갈 때와 같은 가속도로 아래층으로 내려갈 때 엘리베이터 안에서 현수의 질량과 체중계 눈금은?(단, 중력가속도는 $10m/s^2$으로 가정한다)

	상승할 때 현수의 질량	상승할 때 체중계 눈금	하강할 때 현수의 질량	하강할 때 체중계 눈금
①	72kg	600N	48kg	600N
②	72kg	720N	48kg	480N
③	60kg	720N	60kg	480N
④	60kg	480N	60kg	720N
⑤	60kg	600N	60kg	600N

정답 및 해설

03 민간 부문에서 역량 모델의 도입에 대한 논의가 먼저 이루어진 것으로 짐작할 수는 있지만, 이것이 민간 부문에서 더욱 효과적으로 작용한다는 것을 의미한다고 보기는 어렵다.

04 현수의 무게는 600N이므로 질량은 $\frac{600}{10}=60$kg이다. 따라서 위층으로 $2m/s^2$의 가속도로 올라가는 엘리베이터 안에서 현수의 무게는 $60\times(10+2)=720$N이고, 같은 가속도로 아래층으로 내려가는 엘리베이터 안에서 현수의 무게는 $60\times(10-2)=480$N이다. 한편, 현수의 질량은 변하지 않으므로 항상 60kg이다.

A는 H자동차 비서실에서 근무하고 있으며, B비서실장과 C대리와 함께 사장을 보좌하고 있다. 군대를 제대하고 입사한 A와 C대리는 동갑이지만 C대리가 입사 선배이므로 비서실에서 선후배로 지내고 있다.

05 다음 중 비서실 내에서의 바람직한 인간관계를 유지하기 위한 설명으로 적절하지 않은 것은?

① 선배 비서의 업무처리 방식이 자신의 방식과 다르더라도 선배의 업무스타일을 존중하고 맞추도록 노력하는 것이 좋다.
② 사장을 보좌하는 비서이지만, 비서실장의 지휘하에 업무를 수행하도록 한다.
③ 사장에게 보고할 내용이 있으면 비서실장에게 먼저 보고한 후 사장에게 보고한다.
④ 비서실장과 선배 비서가 갈등 관계에 있다면, 사장에게 조언을 구한 후 지시에 따른다.
⑤ 모르는 업무가 있다면, 독단적으로 처리하지 말고 선배 비서 등에게 조언을 구한다.

06 A는 최근 C대리가 다른 임원 비서에게 자신의 험담을 하는 것을 듣게 되어 선배 비서에게 약간의 실망감을 느꼈다. A와 선배 비서와의 갈등을 해결하는 방법으로 가장 적절한 것은?

① 선배가 나에 대해 호의적이지 않음을 알았으므로 되도록 공동의 업무를 줄여나간다.
② 다른 임원 비서에게 오해를 적극적으로 해명하고 C대리와의 관계를 설명한다.
③ 업무시간이 끝난 후 회식 등의 모임에서 C대리에게 다가가려고 노력하여 친구로 지낸다.
④ C대리가 가입한 사내 등산모임에 가입하여 자연스럽게 오해를 풀도록 노력한다.
⑤ 업무 이외의 사적인 이야기는 아예 꺼내지 않도록 한다.

정답 및 해설

05 제시문의 비서실장과 선배 비서는 엄연한 회사의 상사로, 이런 직속 상사 간의 갈등관계를 사장에게 직접 보고하는 등의 행동은 적절하지 않다.

06 갈등을 완화하기 위해 노력한다.
• 완화(Smoothing) : 갈등해소 방법의 하나로, 당사자들의 차이를 축소해석하고 유사성이나 공동이익을 강조하는 방법

05 ④ 06 ④ 〈 정답

07 다음 중 〈보기〉에 제시된 자동차 도장 순서를 바르게 나열한 것은?

> **보기**
>
> (가) 작업면 건조   (나) 베이스 코트 도장
> (다) 표면 샌딩   (라) 클리어 코트 도장

① (가) － (다) － (나) － (라)   ② (가) － (다) － (라) － (나)
③ (다) － (나) － (라) － (가)   ④ (다) － (라) － (나) － (가)
⑤ (라) － (다) － (나) － (가)

08 다음은 주요 국가별 자국 영화 점유율에 대한 자료이다. 이에 대한 설명으로 옳지 않은 것은?

〈주요 국가별 자국 영화 점유율〉

(단위 : %)

구분	2020년	2021년	2022년	2023년
한국	50	42	48	46
일본	47	51	58	53
영국	28	31	16	25
프랑스	36	45	36	35
미국	90	91	92	91

① 자국 영화 점유율에서 프랑스가 한국을 앞지른 해는 2021년뿐이다.
② 4년간 자국 영화 점유율이 매년 꾸준히 상승한 국가는 하나도 없다.
③ 2020년 대비 2023년 자국 영화 점유율이 가장 많이 하락한 국가는 한국이다.
④ 2022년 자국 영화 점유율이 해당 국가의 4년간 통계에서 가장 높은 경우가 절반이 넘는다.
⑤ 2021년을 제외하고 프랑스, 영국의 자국 영화 점유율 순위는 매년 같다.

정답 및 해설

07   자동차 도장을 하기 위해서는 먼저 도장을 할 작업면에 도료가 잘 접착되도록 표면을 거칠게 하는 샌딩(연마) 작업이 필요하다. 이후 연마된 곳에 색을 나타내는 베이스 코트(베이스 컬러 코트)를 도포한 뒤, 이를 보호하기 위한 투명한 도료인 클리어 코트를 도포한다. 이후 클리어 코트를 경화시키기 위해 약 140℃의 온도의 버너를 이용하여 작업면을 건조시킨다. 따라서 자동차 도장 순서를 바르게 나열한 것은 (다) － (나) － (라) － (가)이다.

08   일본, 미국만 해당하므로 절반이 넘지 않는다.

     오답분석
     ① 2021년에만 프랑스의 자국 영화 점유율이 한국보다 높았다.
     ② 표를 통해 쉽게 확인할 수 있다.
     ③ 2020년 대비 2023년 자국 영화 점유율이 하락한 국가는 한국, 영국, 프랑스이고, 이 중 한국이 4%p로 가장 많이 하락했다.
     ⑤ 2021년을 제외하고 프랑스, 영국은 각각 4, 5순위를 차지하고 있다.

09 다음과 같은 복합도르래를 이용하여 720N의 물건을 들어 올리고자 할 때, 필요한 힘의 크기는?(단, 도르래 등의 부속품의 무게는 고려하지 않는다)

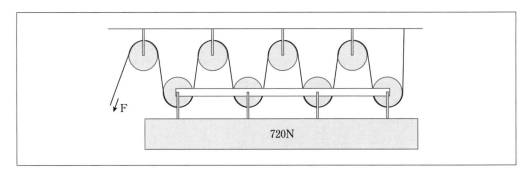

① 80N
② 90N
③ 160N
④ 180N
⑤ 360N

09 복합도르래에 작용하는 힘을 자유물체도로 표현하면 다음과 같다.

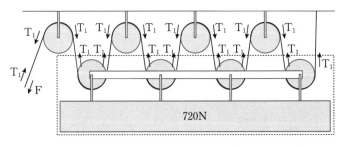

$F = T_1$이고, $8T_1 = 720$이므로 필요한 힘의 크기는 $\dfrac{720}{8} = 90$N이다.

09 ② 〈 정답

10 다음과 같은 모양을 만드는 데 사용된 블록의 개수는?(단, 보이지 않는 곳의 블록은 있다고 가정한다)

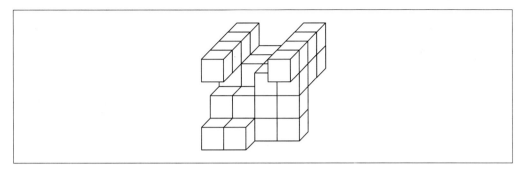

① 36개
② 37개
③ 38개
④ 39개
⑤ 40개

11 다음 중 기체 분자의 충돌 횟수에 대한 설명으로 옳지 않은 것은?

① 기체의 온도, 부피, 압력이 같다면 기체의 종류와 관계없이 기체 분자 간 충돌 횟수는 항상 같다.
② 같은 두 기체의 온도, 압력이 서로 같다면 부피가 큰 기체의 분자 간 충돌 횟수가 더 적다.
③ 같은 두 기체의 온도, 압력이 서로 같다면 분자 간 거리가 먼 기체의 분자 간 충돌 횟수가 더 적다.
④ 같은 두 기체의 온도, 부피가 서로 같다면 기체의 압력이 높은 기체의 분자 간 충돌 횟수가 더 많다.
⑤ 같은 두 기체의 압력, 부피가 서로 같다면 온도가 높은 기체의 분자 간 충돌 횟수가 더 많다.

---

10 • 1층 : $4 \times 4 - 4 = 12$개
• 2층 : $16 - 6 = 10$개
• 3층 : $16 - 6 = 10$개
• 4층 : $16 - 8 = 8$개
∴ $12 + 10 + 10 + 8 = 40$개

11 기체 분자의 충돌 횟수는 기체의 부피, 압력, 온도, 분자량에 따라 결정되며 다음과 같은 관계가 있다.
• 기체의 부피, 압력, 온도가 같다면 분자량이 작을수록 충돌 횟수는 증가한다.
• 기체의 온도, 압력, 분자량이 같다면 부피가 작을수록 충돌 횟수는 증가한다.
• 기체의 부피, 온도, 분자량이 같다면 압력이 높을수록 충돌 횟수는 증가한다.
• 기체의 부피, 압력, 분자량이 같다면 온도가 높을수록 충돌 횟수는 증가한다.

10 ⑤ **11** ① 정답

12 다음 주어진 입체도형 중 나머지와 다른 하나는?

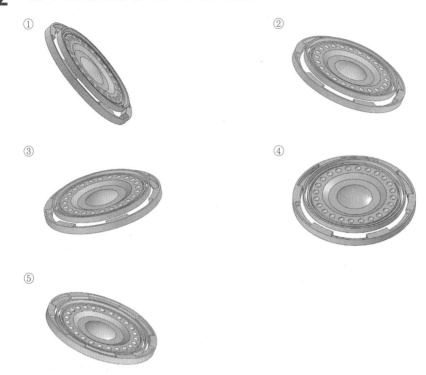

① ② ③ ④ ⑤

12 겉의 고리가 감싸고 있는 원반 부분이 ① · ② · ③ · ④는 위로 솟아있는 반면, ⑤에서는 함몰되어 있다.

13 다음 글의 내용을 바탕으로 할 때, 차량을 들어 올린 직후에 할 일로 가장 적절한 것은?

How to replace a spare tire

1. Prepare : Park on a flat surface, engage the parking brake, and turn off the engine.
2. Get tools : Locate the spare tire, jack, and lug wrench.
3. Loosen lug nuts : Use the lug wrench to loosen the lug nuts on the flat tire while it's still on the ground.
4. Position jack : Find the jack point under the car and raise it until the flat tire is off the ground.
5. Remove flat tire : Finish loosening and remove the lug nuts, then take off the flat tire.
6. Mount spare tire : Put the spare tire onto the hub and align the holes.
7. Attach lug nuts : Hand tighten the lug nuts onto the wheel studs.
8. Lower the vehicle : Carefully lower the car back to the ground with the jack.
9. Tighten lug nuts : Fully tighten the lug nuts in a star pattern.
10. Check everything : Ensure all nuts are tight, and the spare tire is secure.

① 러그너트를 별 모양 패턴으로 조인다.
② 러그너트를 끝까지 푼다.
③ 예비타이어를 허브에 올린다.
④ 조여져 있던 러그너트를 헐겁게 한다.
⑤ 펑크 난 타이어를 제거한다.

정답 및 해설

13 잭을 이용하여 차량을 들어 올리는 것은 4번 '잭 위치시키기' 작업이다. 이후 펑크 난 타이어를 제거하기 위해 먼저 헐거워진 러그너트를 완전히 풀어주어야 한다.

| 해석 |

예비타이어 교체 방법

1. 준비하기 : 평평한 곳에 주차하고, 주차 브레이크를 당기고, 엔진을 끕니다.
2. 도구 가져오기 : (작업 위치에) 예비타이어, 잭, 러그렌치(휠너트렌치)를 둡니다.
3. 러그너트(휠너트) 풀기 : 펑크 난 타이어가 아직 지상에 있을 때, 러그렌치를 사용하여 러그너트를 헐겁게 합니다.
4. 잭 위치시키기 : 차량 아래에 잭을 놓을 자리를 찾고, 펑크 난 타이어가 지면에서 떨어질 때까지 들어올립니다.
5. 펑크 난 타이어 제거하기 : 러그너트를 끝까지 풀고, 펑크 난 타이어를 제거합니다.
6. 예비타이어 장착하기 : 예비타이어를 허브에 올리고, 구멍을 정렬합니다.
7. 러그너트 부착하기 : 휠 스터드에 러그너트를 손으로 조입니다.
8. 차량 내리기 : 잭을 이용하여 차량을 조심스럽게 다시 지상으로 내립니다.
9. 러그너트 조이기 : 별 모양 패턴(대각선 순서)으로 러그너트를 단단히 조입니다.
10. 모든 것을 점검하기 : 모든 너트가 잘 조여졌는지 확인하고, 예비타이어가 단단히 고정되어 있는지 확인합니다.

오답분석

① 러그너트를 별 모양 패턴으로 조이는 것은 예비타이어를 교체하고, 차량을 내린 후에 하는 작업이다.
③ 차량을 들어 올린 직후에는 아직 펑크 난 타이어가 허브에 있는 상황이므로 이를 먼저 제거한 후에 예비타이어를 허브에 올려야 한다.
④ 러그렌치를 사용해 조여져 있는 러그너트를 헐겁게 하는 것은 차량을 들어올리기 전에 해야 한다.
⑤ 차량을 들어 올린 직후 헐거워져 있는 러그너트를 끝까지 풀어야 펑크 난 타이어를 제거할 수 있다.

13 ② **정답**

14 다음과 같은 회로에서 저항 R_3에 흐르는 전류의 세기는?

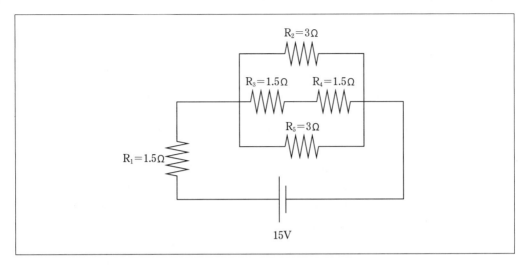

① 0.5A
② 1A
③ 1.5A
④ 2A
⑤ 2.5A

15 다음 중 자동차 관련 영어 명칭에 대한 뜻이 바르게 연결되지 않은 것은?

① Transmission — 변속기
② Headlight — 전조등
③ Coolant — 냉각수
④ Hood — 방열기
⑤ Generator — 발전기

정답 및 해설

14 R_2, R_3, R_4, R_5의 합성저항을 R_C라 하면 $\dfrac{1}{R_C} = \dfrac{1}{3} + \dfrac{1}{1.5+1.5} + \dfrac{1}{3} = 1$이므로 $R_C = 1\Omega$이고,

  R_1과 R_C의 합성저항은 $1.5+1=2.5\Omega$이므로 전체 회로에 흐르는 전류의 세기는 $I = \dfrac{15}{2.5} = 6$A이다.

  즉, R_C에 걸리는 전압은 $15 \times \dfrac{1}{1.5+1} = 6$V이고, R_2, $R_3 + R_4$, R_5에 걸리는 전압의 세기는 서로 같다.
  이때 R_3, R_4의 합성저항은 $1.5+1.5=3\Omega$이다.

  따라서 R_3에 흐르는 전류의 세기는 $\dfrac{6}{3} = 2$A이다.

15 Hood는 자동차의 엔진 덮개인 보닛을 뜻한다. 방열기는 Radiator이다.

14 ④ 15 ④ **정답**

16 어떤 기기가 수평임을 알아보기 위해 수평자를 올려놓았을 때 눈금이 다음과 같았다. 수평자의 눈금을 중앙으로 이동시키기 위한 대책으로 가장 적절한 것은?

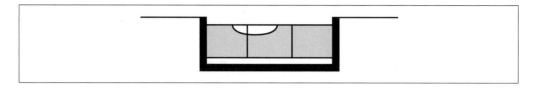

① 기기의 왼쪽을 더 높인 후 놓는다.
② 기기의 오른쪽을 더 높인 후 놓는다.
③ 수평자를 강하게 흔든 후 다시 놓는다.
④ 수평자를 눕혀서 놓는다.
⑤ 수평자를 뒤집어서 놓는다.

16 수평자는 중력에 의한 기포의 움직임을 통해 수평 여부를 알 수 있는 측정기구이다. 기포가 왼쪽으로 치우쳐져 있으면 왼쪽이 더 높은 상태이고, 오른쪽으로 치우쳐져 있으면 오른쪽이 더 높은 상태이다. 기포가 중앙에 있다면 그 기기는 현재 수평 상태임을 알 수 있다.

수평자를 이용한 기울기의 판단

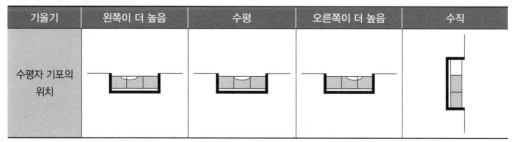

기울기	왼쪽이 더 높음	수평	오른쪽이 더 높음	수직
수평자 기포의 위치				

16 ② 정답

17 프로젝트를 완료하는 데 A사원이 혼자 하면 7일, B사원이 혼자 하면 9일이 걸린다. 3일 동안 두 사원이 함께 프로젝트를 진행하다가 B사원이 병가를 내는 바람에 나머지는 A사원이 혼자 처리해야 한다. A사원이 남은 프로젝트를 완료하는 데에는 며칠이 더 걸리겠는가?

① 1일

② 2일

③ 3일

④ 4일

⑤ 5일

18 다음 글의 중심 내용으로 가장 적절한 것은?

> 헤르만 헤세는 어느 책이 유명하다거나 그것을 모르면 수치스럽다는 이유만으로 그 책을 무리하게 읽으려는 것은 참으로 그릇된 일이라 했다. 그는 이어서, "그렇게 하기보다는 모든 사람은 자기에게 자연스러운 면에서 읽고, 알고, 사랑해야 할 것이다. 어느 사람은 학생 시절의 초기에 벌써 아름다운 시구의 사랑을 자기 안에서 발견할 수 있으며, 혹은 어느 사람은 역사나 자기 고향의 전설에 마음이 끌리게 되고 또는 민요에 대한 기쁨이나 우리의 감정이 정밀하게 연구되고 뛰어난 지성으로써 해석된 것에 독서의 매력 있는 행복감을 가질 수 있을 것이다."라고 말한 바 있다.

① 문학 작품을 많이 읽으면 정서 함양에 도움이 된다.

② 학생 시절에 고전과 명작을 많이 읽어 교양을 쌓아야 한다.

③ 남들이 읽어야 한다고 말하는 책보다 자신이 읽고 싶은 책을 읽는 것이 좋다.

④ 자신이 속한 사회의 역사나 전설에 관한 책을 읽으면 애향심을 기를 수 있다.

⑤ 독서는 우리의 감정을 정밀하게 연구하고 해석하여 행복감을 준다.

정답 및 해설

17 프로젝트를 완료하는 일의 양을 1이라 하면, A사원은 하루에 $\frac{1}{7}$, B사원은 하루에 $\frac{1}{9}$만큼의 일을 할 수 있다.

3일 동안 같이 한 일의 양은 $\left(\frac{1}{7}+\frac{1}{9}\right)\times3=\frac{16}{21}$이므로, A사원이 혼자 해야 할 일의 양은 $\frac{5}{21}$이다.

이때 프로젝트를 완료하는 데 걸리는 시간을 일이라 하면 다음과 같은 식이 성립한다.

$\frac{1}{7}\times x=\frac{5}{21}$

$\therefore x=\frac{5}{3}$

따라서 A사원 혼자 프로젝트를 완료하는 데에는 총 2일이 더 걸린다.

18 헤르만 헤세가 한 말인 "자기에게 자연스러운 면에서 읽고, 알고, 사랑해야 할 것이다."라는 문구를 통해 남의 기준에 맞추기보다 자신의 감정에 충실하게 책을 선택하여 읽으라고 하였음을 알 수 있다.

17 ② 18 ③ 정답

19 다음과 같이 양 끝이 렌치인 공구로 체결 작업을 하기에 적절하지 않은 부품은?

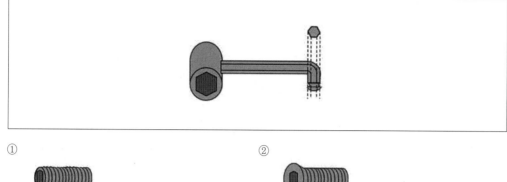

①

②

③

④

⑤

19 제시된 공구는 육각나사, 육각너트, 육각형 홈이 있는 부품을 풀거나 조일 때 사용하는 렌치이다.
따라서 ③은 렌치와 결합할 수 있는 육각형 홈 등이 없으므로 체결 작업을 하기에 적절하지 않다.

20 다음과 같은 회로에서 스위치 S를 A, B, C와 연결할 때, 점등되는 전구의 수를 바르게 구한 것은?

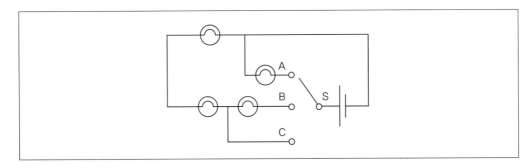

	A	B	C
①	1개	3개	2개
②	1개	4개	3개
③	2개	3개	2개
④	2개	4개	3개
⑤	3개	3개	3개

20 스위치 S와 A, B, C를 각각 연결했을 때 점등되는 전구는 다음과 같다.

구분	S – A	S – B	S – C
회로			
점등되는 전구 수	1개	3개	2개

20 ① 〈정답〉

21 다음은 H사의 모집단위별 지원자 수 및 합격자 수에 대한 표이다. 이에 대한 설명으로 옳지 않은 것은?

<모집단위별 지원자 수 및 합격자 수>

(단위 : 명)

구분	남성		여성		합계	
	합격자 수	지원자 수	합격자 수	지원자 수	모집정원	지원자 수
A집단	512	825	89	108	601	933
B집단	353	560	17	25	370	585
C집단	138	417	131	375	269	792
합계	1,003	1,802	237	508	1,240	2,310

※ (경쟁률) = $\dfrac{\text{(지원자 수)}}{\text{(모집정원)}}$

① 세 개의 모집단위 중 총 지원자 수가 가장 많은 것은 A집단이다.

② 세 개의 모집단위 중 합격자 수가 가장 적은 것은 C집단이다.

③ H사의 남성 합격자 수는 여성 합격자 수의 5배 이상이다.

④ B집단의 경쟁률은 $\dfrac{117}{74}$이다.

⑤ C집단에서는 남성의 경쟁률이 여성의 경쟁률보다 높다.

정답 및 해설

21 남성 합격자 수는 1,003명, 여성 합격자 수는 237명으로, 1,003÷237≒4.23이다.
따라서 남성 합격자 수는 여성 합격자 수의 4배 이상이다.

오답분석

① 제시된 표의 합계에서 지원자 수 항목을 보면 A집단의 지원자 수가 933명으로 가장 많은 것을 알 수 있다.

② 제시된 표의 합계에서 모집정원 항목을 보면 C집단의 모집정원이 가장 적은 것을 알 수 있다.

④ 경쟁률은 $\dfrac{\text{(지원자 수)}}{\text{(모집정원)}}$이므로, B집단의 경쟁률은 $\dfrac{585}{370} = \dfrac{117}{74}$이다.

⑤ C집단에서 남성의 경쟁률은 $\dfrac{417}{138} ≒ 3.02$, 여성의 경쟁률은 $\dfrac{375}{131} ≒ 2.86$이므로, 남성의 경쟁률이 여성의 경쟁률보다 높다.

21 ③ 정답

22 다음 중 제시된 도형과 같은 것은?(단, 도형은 회전이 가능하다)

①

②

③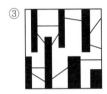

④

⑤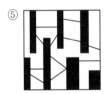

정답 및 해설

22 제시된 도형을 시계 반대 방향으로 90° 회전한 것이다.

22 ① **정답**

23 다음은 굽은 도로에서 버스가 좌회전 중에 신호를 받고 감속하여 완전히 정지를 한 순간을 나타낸 그림이다. 이때 버스 손잡이가 움직인 방향은?

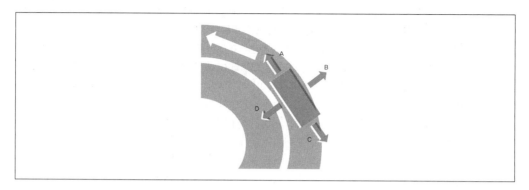

① A

② B

③ C

④ D

⑤ 움직이지 않음

23 버스가 완전히 정지했으므로 버스에 작용하는 알짜힘은 0이다. 이때, 버스 손잡이는 관성의 법칙에 의해 버스가 움직인 방향으로 등속 직선 운동을 하려고 한다. 따라서 버스 손잡이는 A방향으로 움직인다.

24 다음 글의 제목으로 가장 적절한 것은?

기온이 높아지는 여름이 되면 운전자들은 자동차 에어컨을 켜기 시작한다. 그러나 겨우내 켜지 않았던 에어컨에서는 간혹 나오는 바람이 시원하지 않거나 퀴퀴한 냄새가 나는 경우가 있다. 이러한 증상이 나타난다면 에어컨 필터를 점검해 봐야 한다. 자동차에서 에어컨을 키게 되면 외부의 공기가 냉각기를 거쳐 차량 내부로 들어오게 되는데, 이때 에어컨 필터는 외부의 미세먼지, 매연, 세균 등의 오염물질을 걸러주는 역할을 한다. 이 과정에서 필터 표면에 먼지가 쌓이는데 필터를 교체하지 않고 오랫동안 방치하면 먼지에 들러붙은 습기로 인해 곰팡이가 생겨 퀴퀴한 냄새의 원인이 된다. 이를 방치하여 에어컨 바람을 타고 곰팡이의 포자가 차량 내부에 유입되면 알레르기나 각종 호흡기 질환의 원인이 된다. 그러므로 자동차 에어컨 필터는 주기적으로 교체해 주어야 한다. 일반적인 교체 주기는 봄·가을처럼 6개월마다 교체하거나, 주행거리 10,000km마다 하는 것이 적당하다. 최근에는 심한 미세먼지로 인해 3개월 주기로 교체하기도 하며, 운전자가 비포장 도로 등의 먼지가 많은 곳을 자주 주행한다면 5,000km에 한 번씩 교체해야 한다.

자동차 에어컨 필터 교체는 정비소에 가서 교체하거나, 운전자 스스로 교체할 수 있다. 운전자가 셀프로 교체하는 경우 다양한 필터를 자신의 드라이빙 환경에 맞춰 선택할 수 있고, 비용도 1만 원 안팎으로 저렴하게 교체할 수 있다. 제품 설명서나 교체 동영상 등을 참고하면 혼자서도 쉽게 에어컨 필터를 교체할 수 있다.

에어컨 필터는 필터의 종류에 따라 크게 순정 필터, 헤파(HEPA; High Efficiency Particulate Air) 필터, 활성탄 필터로 구분된다. 순정 필터는 자동차 출고 시 장착되는 오리지널 필터로 호환성이 좋고 일정한 품질이 보장되는 장점이 있다. 미세먼지 포집력이 뛰어난 헤파 필터는 일반적으로 공기 중의 0.3 이상의 먼지를 99.97% 걸러주는 고성능 필터로서 거를 수 있는 크기에 따라 울파, 헤파, 세미헤파 등급으로 구분된다. 마지막으로 활성탄 필터는 숯처럼 정화 능력이 좋은 탄소질이 포함된 필터로 오염물질 흡착력이 뛰어나고 공기 중의 불쾌한 냄새나 포름알데히드 등의 화학물질을 걸러주는 필터이다. 이와 같이 에어컨 필터는 다양한 종류가 있으며 평소 운전자의 주행 환경과 가격을 고려하여 교체하는 것이 가장 바람직하다.

① 자동차 에어컨 필터의 종류
② 자동차 에어컨 필터의 교체 시기
③ 자동차 에어컨 필터의 관리 방법
④ 여름철 자동차 에어컨의 취급 유의사항
⑤ 호흡기 질환을 유발하는 자동차 에어컨 필터

정답 및 해설

24 제시문은 자동차 에어컨 필터의 역할, 교체 주기, 교체 방법, 주행 환경에 따른 필터의 선택 등 자동차 에어컨 필터를 관리하는 방법에 대해 포괄적으로 설명하고 있는 글이다. 따라서 가장 적절한 제목은 '자동차 에어컨 필터의 관리 방법'이다.

오답분석

①·② 일부 문단의 중심 내용으로 글 전체를 포함하는 제목이 아니다.

④ 첫 번째 문단에서 여름철 자동차 에어컨 사용 시 필터를 주기적으로 교체해 주어야 한다고 설명하지만, 자동차 에어컨 취급 유의사항에 대한 내용은 없다.

⑤ 호흡기 질환은 오랫동안 방치된 자동차 에어컨 필터의 곰팡이에서 유발된다.

24 ③ 정답

25 물건 X, Y를 조립할 때 필요한 부품 A, B의 개수와 가격은 다음과 같다. 물건 X, Y를 각각 100개씩 조립할 때 필요한 금액의 차이는?

〈조립 시 필요한 부품 A, B 수량〉

(단위 : 개)

구분	부품 A	부품 B
물건 X	10	8
물건 Y	6	12

〈부품 A, B 가격〉

(단위 : 원)

구분	부품 A	부품 B
가격	4,000	3,500

① 100,000원
② 200,000원
③ 300,000원
④ 400,000원
⑤ 500,000원

26 다음 글에서 밑줄 친 단어를 영어로 쓸 때, 'a'의 개수는?

> 섀시는 자동차에서 차체를 제외한 부분을 뜻하며 차대라고도 불린다. 여기에 포함되는 장치는 엔진, 서스펜션, 스티어링, 파워트레인, 브레이크, 휠, 타이어가 있다.

① 3개
② 4개
③ 5개
④ 6개
⑤ 7개

정답 및 해설

25 • 물건 X를 조립할 때 필요한 금액 : $(10 \times 4,000) + (8 \times 3,500) = 40,000 + 28,000 = 68,000$원
• 물건 Y를 조립할 때 필요한 금액 : $(6 \times 4,000) + (12 \times 3,500) = 24,000 + 42,000 = 66,000$원
따라서 X를 100개 조립할 때 필요한 금액과 Y를 100개 조립할 때 필요한 금액의 차이는
$(100 \times 68,000) - (100 \times 66,000) = 100 \times (68,000 - 66,000) = 100 \times 2,000 = 200,000$원이다.

26 밑줄 친 단어를 영어로 쓰면 다음과 같다.
• 섀시 : Chassis
• 엔진 : Engine
• 서스펜션 : Suspension
• 스티어링 : Steering
• 파워트레인 : Powertrain
• 브레이크 : Brake
• 휠 : Wheel
• 타이어 : Tire
따라서 밑줄 친 단어 중 'a'는 모두 3개이다.

27 해산물을 싣고 직선 도로 위를 달리는 트럭이 있다. 달리는 도중에 트럭의 물탱크에 담겨 있는 물의 수면이 다음 그림과 같이 진행 방향 쪽으로 기울어진 상태를 유지하였다. 이 트럭의 운동 상태에 대한 설명으로 가장 적절한 것은?

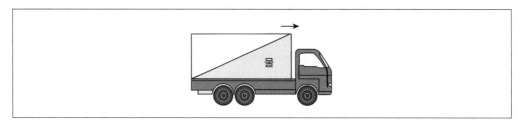

① 일정한 속도로 달리고 있다.　　② 속도가 일정하게 감소하고 있다.
③ 속도가 일정하게 증가하고 있다.　　④ 가속도가 일정하게 감소하고 있다.
④ 가속도가 일정하게 증가하고 있다.

28 다음 중 디젤엔진의 특징으로 옳지 않은 것은?

① 기온이 낮은 상황에서 시동이 잘 걸리지 않는다.
② 점화플러그의 스파크를 이용하여 실린더 내의 연료를 착화시킨다.
③ 가솔린엔진에 비해 열효율이 높다.
④ 연료분사량의 증감을 통해 엔진의 출력을 제어한다.
⑤ 흡입행정에서 연료를 흡입하지 않는다.

정답 및 해설

27 물이 받는 관성력이 트럭의 진행 방향 쪽으로 일정하므로 트럭의 가속도 방향은 진행 방향과 반대이다. 따라서 트럭은 속도가 일정하게 감소하고 있다.

28 디젤엔진은 실린더에서 압축된 고온·고압의 공기에 연료를 분사하여 자기착화를 일으키는 엔진이다. 점화플러그는 가솔린엔진에서 공기와 연료가 혼합된 혼합기를 실린더 내에서 불꽃(스파크)을 통해 착화시키는 장치로 가솔린엔진에서만 사용한다.

오답분석
① 디젤엔진은 고온·고압의 공기에 연료를 분사하여 자기착화를 통해 일으키는 엔진이므로, 겨울처럼 외부의 온도가 낮을 때 시동이 잘 걸리지 않는다. 따라서 예열플러그를 통해 시동을 걸기 전에 엔진 내부를 데워야 한다.
③ 일반적으로 디젤엔진은 가솔린엔진보다 2배 이상 압축비가 높으므로 높은 열효율을 가진다.
④ 디젤엔진의 출력은 실린더에 분사하는 연료량으로 조절한다. 연료를 많이 넣어 연소시키면 팽창압력이 높아져 실린더를 더욱 세게 밀어낸다. 반면 가솔린엔진은 실린더 내에 집어넣는 공기의 양을 조절하여(공연비 조절) 출력을 제어한다.
⑤ 디젤엔진은 흡입행정에서 공기만을 흡입하는 반면, 가솔린엔진은 공기와 연료가 혼합된 혼합기를 흡입한다.

29 다음 안내문의 내용으로 적절하지 않은 것은?

School Swimming Pool

· Open to all students.
· Open hours : 9:00 a.m. to 5:00 p.m.
· Shower rooms and lockers available.
· Food and drinks are not allowed.

---

① 모든 학생이 이용할 수 있다.
② 오전 9시부터 오후 5시까지 개방한다.
③ 샤워룸과 사물함을 사용할 수 있다.
④ 음식과 음료수 반입이 가능하다.
⑤ 수심에 관한 내용은 알 수 없다.

정답 및 해설

29 안내문의 맨 마지막 줄에 음식과 음료수 반입이 허용되지 않는다고(not allowed) 나와 있다.

| 어휘 |
· available : 사용 가능한
· allow : 허용하다

| 해석 |

학교 수영장
· 모든 학생에게 개방한다.
· 오전 9시부터 오후 5시까지 개방한다.
· 샤워룸과 사물함을 사용할 수 있다.
· 음식과 음료수 반입은 허용하지 않는다.

29 ④ **정답**

30 다음 두 블록을 합쳤을 때 나올 수 있는 형태는?

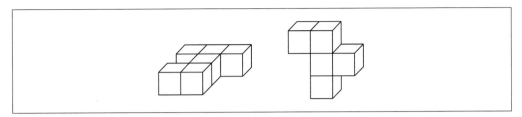

①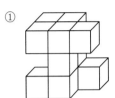

②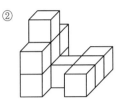

③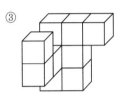

④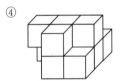

⑤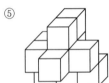

정답 및 해설

30

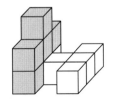

30 ② 《정답

31 다음과 같이 평기어와 체인 여러 개가 맞물려 회전하고 있다. A기어의 회전 방향이 시계 방향일 때, A기어와 같은 방향으로 회전하는 기어는 모두 몇 개인가?(단, 회전축이 같은 기어는 서로 결합되어 같은 방향으로 회전한다)

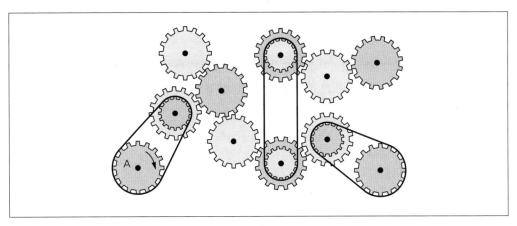

① 5개

② 6개

③ 7개

④ 8개

⑤ 9개

정답 및 해설

31 제시된 상황에서 기어의 회전 방향은 다음과 같다.

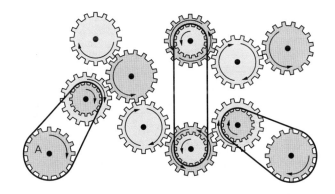

따라서 A와 같은 시계방향으로 회전하는 기어는 모두 8개이다.

01 A~E 다섯 명이 100m 달리기를 했다. 기록 측정 결과가 나오기 전에 그들끼리의 대화를 통해 순위를 예측해 보려고 한다. 그들의 대화는 다음과 같고, 이 중 한 사람이 거짓말을 하고 있다. 다음 중 A~E의 순위로 알맞은 것은?

> A : 나는 1등이 아니고, 3등도 아니야.
> B : 나는 1등이 아니고, 2등도 아니야.
> C : 나는 3등이 아니고, 4등도 아니야.
> D : 나는 A와 B보다 늦게 들어왔어.
> E : 나는 C보다는 빠르게 들어왔지만, A보다는 늦게 들어왔어.

① E−C−B−A−D
② E−A−B−C−D
③ C−E−B−A−D
④ C−A−D−B−E
⑤ A−C−E−B−D

정답 및 해설

01 한 명만 거짓말을 하고 있기 때문에 모두의 말을 참이라고 가정하고, 모순이 어디서 발생하는지 생각해 본다. 다섯 명의 말에 따르면, 1등을 할 수 있는 사람은 C밖에 없는데, E의 진술과 모순이 생기는 것을 알 수 있다. 만약 C의 진술이 거짓이라고 가정하면 1등을 할 수 있는 사람이 없게 되므로 모순이다.

따라서 E의 진술이 거짓이므로 나올 수 있는 순위는 C−A−E−B−D, C−A−B−D−E, C−E−B−A−D임을 알 수 있다.

01 ③ 정답

02 귀하의 회사에서 A제품을 개발하여 중국시장에 진출하고자 한다. 귀하의 상사가 3C 분석결과를 건네며, 사업 계획에 반영하고 향후 해결해야 할 회사의 전략 과제가 무엇인지 정리하여 보고하라는 지시를 내렸다. 다음 중 귀하가 보고할 전략 과제로 적절하지 않은 것은?

〈3C 분석결과〉

Customer	Competitor	Company
• 중국시장은 매년 10% 성장 중임 • 중국시장 내 제품의 규모는 급성장 중임 • 20~30대 젊은 층이 중심 • 온라인 구매가 약 80% 이상 • 인간공학 지향	• 중국기업들의 압도적인 시장점유 • 중국기업들 간의 치열한 가격경쟁 • A/S 및 사후관리 취약 • 생산 및 유통망 노하우 보유	• 국내시장 점유율 1위 • A/S 등 고객서비스 부문 우수 • 해외 판매망 취약 • 온라인 구매시스템 미흡(보안, 편의 등) • 높은 생산원가 구조 • 높은 기술개발력

① 중국시장의 판매유통망 구축
② 온라인 구매시스템 강화
③ 고객서비스 부문 강화
④ 원가 절감을 통한 가격경쟁력 강화
⑤ 인간공학을 기반으로 한 제품 개발 강화

정답 및 해설

02 해결해야 할 전략 과제란 취약한 부분에 대해 보완해야 할 과제를 말한다. 따라서 이미 우수한 고객서비스 부문을 강화한다는 것은 해결해야 할 전략 과제로 삼기에 적절하지 않다.

[오답분석]
① 해외 판매망이 취약하다고 분석되었으므로 중국시장의 판매유통망을 구축하는 전략 과제를 세우는 것은 적절하다.
② 중국시장에서 A제품의 구매 방식이 대부분 온라인으로 이루어지는 데 반해, 자사의 온라인 구매시스템은 미흡하기 때문에 온라인 구매시스템을 강화한다는 전략 과제는 적절하다.
④ A제품에 대해 중국기업들 간의 가격 경쟁이 치열하다는 것은 제품의 가격이 내려가고 있다는 의미인데, 자사는 생산원가가 높다는 약점이 있다. 그러므로 원가 절감을 통한 가격경쟁력 강화 전략은 적절하다.
⑤ 중국시장에서 인간공학이 적용된 제품을 지향하고 있으므로 인간공학을 기반으로 한 제품 개발을 강화하는 것은 적절한 전략 과제이다.

02 ③ 〈정답

03 어떤 일을 민수가 하면 1시간이 걸리고, 아버지가 하면 15분이 걸린다. 민수가 30분간 혼자서 일하는 중에 아버지가 오셔서 함께 그 일을 끝마쳤다면 민수가 아버지와 함께 일한 시간은?

① 5분   ② 6분

③ 7분   ④ 8분

⑤ 9분

04 다음은 방송통신위원회가 발표한 2021년 지상파방송의 프로그램 수출입 현황에 대한 그래프이다. 프로그램 수입에서 영국이 차지하는 비율은?(단, 비율은 소수점 둘째 자리에서 반올림한다)

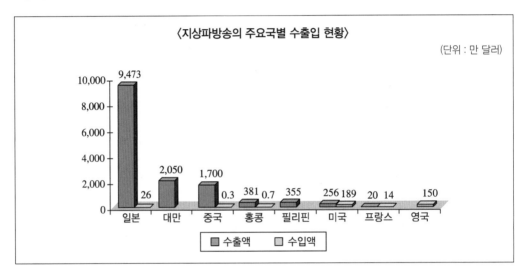

① 45.2%   ② 43.8%

③ 41.1%   ④ 39.5%

⑤ 37.7%

정답 및 해설

03 전체 일의 양을 1이라 하면 민수와 아버지가 1분 동안 하는 일의 양은 각각 $\frac{1}{60}$, $\frac{1}{15}$이다.

민수가 아버지와 함께 일한 시간을 x분이라 하자.

$$\frac{1}{60} \times 30 + \left(\frac{1}{60} + \frac{1}{15} \right) \times x = 1$$
$$\therefore x = 6$$

따라서 두 사람이 함께 일한 시간은 6분이다.

04 제시된 표에 나타난 프로그램 수입비용을 모두 합하면 380만 달러이며, 이 중 영국에서 수입하는 액수는 150만 달러이므로 그 비중은 약 39.47%이다.

따라서 이를 소수점 둘째 자리에서 반올림하면 39.5%이다.

05 다음 중 제시된 도형과 같은 것은?(단, 도형은 회전이 가능하다)

①   ②

③   ④

⑤

06 다음 중 자동차 부품의 한글 명칭과 영어 명칭이 바르게 연결된 것은?

① 후사경 − Back Mirror
② 변속기 − Gear Shift
③ 브레이크 페달 − Brake Paddle
④ 머플러 − Mufflar
⑤ 바퀴 − Heel

정답 및 해설

05 제시된 도형을 시계 방향으로 90° 회전한 것이다.

06 오답분석
① Side Mirror
③ Brake Pedal
④ Muffler
⑤ Wheel

07 지레를 사용하여 무게가 100N인 돌을 들어 올리려고 한다. 돌을 들어 올리는 데 필요한 최소한의 힘의 크기는?

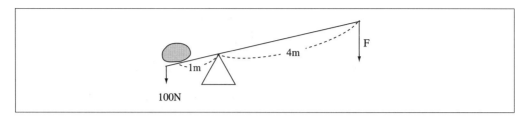

① 10N

② 15N

③ 25N

④ 30N

⑤ 35N

07 지레의 원리로부터 $100 \times 1 = F \times 4$이므로 $F=25$N이다.

지레의 원리	서로 반대 방향으로 회전하려는 돌림힘의 크기가 같다면 지레는 회전하지 않음 $F \times a = w \times b$
일의 원리	지레와 같은 도구를 사용하여 일을 할 때, 힘의 크기가 줄어드는 대신 힘을 작용한 거리가 길어져 전체적인 일의 양은 변하지 않음 $F \times s = w \times h$

07 ③ 〈정답

08 다음 그림의 (가)는 교류 전원에 전구만을 연결한 회로이고, (나)는 동일한 교류 전원에 전구와 코일을 직렬로 연결한 회로이다. 그림 (가), (나)의 회로에 대한 설명으로 옳은 것을 〈보기〉에서 모두 고르면?

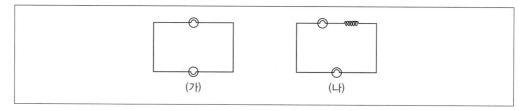

(가)   (나)

> **보기**
>
> ㄱ. 전류의 세기는 (가)가 (나)보다 더 크다.
> ㄴ. 전구의 밝기는 (나)가 (가)보다 더 밝다.
> ㄷ. 전구에서의 소비 전력은 (가)가 (나)보다 더 크다.
> ㄹ. 직류 전원을 사용하면 (나)의 회로도에서 코일에서 발생하는 임피던스 값은 더 커질 것이다.
> ㅁ. (가)와 (나)의 회로도에서 교류 전원 대신 직류 전원을 사용하면 전구의 밝기는 비슷해질 것이다.

① ㄱ, ㄷ   ② ㄴ, ㄹ
③ ㄱ, ㄷ, ㄹ   ④ ㄱ, ㄷ, ㅁ
⑤ ㄴ, ㄷ, ㅁ

정답 및 해설

08 제시된 회로도에서 전류의 세기, 전구의 밝기, 소비 전력은 모두 같은 결과가 나타난다. 흐르는 전류가 더 커야 전구가 밝고 이때 소비 전력도 더 크게 나타난다. 직류에서는 코일의 저항 성분이 거의 0에 가깝다. 그러나 교류에서는 옴의 법칙이 성립하며, 기존저항과 코일 저항의 합성저항을 임피던스Z라고 부른다. 즉, 회로 (나)에서의 전체저항은 회로 (가)보다 크며, 이로 인해 전류의 크기가 더 작고, 소비하는 전력이 더 작다. 두 회로도의 전원이 교류에서 직류로 바뀐다면(직류에서의 코일의 저항이 0에 가깝기 때문에) 두 전구의 밝기는 비슷하게 나타날 것이다.

08 ④ 〈정답〉

09 다음 그림과 같이 지레 위에 무게가 20N인 물체를 놓았다. 지렛대를 수평으로 만들기 위해 필요한 F의 크기는?(단, 지레막대의 무게는 무시한다)

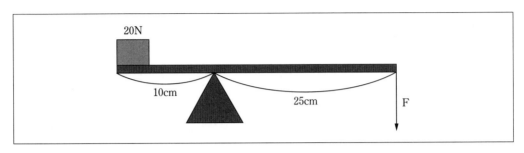

① 4N

② 8N

③ 12N

④ 16N

⑤ 20N

10 링기어 잇수가 120, 피니언 잇수가 12이고, 1,500cc급 엔진의 회전저항이 6m · kgf일 때, 기동전동기의 필요한 최소 회전력은?

① 0.6m · kgf

② 2m · kgf

③ 20m · kgf

④ 6m · kgf

⑤ 10m · kgf

정답 및 해설

09 막대의 무게는 무시하므로 물체의 무게만 고려하면 $20 \times 10 = F \times 25 \rightarrow F = \dfrac{200}{25}$N이다.

따라서 지렛대를 수평으로 만들기 위해 필요한 힘의 크기는 8N이다.

10 링기어와 피니언 기어의 기어비가 10 : 1이므로 회전저항이 6m · kgf이면 기동전동기의 최소 회전력은 0.6m · kgf이다.

09 ② 10 ① **정답**

01 | 언어 핵심이론

1. 논리구조

논리구조에서는 주로 문장과 문장 간의 관계나 글 전체의 논리적 구조를 정확히 파악했는지를 묻는다. 글의 순서를 바르게 나열하는 유형이 출제되므로 제시문의 전체적인 흐름을 바탕으로 각 문단의 특징, 문단 간의 역할 등을 논리적으로 구조화할 수 있는 능력을 길러야 한다.

(1) 문장과 문장 간의 관계

① **상세화 관계** : 주지 → 구체적 설명(비교, 대조, 유추, 분류, 분석, 인용, 예시, 비유, 부연, 상술 등)

② **문제(제기)와 해결** : 한 문장이 문제를 제기하고, 다른 문장이 그 해결책을 제시하는 관계(과제 제시 → 해결 방안, 문제 제기 → 해답 제시)

③ **선후 관계** : 한 문장이 먼저 발생한 내용을 담고, 다음 문장이 나중에 발생한 내용을 담고 있는 관계

④ **원인과 결과** : 한 문장이 원인이 되고, 다른 문장이 그 결과가 되는 관계(원인 제시 → 결과 제시, 결과 제시 → 원인 제시)

⑤ **주장과 근거** : 한 문장이 필자가 말하고자 하는 바(주장)가 되고, 다른 문장이 그 문장의 증거(근거)가 되는 관계(주장 제시 → 근거 제시, 의견 제안 → 의견 설명)

⑥ **전제와 결론 관계** : 앞 문장에서 조건이나 가정을 제시하고, 뒤 문장에서 이에 따른 결론을 제시하는 관계

(2) 문장의 연결 방식

① **순접** : 원인과 결과, 부연 설명 등의 문장 연결에 쓰임 예 그래서, 그리고, 그러므로 등

② **역접** : 앞글의 내용을 전면적 또는 부분적으로 부정 예 그러나, 그렇지만, 그래도, 하지만 등

③ **대등·병렬** : 앞뒤 문장의 대비와 반복에 의한 접속 예 및, 혹은, 또는, 이에 반하여 등

④ **보충·첨가** : 앞글의 내용을 보다 강조하거나 부족한 부분을 보충하기 위하여 다른 말을 덧붙이는 문맥 예 단, 곧, 즉, 더욱이, 게다가, 왜냐하면 등

⑤ **화제 전환** : 앞글과는 다른 새로운 내용을 이야기하기 위한 문맥 예 그런데, 그러면, 다음에는, 이제, 각설하고 등

⑥ **비유·예시** : 앞글에 대해 비유적으로 다시 말하거나 구체적인 예를 보임 예 예를 들면, 예컨대, 마치 등

(3) 논리구조의 원리 접근법

앞뒤 문장의 중심 의미 파악	앞뒤 문장의 중심 내용이 어떤 관계인지 파악	문장 간의 접속어, 지시 어의 의미와 기능 파악	문장의 의미와 관계성 파악
각 문장의 의미를 어떤 관계로 연결해서 글을 전개하는지 파악해야 한다.	지문 안의 모든 문장은 서로 논리적 관계성이 있다.	접속어와 지시어를 음미하는 것은 독해의 길잡이 역할을 한다.	문단의 중심 내용을 알기 위한 기본 분석 과정이다.

핵심예제

다음 문단을 논리적 순서대로 바르게 나열한 것은?

(가) 이러한 특징은 구엘 공원에 잘 나타나 있는데, 산의 원래 모양을 최대한 유지하기 위해 지면을 받치는 돌기둥을 만드는가 하면, 건축물에 식물을 심어 그 뿌리로 하여금 무너지지 않게 했다.

(나) 스페인을 대표하는 천재 건축가 가우디가 만든 건축물의 대표적인 특징을 꼽자면, 먼저 곡선을 들 수 있다. 그의 여러 건축물 중 곡선미가 가장 잘 나타나는 것은 바로 1984년 유네스코 세계문화유산으로 지정된 까사 밀라이다.

(다) 또 다른 특징으로는 자연과의 조화로, 그는 건축 역시 사람들이 살아가는 공간이자 자연의 일부라고 생각하여 가능한 자연을 훼손하지 않고 건축하는 것을 원칙으로 삼았다.

(라) 이 건축물의 겉 표면에는 일렁이는 파도를 연상시키는 곡선이 보이는데, 이는 당시 기존 건축양식과는 거리가 매우 멀어 처음엔 조롱거리가 되었다. 하지만 훗날 비평가들은 그의 창의성을 인정하게 됐고 현대 건축의 출발점으로 지금까지 평가되고 있다.

① (가) - (나) - (라) - (다)　　　　② (가) - (다) - (나) - (라)

③ (나) - (라) - (가) - (다)　　　　④ (나) - (라) - (다) - (가)

⑤ (라) - (나) - (가) - (다)

| 해설 | 스페인의 건축가 가우디의 건축물에 대해 설명하는 글이다. 따라서 (나) 가우디 건축물의 특징인 곡선과 대표 건축물인 까사 밀라 - (라) 까사 밀라에 대한 설명 - (다) 가우디 건축의 또 다른 특징인 자연과의 조화 - (가) 이를 뒷받침하는 건축물인 구엘 공원의 순서로 나열하는 것이 적절하다.

정답 ④

2. 논리적 이해

(1) 분석적 이해

글의 내용을 분석적으로 파악하는 것으로, 분석적 이해의 핵심은 글의 세부 내용을 파악하고, 이를 바탕으로 글의 중심 내용을 파악하는 것이다.

① 글을 구성하는 각 단위의 내용 관계 파악하기 : 글은 단어, 문장, 문단 등의 단위가 모여 이루어진다. 글을 이해하기 위해서는 개개의 단어와 단어들이 모여 이루어진 문장, 문장들이 모여 이루어진 문단의 내용을 정확하게 파악하고 각각의 의미 관계를 이해하는 것이 필요하다.

② 글의 중심 내용 파악하기 : 글의 작은 단위를 분석하여 부분적인 내용을 파악했더라도 글 전체의 중심 내용을 파악했다고 할 수 없다. 글의 중심 내용을 파악하는 데는 글을 구성하고 있는 각 단위, 특히 문단의 중심 내용이 중요하다. 따라서 글의 전체적인 맥락을 고려해야 하고, 중심 내용을 파악해 내는 기술이 필요하다.

③ 글의 전개 방식과 구조적 특징 파악하기 : 모든 글은 종류에 따라 다양한 전개 방식을 활용하고 있다. 대표적인 전개 방식은 서사, 비교, 대조, 열거, 인과, 논증 등이 있다. 이와 같은 전개 방식을 이해하면 글의 내용을 이해하는 데 큰 도움이 된다.

핵심예제

다음 글의 주제로 가장 적절한 것은?

우리 민족은 처마 끝의 곡선, 버선발의 곡선 등 직선보다는 곡선을 좋아했고, 그러한 곡선의 문화가 곳곳에 배어있다. 이것은 민요의 경우도 마찬가지이다. 서양 음악에서 '도'가 한 박이면 한 박, 두 박이면 두 박, 길든 짧든 같은 음이 곧게 지속되는데 우리 음악은 '시김새'에 의해 음을 곧게 내지 않고 흔들어 낸다. 시김새는 어떤 음높이의 주변에서 맴돌며 가락에 멋을 더하는 역할을 하는 장식음이다. 시김새란 '삭다'라는 말에서 나왔다. 그렇기 때문에 시김새라는 단어가 김치 담그는 과정에서 생겨났다고 볼 수 있다. 김치를 담글 때 무나 배추를 소금에 절여 숨을 죽이고 갖은 양념을 해서 일정 기간 숙성시켜 맛을 내듯, 시김새 역시 음악가가 손과 마음으로 삭여냈을 때 맛이 드는 것과 비슷하기 때문이다. 이 때문에 시김새가 '삭다'라는 말에서 나온 것으로 본다. 더욱이 같은 재료를 썼는데도 집집마다 김치 맛이 다르고, 지방에 따라 양념을 고르는 법이 달라 다른 맛을 내듯 시김새는 음악 표현의 질감을 달리하는 핵심 요소이다.

① 민요에서 볼 수 있는 우리 민족의 곡선 문화   ② 시김새에 의한 민요의 특징
③ 시김새의 정의와 어원   ④ 시김새와 김치의 공통점
⑤ 시김새에서 김치의 역할

> | 해설 | 제시문은 민요의 시김새가 무엇인지 설명하고 있다. 제시문에서 시김새가 '삭다'라는 말에서 나온 단어라고 서술하고 있으므로 제시문의 주제는 시김새의 정의와 어원이 적절하다.
>
> 정답 ③

(2) 추론적 이해

제시문에 나와 있는 정보들의 관계를 파악하거나 글에서 명시되지 않은 생략된 내용을 상상하며 글을 읽고 내용을 파악하는 것이다. 제시문의 정보를 근거로 하여 글에 드러나 있지 않은 정보를 추리해 낼 수 있어야 한다.

① **내용의 추론** : 제시문의 정보를 바탕으로 숨겨진 의미를 찾거나 생략된 의미를 앞뒤 내용의 흐름 및 내용 정보의 관계를 통해서 짐작한 다음, 다른 상황에 적용할 수 있어야 한다.
  ㉠ 숨겨진 정보를 추리하기
  ㉡ 제시되지 않은 부분의 내용을 추리하기
  ㉢ 문맥 속의 의미나 함축적 의미를 추리하기
  ㉣ 알고 있는 지식을 다른 상황에 적용하기
② **과정의 추론** : 제시문에 설명된 정보에 대한 가정이나 그것의 전체 또는 대상을 보는 관점, 태도나 입장을 파악하는 것이다.
  ㉠ 정보의 가정이나 전제
  ㉡ 글을 쓰는 관점 추리하기
  ㉢ 글 속에 나타나는 대상 또는 정서ㆍ심리 상태, 어조 추리하기
  ㉣ 글을 쓰게 된 동기나 목적 추리하기
③ **구조의 추론**
  ㉠ 구성 방식 : 전체 글의 짜임새 및 단락의 짜임새
  ㉡ 구성 원리 : 정확한 의미 전달을 위한 통일성, 완결성, 일관성

핵심예제

다음 글에서 추론할 수 있는 것은?

> 신화는 서사(Narrative)와 상호 규정적이다. 그런 의미에서 신화는 역사ㆍ학문ㆍ종교ㆍ예술과 모두 관련되지만, 그중의 어떤 하나만은 아니다. 예를 들면, '신화는 역사다.'라는 말이 하나의 전체일 수는 없다. 나머지인 학문ㆍ종교ㆍ예술 중 어느 하나라도 배제된다면 더 이상 신화가 아니기 때문이다. 신화는 이들의 복합적 총체이지만, 신화는 신화일 뿐 역사나 학문, 종교나 예술 자체일 수 없다.

① 신화는 현대 학문의 영역에서 배제되는 경향이 있다.
② 인류역사는 신화의 시대에서 형이상학의 시대로, 그리고 실증주의 시대로 이행하였다.
③ 신화는 종교 문학에 속하는 문학의 한 장르이다.
④ 신화는 예술과 상호 관련을 맺는다.
⑤ 신화는 학문ㆍ종교ㆍ예술의 하위요소이다.

> **|해설|** 제시문에서 신화는 역사ㆍ학문ㆍ종교ㆍ예술과 모두 관련된다고 하였으므로 예술과 상호 관련을 맺는다고 추론할 수 있다.
>
> **정답** ④

(3) 비판적 이해

제시문의 주요 논지에 대한 비판의 여지를 탐색하고 따져보거나 글이나 자료의 생성 과정 및 그것을 구성한 관점, 태도 등을 파악하는 등 글의 내용으로부터 객관적인 거리를 두고 판단하거나 평가함으로써 도달하는 것이다.

① **핵심어 이해** : 제시문이 객관적인지, 또는 현실과 어떤 연관성이 있는지 등을 판단해 본다. 그리고 핵심 개념을 정의하는 부분에 비논리적 내용이나 주제를 강조하기 위한 의도에서 오류는 없는지를 파악해 본다.

② **쟁점 파악** : 제시문의 핵심 내용을 파악했다면, 주장이 무엇인지, 그리고 타당한지를 비판적으로 고려해 보아야 한다.

③ **주장과 근거** : 제시문의 주제를 비판적으로 고려했다면, 그 주장이 어떤 근거에 바탕을 두고 있는지, 그리고 근거와 주장 사이에 논리적 오류가 없는지 비판적으로 생각해 본다.

핵심예제

다음 글에서 용모에 대한 글쓴이의 생각으로 적절하지 않은 것은?

사람은 타고난 용모가 추한 것을 바꾸어 곱게 할 수도 없고, 또 타고난 힘이 약한 것을 바꾸어 강하게도 할 수 없으며, 키가 작은 것을 바꾸어 크게 할 수도 없다. 이것은 왜 그런 것일까? 그것은 사람은 저마다 이미 정해진 분수가 있어서 그것을 고치지 못하기 때문이다.

① 나는 평발이라서 오래 걷지 못해.
② 나는 몸무게가 많이 나가서 모델이 될 수 없어.
③ 나는 손재주가 없어서 그림을 못 그려.
④ 나는 심한 천식이 있어서 오래달리기를 못해.
⑤ 나는 시력이 나빠서 안경을 써야해.

| 해설 | 글쓴이는 사람은 선천적인 것을 고칠 수 없다고 생각한다. ②를 제외한 나머지는 선천적인 이유 때문에 할 수 없다는 내용이지만, 몸무게는 선천적인 이유가 아니므로 글쓴이의 생각으로 적절하지 않다.

정답 ②

01 | 언어 적중예상문제

정답 및 해설 p.002

대표유형 1 　 나열하기

다음 문장을 논리적 순서대로 바르게 나열한 것은?

> (가) 하지만 몇몇 전문가들은 유기 농업이 몇 가지 결점을 안고 있다고 말한다.
> (나) 유기 농가들의 작물 수확량이 전통적인 농가보다 훨씬 낮으며, 유기농 경작지가 전통적인 경작지보다 잡초와 벌레로 인해 많은 피해를 입고 있다는 점이다.
> (다) 최근 많은 소비자들이 지구에 도움이 되는 일을 하고 있고, 건강에 좀 더 좋은 음식을 먹고 있다고 확신하면서 유기농 식품 생산이 급속도로 증가하고 있다.
> (라) 또한 유기 농업이 틈새시장의 부유한 소비자들에게 먹을거리를 제공하지만, 전 세계 수십억의 굶주리는 사람을 먹여 살릴 수는 없다는 점이다.

① (나) ― (가) ― (다) ― (라) 　　　② (나) ― (가) ― (라) ― (다)
③ (나) ― (다) ― (라) ― (가) 　　　④ (다) ― (가) ― (나) ― (라)
⑤ (다) ― (나) ― (라) ― (가)

> **| 해설 |** 제시문은 유기농 식품의 생산이 증가하고 있지만, 몇몇 전문가들은 유기 농업을 부정적으로 보고 있다는 내용을 말하고 있다. 따라서 (다) 최근 유기농 식품 생산의 증가 ― (가) 유기 농업을 부정적으로 보는 몇몇 전문가들의 시선 ― (나) 전통 농가에 비해 수확량도 적고 벌레의 피해가 잦은 유기 농가 ― (라) 유기 농업으로는 굶주리는 사람을 충분히 먹여 살릴 수 없음 순으로 나열되어야 한다.
>
> **정답 ④**

※ 다음 문장 또는 문단을 논리적 순서대로 바르게 나열한 것을 고르시오. [1~3]

01

> (가) 그래서 부모나 교사로부터 영향을 받을 가능성이 큽니다.
> (나) 이는 성인들이 경험을 통해서 자신의 판단력을 향상시킬 수 있는 데 비해 청소년들은 그럴 수 있는 기회가 별로 없기 때문입니다.
> (다) 대다수 청소년들은 정치적 판단 능력이 성숙하지 못합니다.
> (라) 따라서 청소년들에게 정치적 판단에 대한 책임을 지우기 전에 이를 감당할 수 있도록 돕는 것이 우선이라고 봅니다.

① (다) ― (가) ― (나) ― (라) 　　　② (다) ― (가) ― (라) ― (나)
③ (다) ― (나) ― (라) ― (가) 　　　④ (다) ― (라) ― (가) ― (나)
⑤ (다) ― (라) ― (나) ― (가)

02

(가) 하지만 지금은 고령화 시대를 맞아 만성질환이 다수다. 꾸준히 관리 받아야 건강을 유지할 수 있다. 치료보다 치유가 대세다. 이 때문에 미래 의료는 간호사 시대라고 말한다. 그럼에도 간호사에 대한 활용은 시대 흐름과 동떨어져 있다.

(나) 인간의 질병 구조가 변하면 의료 서비스의 비중도 바뀐다. 과거에는 급성질환이 많았다. 맹장염(충수염)이나 구멍 난 위궤양 등 수술로 해결해야 할 상황이 잦았다. 따라서 질병 관리 대부분을 의사의 전문성에 의존해야 했다.

(다) 현재 2년 석사과정을 거친 전문 간호사가 대거 양성되고 있다. 하지만 이들의 활동은 건강보험 의료수가에 반영되지 않고, 그러니 병원이 전문 간호사를 적극적으로 채용하려 하지 않는다. 의사의 손길이 미치지 못하는 곳은 전문성을 띤 간호사가 그 역할을 대신해야 함에도 말이다.

(라) 고령 장수 사회로 갈수록 간호사의 역할은 커진다. 병원뿐 아니라 다양한 공간에서 환자를 돌보고 건강관리가 이뤄지는 의료 서비스가 중요해졌다. 간호사 인력 구성과 수요는 빠르게 바뀌어 가는데 의료 환경과 제도는 한참 뒤처져 있어 안타깝다.

① (나) - (가) - (다) - (라)
② (나) - (라) - (가) - (다)
③ (다) - (가) - (라) - (나)
④ (다) - (라) - (가) - (나)
⑤ (라) - (나) - (다) - (가)

03

(가) 그런데 '의사, 변호사, 사장' 등은 그 직업이나 직책에 있는 모든 사람을 가리키는 것이어야 함에도 불구하고, 여성을 가리킬 때는 '여의사, 여변호사, 여사장' 등이 따로 사용되고 있다. 즉 여성을 예외적인 경우로 취급함으로써 성차별의 가치관을 이 말들에 반영하고 있는 것이다.

(나) 언어에는 사회상의 다양한 측면이 반영되어 있다. 그렇기 때문에 남성과 여성의 차이도 언어에 반영되어 있다. 한편 우리 사회는 꾸준히 성평등을 향해서 변화하고 있지만, 언어의 변화 속도는 사회의 변화 속도를 따라가지 못한다. 따라서 국어에는 성차별의 사회상을 알게 해 주는 증거들이 있다.

(다) 오늘날 남성과 여성의 사회적 위치는 과거와 다르고 지금 이 순간에도 계속 변하고 있다. 여성의 사회적 지위 향상의 결과가 앞으로 언어에 반영되겠지만, 현재 언어에 남아 있는 과거의 흔적은 우리 스스로의 노력으로 지워감으로써 성별의 '차이'가 더 이상 '차별'이 되지 않도록 노력을 기울여야 하겠다.

(라) 우리말에는 그 자체에 성별을 구분해 주는 문법적 요소가 없다. 따라서 남성을 지칭하는 말과 여성을 지칭하는 말, 통틀어 지칭하는 말이 따로 존재해야 한다. 하지만 국어에는 그런 경우도 있고 그렇지 않은 경우도 있다. 예를 들어 '아버지'와 '어머니'는 서로 대등하게 사용되고, '어린이'도 성별을 구별하지 않고 가리킬 때 쓰인다.

① (나) - (가) - (라) - (다)
② (나) - (라) - (가) - (다)
③ (나) - (라) - (다) - (가)
④ (다) - (가) - (라) - (나)
⑤ (다) - (나) - (라) - (가)

다음 글의 빈칸에 들어갈 내용으로 가장 적절한 것은?

아파트에서는 부엌이나 안방이나 화장실이나 거실이 다 같은 높이의 평면 위에 있다. 그것보다 밑에 또는 위에 있는 것은 다른 사람의 아파트이다. 좀 심한 표현을 쓴다면 아파트에서는 모든 것이 평면적이다. 깊이가 없는 것이다. 사물은 아파트에서 그 부피를 잃고 평면 위에 선으로 존재하는 그림과 같이 되어 버린다. 모든 것은 한 평면 위에 나열되어 있다. 그래서 한눈에 들어오게 되어 있다. 아파트에는 사람이나 물건이나 다 같이 자신을 숨길 데가 없다. 땅집에서는 사정이 전혀 딴판이다. 땅집에서는 모든 것이 자기 나름의 두께와 깊이를 가지고 있다. 같은 물건이라도 그것이 다락방에 있을 때와 안방에 있을 때와 부엌에 있을 때는 거의 다르다. 아니, 집 자체가 인간과 마찬가지의 두께와 깊이를 가지고 있다. 집이 아름다운 이유는 ＿＿＿＿＿＿＿＿＿＿＿＿＿＿＿＿＿＿＿＿ 다락방은 의식이며 지하실은 무의식이다.

① 세상을 조망할 수 있기 때문이다.
② 인간을 닮았기 때문이다.
③ 안정을 뜻하기 때문이다.
④ 어딘가로 떠날 수 있기 때문이다.
⑤ 휴식과 안락을 제공하기 때문이다.

| 해설 | 빈칸 앞 문장의 '집 자체가 인간과 마찬가지의 두께와 깊이를 가지고 있다.'에 따라 빈칸에 들어갈 내용으로 '인간'과 '집'을 연관지어 서술한 ②가 가장 적절하다.

정답 ②

※ 다음 글의 빈칸에 들어갈 내용으로 가장 적절한 것을 고르시오. [4~6]

04

과학은 한 형태의 자연에 대한 지식이라는 사실 그 자체만으로도 한없이 귀중하고, 과학적 기술이 인류에게 가져온 지금까지의 혜택은 아무리 부정하려 해도 부정될 수 없다. 앞으로도 보다 많고 보다 정확한 과학 지식과 고도로 개발된 과학적 기술이 필요하다. 그러나 문제의 핵심은 생태학적이고 예술적인 자연관, 즉 존재 일반에 대한 넓고 새로운 시각, 포괄적인 맥락에서 과학적 지식과 기술의 의미에 눈을 뜨고 그러한 지식과 기술을 활용함에 있다. 그렇지 않고 오늘날과 같은 추세로 그러한 지식과 기술을 당장의 욕망을 위해서 인간 중심적으로 개발하고 이용한다면 그 효과가 당장에는 인간에게 만족스럽다 해도 머지않아 자연의 파괴뿐만 아니라 인간적 삶의 파괴, 그리고 궁극적으로는 인간 자신의 멸망을 초래하고 말 것이다. 한마디로 지금 우리에게 필요한 것은 과학적 비전과 과학적 기술의 의미를 보다 포괄적인 의미에서 이해하는 작업이다. 이러한 작업을 ＿＿＿＿＿＿＿라 불러도 적절할 것 같다.

① 예술의 다양화 　　　　　　　② 예술의 기술화
③ 과학의 예술화 　　　　　　　④ 과학의 현실화
⑤ 예술의 과학화

05

질병(疾病)이란 유기체의 신체적, 정신적 기능이 비정상으로 된 상태를 일컫는다. 인간에게 있어 질병이란 넓은 의미에서 극도의 고통을 비롯하여 스트레스, 사회적인 문제, 신체기관의 기능 장애와 죽음까지를 포괄하며, 더 넓게는 개인에서 벗어나 사회적으로 큰 맥락에서 이해되기도 한다.

하지만 다분히 진화 생물학적 관점에서 질병은 인간의 몸 안에서 일어나는 정교하고도 합리적인 자기조절 과정이다. 질병은 정상적인 기능을 할 수 없는 상태임과 동시에 진화의 역사 속에서 획득한 자기 치료 과정이 _____ 이기도 하다. 가령, 기침을 하고, 열이 나고, 통증을 느끼고, 염증이 생기는 것 따위는 자기 조절과 방어 시스템이 작동하는 과정인 것이다.

① 문제를 일으킨 상태
② 비일상적인 특이 상태
③ 정상적으로 가동하고 있는 상태
④ 인구의 개체 변이를 도모하는 상태
⑤ 보다 새로운 정보를 습득하려는 상태

06

국내 여가활동을 개인 활동, 사회성 여가활동, 동호회 활동으로 분류하여 유형별 참여율을 비교하였더니 전체 응답자 중 개인 활동 참여에 응답한 사람이 52.1%로 가장 높았고 사회성 여가활동인 자원봉사활동은 11.9%, 동호회 활동은 10.1%로 저조했다. 국내 여가자원을 여가시간과 비용 면에서 살펴보았을 때 2012년 15세 이상 국민들의 하루 평균 여가시간은 평일 3.3시간, 휴일 5.1시간으로 2010년 평일 4시간, 휴일 7시간보다 평일 여가시간이 0.7시간, 휴일 여가시간이 1.9시간 감소하였음을 확인할 수 있었고, 여가비용은 2012년 한 달 평균 12만 5천 원 정도로 2010년의 16만 8천 원보다 4만 3천 원 정도 감소한 것으로 나타났다. 이 자료는 여가자원이 충분하지 않고, 국내 여가생활 만족도를 파악하는 자료로 활용할 수 있다. 현재 국내에서 행해지고 있는 여가자원 정책을 살펴보면 주 40시간 근무제의 경우 여가만족도는 긍정적이지만 2010년부터 다소 낮아져 2012년에는 36.4%가 실시하고 있다고 응답하였다. 주5일 수업제는 실시 후 평균 46.5%가 만족하고 있다고 응답했다. 종합하면 활발한 여가활동을 저해하는 원인으로 여가자원과 여가활동 지원정책의 부족을 들 수 있다. 여가생활의 질을 높이기 위해 여가를 개인적인 문제로 볼 것이 아니라 _____ 체계적인 정책과 계획 수립을 이룩해야 할 것이다.

① 다양한 지원 방안을 고려하여
② 삶의 질 향상을 위한 수단으로
③ 공적인 정책 과제라는 태도로
④ 국민의 권익 보장 수단으로
⑤ 여가활동의 활성화 방안으로

다음 글의 제목으로 가장 적절한 것은?

> 구비문학에서는 기록문학과 같은 의미의 단일한 작품 또는 원본이라는 개념이 성립하기 어렵다. 윤선도의 '어부사시사'와 채만식의 『태평천하』는 엄밀하게 검증된 텍스트를 놓고 이것이 바로 그 작품이라 할 수 있지만, '오누이 장사 힘내기' 전설이라든가 '진주 낭군' 같은 민요는 서로 조금씩 다른 구연물이 다 그 나름의 개별적 작품이면서 동일 작품의 변이형으로 인정되기도 하는 것이다. 이야기꾼은 그의 개인적 취향이나 형편에 따라 설화의 어떤 내용을 좀 더 실감나게 손질하여 구연할 수 있으며, 때로는 그 일부를 생략 혹은 변경할 수 있다. 모내기할 때 부르는 '모노래'는 전승적 가사를 많이 이용하지만, 선창자의 재간과 그때그때의 분위기에 따라 새로운 노래 토막을 끼워 넣거나 일부를 즉흥적으로 개작 또는 창작하는 일도 흔하다.

① 구비문학의 현장성   ② 구비문학의 유동성
③ 구비문학의 전승성   ④ 구비문학의 구연성
⑤ 구비문학의 사실성

> **│ 해설 │** 구비문학에서는 단일한 작품, 원본이라는 개념이 성립하기 어렵다. 그러므로 선창자의 재간과 그때그때의 분위기에 따라 새롭게 변형되거나 창작되는 일이 흔하다. 다시 말해 정해진 틀이 있다기보다는 상황이나 분위기에 따라 바뀌는 것이 가능하다. 유동성이란 형편이나 때에 따라 변화될 수 있음을 뜻하는 말이다. 따라서 글의 제목은 '구비문학의 유동성'이라고 볼 수 있다.
>
> 정답 ②

---

07   다음 글의 필자가 주장하는 핵심 내용으로 가장 적절한 것은?

> 우리는 혈연, 지연, 학연 등에 의거한 생활양식 내지 행위원리를 연고주의라 한다. 특히 이에 대해 지극히 부정적인 의미를 부여하며 대부분의 한국병이 연고주의와 직 · 간접적인 어떤 관련을 갖는 것으로 진단한다. 그러나 여기서 주목할 만한 한 가지 사실은 연고주의가 그 자체로서는 반드시 역기능적인 어떤 것으로 치부될 이유가 없다는 점이다.
> 연고주의는 그 자체로서 비판받아야 할 것이라기보다는 나름의 고유한 가치를 갖는 사회적 자산이다. 이미 공동체적 요인이 청산 · 해체되어 버리고, 공동체에 대한 기억마저 사라진 선진사회의 사람들은 오히려 삭막하고 황량한 사회생활의 긴장으로부터 해방되기 위해 새로운 형태의 공동체를 모색 · 시도하고 있다. 그에 비하면 우리의 연고주의는 인간적 온기를 지닌 것으로 그 나름의 가치 있는 삶의 원리가 아닐 수 없다.

① 연고주의는 그 자체로서 고유한 가치를 갖는 사회적 자산이다.
② 연고주의가 반드시 역기능적인 면을 가지는 것은 아니다.
③ 연고주의는 인간적 온기를 느끼게 하는 삶의 활력소이다.
④ 오늘날 연고주의에 대해 부정적 의미를 부여하기 쉽다.
⑤ 연고주의는 계속해서 유지하고 보존해야 하는 것이다.

다음 글의 주제로 가장 적절한 것은?

> 지난 5월 아이슬란드에 각종 파이프와 열교환기, 화학물질 저장탱크, 압축기로 이루어져 있는 '조지 올라 재생가능 메탄올 공장'이 등장했다. 이곳은 이산화탄소로 메탄올을 만드는 첨단 시설로, 과거 2011년 아이슬란드 기업 '카본리사이클링인터내셔널(CRI)'이 탄소 포집ㆍ활용(CCU) 기술의 실험을 위해서 지은 곳이다.
>
> 이곳에서는 인근 지열발전소에서 발생하는 적은 양의 이산화탄소(CO_2)를 포집한 뒤 물을 분해해 조달한 수소(H_2)와 결합시켜 재생 메탄올(CH_3OH)을 제조하였으며, 이때 필요한 열과 냉각수 역시 지열발전소의 부산물을 이용했다. 이렇게 만들어진 메탄올은 자동차, 선박, 항공 연료는 물론 플라스틱 제조 원료로 활용되는 등 여러 곳에서 활용되었다.
>
> 하지만 이렇게 메탄올을 만드는 것이 미래 원료 문제의 근본적인 해결책이 될 수는 없었다. 왜냐하면 메탄올이 만드는 에너지보다 메탄올을 만드는 데 들어가는 에너지가 더 필요하다는 문제점 때문이다. 또한 액화천연가스(LNG)를 메탄올로 변환할 경우 이전보다 오히려 탄소배출량이 증가하고, 탄소배출량을 감소시키기 위해서는 태양광과 에너지 저장장치를 활용해 메탄올 제조에 필요한 에너지를 모두 조달해야만 한다는 쟁점도 있다.
>
> 또한 탄소를 포집해 지하에 영구 저장하는 탄소포집 저장방식과 달리, 탄소를 포집해 만든 연료나 제품은 사용 중에 탄소를 다시 배출할 가능성이 있어 이에 대한 논의가 분분한 상황이다.

① 탄소 재활용의 득과 실
② 재생 에너지 메탄올의 다양한 활용
③ 지열발전소에서 탄생한 재활용 원료
④ 탄소 재활용을 통한 미래 원료의 개발
⑤ 미래의 에너지 원료로 주목받는 재활용 원료, 메탄올

09 다음 글의 제목으로 가장 적절한 것은?

영양분이 과도하게 많은 물에서는 오히려 물고기의 생존이 어렵다. 농업용 비료나 하수 등에서 배출되는 질소와 인 등으로 영양분이 많아진 하천의 수온이 상승하면 식물성 플랑크톤이 대량으로 증식하게 된다. 녹색을 띠는 플랑크톤이 수면을 뒤덮으면 물속으로 햇빛이 닿지 못하고 결국 물속의 산소가 고갈되어 물고기는 숨을 쉬기 어려워진다. 즉, 물속의 과도한 영양분이 오히려 물고기의 생존을 위협하는 것이다.

이처럼 부영양화된 물에서의 플랑크톤 증식으로 인한 녹조 현상은 경제발전과 각종 오염물질 배출량의 증가로 인해 심각한 사회문제가 되고 있다. 녹조는 냄새를 유발하는 물질과 함께 독소를 생성하여 수돗물의 수질을 저하시킨다. 특히 독성물질을 배출하는 녹조를 유해 녹조로 지정하여 관리하고 있는 현실을 고려하면 이제 녹조는 생태계뿐만 아니라 먹는 물의 안전까지도 위협한다.

하천의 생태계를 보호하고 우리가 먹는 물을 보호하기 위해서는 녹조의 발생 원인을 사전에 제거해야 한다. 이를 위해서는 무엇보다 생활 속에서의 작은 실천이 중요하다. 질소나 인이 첨가되지 않은 세제를 사용하고, 농가에서는 화학 비료 사용을 최소화하며 하천에 오염된 물이 흘러 들어가지 않도록 철저히 관리하는 노력을 기울여야 한다.

① 녹조를 가속화하는 이상 기온 현상
② 물고기의 생존을 위협하는 하천의 수질 요염
③ 수돗물 수질 향상을 위한 기술 개발의 필요성
④ 녹조 예방을 위한 정부의 철저한 관리의 필요성
⑤ 물고기와 인간의 안전을 위협하는 하천의 부영양화

다음 글을 이해한 내용으로 가장 적절한 것은?

> 국회의원들의 천박한 언어 사용은 여야가 다르지 않고, 어제오늘의 일도 아니다. '잔대가리', '양아치', '졸개' 같은 단어가 예사로 입에서 나온다. 막말에 대한 무신경, 그릇된 인식과 태도가 원인이다. 막말이 부끄러운 언어 습관과 인격을 드러낸다고 여기기보다 오히려 투쟁성과 선명성을 상징한다고 착각한다.

① 모든 국회의원은 막말 쓰기를 좋아한다.
② 국회의원들의 천박한 언어 사용은 오래되었다.
③ '잔대가리', '양아치', '졸개' 등은 은어(隱語)에 속한다.
④ 국회의원들은 고운 말과 막말을 전혀 구분할 줄 모른다.
⑤ 국회의원들은 막말이 부끄러운 언어 습관을 드러낸다고 여긴다.

| 해설 | 첫 번째 문장 '어제오늘의 일도 아니다.'에서 ②와 같은 내용을 이해할 수 있다.

오답분석
① '모든' 국회의원이 막말을 사용한다는 내용은 없다.
③ · ④ 제시문에서 확인할 수 없다.
⑤ 국회의원들은 막말이 부끄러운 언어 습관과 인격을 드러낸다고 여기기보다 오히려 투쟁성과 선명성을 상징한다고 착각한다.

정답 ②

---

10 다음 중 '빌렌도르프의 비너스'에 대한 설명으로 가장 적절한 것은?

> 1909년 오스트리아 다뉴브 강가의 빌렌도르프 근교에서 철도 공사를 하던 중 구석기 유물이 출토되었다. 이 중 눈여겨볼 만한 것이 '빌렌도르프의 비너스'라 불리는 여성 모습의 석상이다. 대략 기원전 2만 년의 작품으로 추정되나 구체적인 제작연대나 용도 등에 대해 알려진 바가 거의 없다. 높이 11.1cm의 이 작은 석상은 굵은 허리와 둥근 엉덩이에 커다란 유방을 늘어뜨리는 등 여성 신체가 과장되게 묘사되어 있다. 가슴 위에 올려놓은 팔은 눈에 띄지 않을 만큼 작으며, 땋은 머리에 가려 얼굴이 보이지 않는다. 출산, 다산의 상징으로 주술적 숭배의 대상이 되었던 것이라는 의견이 지배적이다. 태고의 이상적인 여성을 나타내는 것이라고 보는 의견이나, 선사시대 유럽의 풍요와 안녕의 상징이었다고 보는 의견도 있다.

① 팔은 떨어져 나가고 없다.
② 빌렌도르프라는 사람에 의해 발견되었다.
③ 부족장의 부인을 모델로 만들어졌다.
④ 구석기 시대의 유물이다.
⑤ 평화의 상징이라는 의견이 지배적이다.

※ 다음 글의 내용으로 적절하지 않은 것을 고르시오. [11~12]

11

간디는 절대로 몽상가는 아니다. 그가 말한 것은 폭력을 통해서는 인도의 해방도, 보편적인 인간 해방도 없다는 것이었다. 민족 해방은 단지 외국 지배자의 퇴각을 의미하는 것일 수는 없다. 참다운 해방은 지배와 착취와 억압의 구조를 타파하고 그 구조에 길들여져 온 심리적 습관과 욕망을 뿌리로부터 변화시키는 일─다시 말하여 일체의 '칼의 교의(敎義)'─로부터의 초월을 실현하는 것이다. 간디의 관점에서 볼 때, 무엇보다 큰 폭력은 인간의 근원적인 영혼의 요구에 대해서는 조금도 고려하지 않고, 물질적 이득의 끊임없는 확대를 위해 착취와 억압의 구조를 제도화한 서양의 산업 문명이었다.

① 간디는 비폭력주의자이다.
② 간디는 산업 문명에 부정적이었다.
③ 간디는 반외세 사회주의자이다.
④ 간디는 외세가 인도를 착취하였다고 보았다.
⑤ 간디는 서양의 산업 문명을 큰 폭력이라고 보았다.

12

'저장강박증'은 물건의 사용 여부와 관계없이 버리지 못하고 저장해 두는 강박장애의 일종이다. 미래에 필요할 것이라고 생각해서 물건이나 음식을 버리지 못하고 쌓아 두거나, 어떤 사람은 동물을 지나치게 많이 기르기도 한다. 저장강박증이 있는 사람들은 물건을 버리지 않고 모으지만 애정이 없기 때문에 관리는 하지 않는다. 다만 물건이 모아져 있는 상태에서 일시적인 편안함을 느낄 뿐이다. 그러나 결과적으로는 불안증과 강박증, 폭력성을 더욱 가중하는 결과를 낳게 된다.
저장강박증은 치료가 쉽지 않다. 아직까지 정확하게 밝혀진 원인이 없고, 무엇보다 이 사람들의 대부분은 자가 병식이 없다. 때문에 대부분 치료를 원하지 않거나 가족들의 강요에 의해 병원을 찾는다. 그러나 자연적으로 좋아지기 어려우므로 반드시 초기에 치료를 진행해야 한다.

① 저장강박증은 물건을 버리지 못하는 강박장애이다.
② 저장강박증이 있는 사람은 동물을 지나치게 많이 기르기도 한다.
③ 저장강박증이 있는 사람은 물건의 애착을 느껴서 버리지 못한다.
④ 저장강박증의 정확한 원인은 아직 밝혀지지 않았다.
⑤ 저장강박증이 있는 사람들은 스스로 병에 대한 문제를 느끼지 못한다.

02 | 수리 핵심이론

| 응용계산 |

01 ▸ 방정식의 활용

1. 날짜·요일·시계에 관한 문제

(1) 날짜, 요일

① 1일＝24시간＝1,440분＝86,400초

② 날짜, 요일 관련 문제는 대부분 나머지를 이용해 계산한다.

핵심예제

2월 5일이 수요일이라고 할 때, 8월 15일은 무슨 요일인가?(단, 2월은 29일까지이다)

① 토요일   ② 일요일

③ 월요일   ④ 화요일

⑤ 수요일

| 해설 | 2월 5일에서 8월 15일까지는 총 $24+31+30+31+30+31+15=192$일이다.

이를 7로 나누면 $192 \div 7 = 27 \cdots 3$이다.

따라서 8월 15일은 토요일이다.

정답 ①

---

(2) 시계

① 시침이 1시간 동안 이동하는 각도 : $30°$

② 시침이 1분 동안 이동하는 각도 : $0.5°$

③ 분침이 1분 동안 이동하는 각도 : $6°$

핵심예제

시계 광고에서 시계는 항상 10시 10분을 가리킨다. 그 이유는 이 시각이 회사 로고가 가장 잘 보이며 시계 바늘이 이루는 각도도 가장 안정적이기 때문이다. 시계가 10시 10분을 가리킬 때 시침과 분침이 이루는 작은 쪽의 각도는?

① 115°

② 145°

③ 175°

④ 205°

⑤ 215°

| 해설 | 10시 10분일 때 시침과 분침의 각도를 구하면 다음과 같다.

· 10시 10분일 때 12시 정각에서부터 시침의 각도 : $30 \times 10 + 0.5 \times 10 = 305°$

· 10시 10분일 때 12시 정각에서부터 분침의 각도 : $6 \times 10 = 60°$

따라서 시침과 분침이 이루는 작은 쪽의 각도는 $(360-305) + 60 = 115°$이다.

정답 ①

2. 시간 · 거리 · 속력에 관한 문제

$$(\text{시간})=\frac{(\text{거리})}{(\text{속력})}, \ (\text{거리})=(\text{속력})\times(\text{시간}), \ (\text{속력})=\frac{(\text{거리})}{(\text{시간})}$$

핵심예제

영희는 집에서 50km 떨어진 할머니 댁에 가는데, 시속 90km로 버스를 타고 가다가 내려서 시속 5km로 걸어갔더니 총 1시간 30분이 걸렸다. 영희가 걸어간 거리는?

① 5km

② 10km

③ 13km

④ 20km

⑤ 22km

> **| 해설 |** 영희가 걸어간 거리를 $x$km, 버스를 타고 간 거리를 $y$km라고 하면 다음과 같은 식이 성립한다.
>
> • $x+y=50$
>
> • $\dfrac{x}{5}+\dfrac{y}{90}=\dfrac{3}{2}$
>
> $\therefore \ x=5, \ y=45$
>
> 따라서 영희가 걸어간 거리는 5km이다.
>
> **정답** ①

3. 나이 · 개수에 관한 문제

구하고자 하는 것을 미지수로 놓고 식을 세운다. 동물의 경우 다리의 개수에 유의해야 한다.

핵심예제

할머니와 지수의 나이 차는 55세이고, 아버지와 지수의 나이 차는 20세이다. 지수의 나이가 11세이면 할머니와 아버지 나이의 합은?

① 96세

② 97세

③ 98세

④ 99세

⑤ 100세

> **| 해설 |** • 할머니의 나이 : $55+11=66$세
>
> • 아버지의 나이 : $20+11=31$세
>
> 따라서 할머니와 아버지 나이의 합은 97세이다.
>
> **정답** ②

4. 원가 · 정가에 관한 문제

(1) (정가)＝(원가)＋(이익), (이익)＝(정가)－(원가)

(2) a원에서 b% 할인한 가격 : $a \times \left(1 - \dfrac{b}{100}\right)$원

핵심예제

가방의 원가에 40%의 이익을 붙여서 정가를 정한 후, 이벤트로 정가의 25%를 할인하여 물건을 판매하면 1,000원의 이익이 남는다. 이 가방의 원가는?

① 16,000원   ② 18,000원

③ 20,000원   ④ 22,000원

⑤ 24,000원

| 해설 | 가방의 원가를 x원이라고 하면 정가는 $1.40x$원이고, 할인 판매가는 $1.40x \times 0.75 = 1.05x$원이다.

$$1.05x - x = 1,000$$
$$\rightarrow 0.05x = 1,000$$
$$\therefore x = 20,000$$

따라서 가방의 원가는 20,000원이다.

정답 ③

5. 일 · 톱니바퀴에 관한 문제

(1) 일

전체 일의 양을 1로 놓고, 시간 동안 한 일의 양을 미지수로 놓고 식을 세운다.

핵심예제

H사에 재직 중인 A사원이 혼자 보험안내 자료를 정리하는 데 15일이 걸리고 B사원과 같이 하면 6일 만에 끝낼 수 있다. 이때 B사원 혼자 자료를 정리하는 데 걸리는 시간은?

① 8일   ② 9일

③ 10일   ④ 11일

⑤ 12일

| 해설 | 전체 일의 양을 1이라고 하면 A사원이 혼자 일을 끝내는 데 걸리는 시간은 15일, A, B사원이 같이 할 때는 6일이 걸린다. B사원이 혼자 일하는 데 걸리는 시간을 b일이라고 하면 다음과 같은 식이 성립한다.

$$\frac{1}{15} + \frac{1}{b} = \frac{1}{6}$$

$$\rightarrow \frac{b+15}{15b} = \frac{1}{6}$$

$$\rightarrow 6b + 6 \times 15 = 15b$$

$$\rightarrow 9b = 90$$

$$\therefore b = 10$$

따라서 B사원 혼자 자료를 정리하는 데 걸리는 시간은 10일이다.

정답 ③

(2) 톱니바퀴

(톱니 수)×(회전수)=(총 톱니 수)

즉, A, B 두 톱니에 대하여, (A의 톱니 수)×(A의 회전수)=(B의 톱니 수)×(B의 회전수)가 성립한다.

핵심예제

지름이 15cm인 톱니바퀴와 지름이 27cm인 톱니바퀴가 서로 맞물려 돌아가고 있다. 큰 톱니바퀴가 분당 10바퀴를 돌았다면, 작은 톱니바퀴는 분당 몇 바퀴를 돌았겠는가?

① 16바퀴 ② 17바퀴

③ 18바퀴 ④ 19바퀴

⑤ 20바퀴

| **해설** | 작은 톱니바퀴가 x바퀴 돌았다고 하면, 큰 톱니바퀴와 작은 톱니바퀴가 돈 길이는 같으므로 다음과 같은 식이 성립한다.

$27\pi \times 10 = 15\pi \times x$

$\therefore x = 18$

따라서 작은 톱니바퀴는 분당 18바퀴를 돌았다.

정답 ③

6. 농도에 관한 문제

(1) $(농도) = \dfrac{(용질의\ 양)}{(용액의\ 양)} \times 100$

(2) $(용질의\ 양) = \dfrac{(농도)}{100} \times (용액의\ 양)$

핵심예제

농도를 알 수 없는 설탕물 500g에 농도 3%의 설탕물 200g을 온전히 섞었더니 섞은 설탕물의 농도는 7%가 되었다. 처음 500g의 설탕물에 녹아있던 설탕의 양은?

① 40g ② 41g

③ 42g ④ 43g

⑤ 44g

| 해설 | 500g의 설탕물에 녹아있는 설탕의 양은 xg이라고 하면 3%의 설탕물 200g에 들어있는 설탕의 양은

$\dfrac{3}{100} \times 200 = 6$g이다.

$\dfrac{x+6}{500+200} \times 100 = 7$

$\rightarrow x + 6 = 49$

$\therefore x = 43$

따라서 500g의 설탕에 녹아있던 설탕의 양은 43g이다.

정답 ④

7. 수에 관한 문제(I)

(1) 연속하는 세 자연수 : $x-1,\ x,\ x+1$

(2) 연속하는 세 짝수(홀수) : $x-2,\ x,\ x+2$

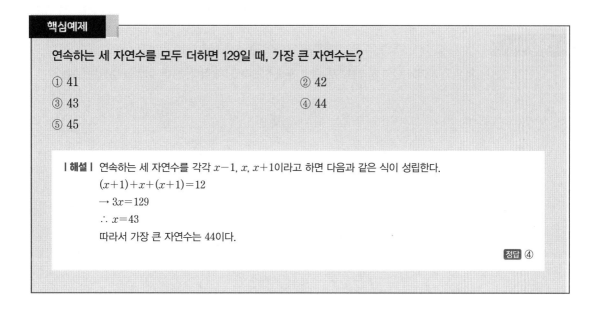

핵심예제

연속하는 세 자연수를 모두 더하면 129일 때, 가장 큰 자연수는?

① 41   ② 42

③ 43   ④ 44

⑤ 45

| **해설** | 연속하는 세 자연수를 각각 $x-1,\ x,\ x+1$이라고 하면 다음과 같은 식이 성립한다.

$(x+1)+x+(x+1)=12$

$\rightarrow 3x=129$

$\therefore x=43$

따라서 가장 큰 자연수는 44이다.

정답 ④

8. 수에 관한 문제(II)

(1) 십의 자릿수가 x, 일의 자릿수가 y인 두 자리 자연수 : $10x+y$

이 수에 대해, 십의 자리와 일의 자리를 바꾼 수 : $10y+x$

(2) 백의 자릿수가 x, 십의 자릿수가 y, 일의 자릿수가 z인 세 자리 자연수 : $100x+10y+z$

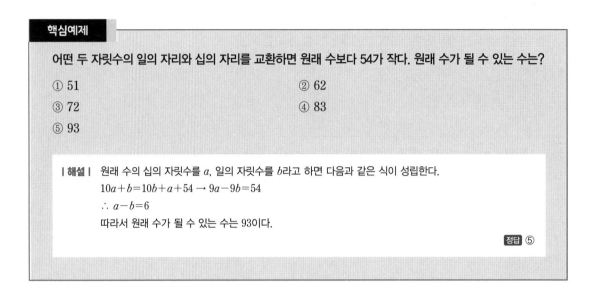

핵심예제

어떤 두 자릿수의 일의 자리와 십의 자리를 교환하면 원래 수보다 54가 작다. 원래 수가 될 수 있는 수는?

① 51

② 62

③ 72

④ 83

⑤ 93

| **해설 |** 원래 수의 십의 자릿수를 a, 일의 자릿수를 b라고 하면 다음과 같은 식이 성립한다.

$10a+b=10b+a+54 \rightarrow 9a-9b=54$

$\therefore a-b=6$

따라서 원래 수가 될 수 있는 수는 93이다.

정답 ⑤

9. 열차와 터널에 관한 문제

(열차가 이동한 거리)＝(터널의 길이)＋(열차의 길이)

핵심예제

길이가 50m인 열차가 250m의 터널을 완전히 통과하는 데 10초가 걸렸다. 이 열차가 310m인 터널을 통과하는 데 걸리는 시간은?

① 10초
② 11초
③ 12초
④ 13초
⑤ 14초

| 해설 | 열차의 이동거리는 250＋50＝300m이고, (속력)＝$\dfrac{(거리)}{(시간)}$이므로, 열차의 속력은 $\dfrac{300}{10}$＝30m/s이다.

길이가 310m인 터널을 통과한다고 하였으므로, 이동 거리는 총 310＋50＝360m이고, 속력은 30m/s이다.

따라서 열차가 터널을 통과하는 데 걸리는 시간은 $\dfrac{360}{30}$＝12초이다.

정답 ③

10. 증가·감소에 관한 문제

(1) x가 $a\%$ 증가하면, $\left(1+\dfrac{a}{100}\right)x$

(2) x가 $a\%$ 감소하면, $\left(1-\dfrac{a}{100}\right)x$

핵심예제

A고등학교의 작년 중국어 수강생은 전체 학생의 20%이다. 올해 전체 학생 수가 1% 증가하고 중국어 수강생이 2% 감소했다면, 올해 중국어 수강생은 전체 학생의 몇 %인가?

① 약 19%

② 약 19.2%

③ 약 19.4%

④ 약 19.6%

⑤ 약 19.8%

| 해설 | 작년 전체 학생 수를 x명이라 하면, 중국어 수강생의 수는 $\dfrac{1}{5}x$명이다.

그러므로 올해 1% 증가한 전체 학생 수는 $\dfrac{101}{100}x$명,

2% 감소한 중국어 수강생의 수는 $\dfrac{1}{5}x \times \dfrac{98}{100} = \dfrac{98}{500}x$명이다.

따라서 올해 중국어 수강생은 전체 학생의 $\dfrac{\dfrac{98}{500}x}{\dfrac{101}{100}x} \times 100 ≒ 19.4\%$이다.

정답 ③

11. 그 외의 방정식 활용문제

혜민이는 가로 9m, 세로 11m인 집을 넓히려고 한다. 세로는 최대 1m까지 늘릴 수 있는 상황에서, 가로를 최소 얼마나 늘려야 면적이 10평만큼 늘어나는 효과를 볼 수 있겠는가?(단, 1평=3.3m²이다)

① 1m

② 2m

③ 3m

④ 4m

⑤ 5m

| 해설 | 원래 면적에서 늘어난 면적은 $10 \times 3.3 = 33\text{m}^2$이다.

(나중 면적)$-$(원래 면적)$=33\text{m}^2$이므로, 늘려야 할 가로 길이를 xm라 하면 다음 식이 성립한다.

$(9+x) \times (11+1) - 9 \times 11 = 33$

$\rightarrow 12x + 108 - 99 = 33$

$\rightarrow 12x = 24$

$\therefore x = 2$

따라서 가로의 길이는 2m 늘려야 한다.

정답 ②

02 ▸ 부등식의 활용

문제에 '이상', '이하', '최대', '최소' 등이 들어간 경우로 방정식의 활용과 해법이 비슷하다.

핵심예제

01 A회사는 10분에 5개의 인형을 만들고, B회사는 1시간에 1대의 인형 뽑는 기계를 만든다. 이 두 회사가 40시간 동안 일을 하면 인형이 들어있는 인형 뽑는 기계를 최대 몇 대 완성할 수 있는가?(단, 인형 뽑는 기계 하나에는 적어도 40개의 인형이 들어가야 한다)

① 30대   ② 35대

③ 40대   ④ 45대

⑤ 50대

> **| 해설 |** A회사는 10분에 5개의 인형을 만드므로 1시간에 30개의 인형을 만든다.
> 그러므로 40시간에 인형은 1,200개를 만들고, 인형 뽑는 기계는 40대를 만든다.
> 이때 기계 하나당 적어도 40개의 인형이 들어가야 한다.
> 따라서 최대 1,200÷40=30대의 인형이 들어있는 인형 뽑는 기계를 만들 수 있다.
>
> **정답** ①

02 A가게에서는 감자 1박스에 10,000원이고 배송비는 무료이며, B가게에서는 1박스에 8,000원이고 배송비는 3,000원이라고 할 때, 최소한 몇 박스를 사야 B가게에서 사는 것이 A가게에서 사는 것보다 저렴한가?

① 2박스   ② 3박스

③ 4박스   ④ 5박스

⑤ 6박스

> **| 해설 |** 감자를 x박스를 산다고 하자.
> - A가게에서 드는 돈 : $10,000x$원
> - B가게에서 드는 돈 : $(8,000x+3,000)$원
> $10,000x>8,000x+3,000$
> $\therefore x>1.5$
> 따라서 최소한 2박스를 사야 B가게에서 사는 것이 A가게에서 사는 것보다 저렴하다.
>
> **정답** ①

03 ▸ 경우의 수 · 확률

1. 경우의 수

(1) 경우의 수

어떤 사건이 일어날 수 있는 모든 가짓수

예 주사위 한 개를 던졌을 때, 나올 수 있는 모든 경우의 수는 6가지이다.

(2) 합의 법칙

① 두 사건 A, B가 동시에 일어나지 않을 때, A가 일어나는 경우의 수를 m, B가 일어나는 경우의 수를 n 이라고 하면, 사건 A 또는 B가 일어나는 경우의 수는 $m+n$이다.

② '또는', '~이거나'라는 말이 나오면 합의 법칙을 사용한다.

예 한 식당의 점심 메뉴는 김밥 3종류, 라면 2종류, 우동 1종류가 있다. 이 중 한 가지의 메뉴를 고르는 경우의 수는 $3+2+1=6$가지이다.

(3) 곱의 법칙

① A가 일어나는 경우의 수를 m, B가 일어나는 경우의 수를 n이라고 하면, 사건 A와 B가 동시에 일어나는 경우의 수는 $m×n$이다.

② '그리고', '동시에'라는 말이 나오면 곱의 법칙을 사용한다.

예 집에서 학교를 가는 방법 수는 2가지, 학교에서 집으로 오는 방법 수는 3가지이다. 집에서 학교까지 갔다가 오는 경우의 수는 $2×3=6$가지이다.

(4) 여러 가지 경우의 수

① 동전 n개를 던졌을 때, 경우의 수 : 2^n

② 주사위 n개를 던졌을 때, 경우의 수 : 6^n

③ 동전 n개와 주사위 m개를 던졌을 때, 경우의 수 : $2^n×6^m$

예 동전 3개와 주사위 2개를 던졌을 때, 경우의 수는 $2^3×6^2=288$가지이다.

④ n명을 한 줄로 세우는 경우의 수 : $n!=n×(n-1)×(n-2)×\cdots×2×1$

⑤ n명 중, m명을 뽑아 한 줄로 세우는 경우의 수 : $_nP_m=n×(n-1)×\cdots×(n-m+1)$

예 5명을 한 줄로 세우는 경우의 수는 $5×4×3×2×1=120$가지, 5명 중 3명을 뽑아 한 줄로 세우는 경우의 수는 $5×4×3=60$가지이다.

⑥ n명을 한 줄로 세울 때, m명을 이웃하여 세우는 경우의 수 : $(n-m+1)!×m!$

예 갑, 을, 병, 정, 무 5명을 한 줄로 세우는데, 을, 병이 이웃하여 서는 경우의 수는 $4!×2!=4×3×2×1×2×1=48$가지이다.

⑦ 0이 아닌 서로 다른 한 자리 숫자가 적힌 n장의 카드에서, m장을 뽑아 만들 수 있는 m자리 정수의 개수 : $_nP_m$

예 0이 아닌 서로 다른 한 자리 숫자가 적힌 4장의 카드에서, 3장을 뽑아 만들 수 있는 3자리 정수의 개수는 $_4P_3=4×3×2=24$가지이다.

⑧ 0을 포함한 서로 다른 한 자리 숫자가 적힌 n장의 카드에서, m장을 뽑아 만들 수 있는 m자리 정수의 개수 : $(n-1) \times_{n-1}P_{m-1}$

  예 0을 포함한 서로 다른 한 자리 숫자가 적힌 6장의 카드에서, 3장을 뽑아 만들 수 있는 3자리 정수의 개수는 $5 \times_5P_2 = 5 \times 5 \times 4 = 100$가지이다.

⑨ n명 중 자격이 다른 m명을 뽑는 경우의 수 : $_nP_m$

  예 5명의 학생 중 반장 1명, 부반장 1명을 뽑는 경우의 수는 $_5P_2 = 5 \times 4 = 20$가지이다.

⑩ n명 중 자격이 같은 m명을 뽑는 경우의 수 : $_nC_m = \dfrac{_nP_m}{m!}$

  예 5명의 학생 중 부반장 2명을 뽑는 경우의 수는 $_5C_2 = \dfrac{_5P_2}{2!} = \dfrac{5 \times 4}{2 \times 1} = 10$가지이다.

⑪ 원형 모양의 탁자에 n명을 앉히는 경우의 수 : $(n-1)!$

  예 원형 모양의 탁자에 5명을 앉히는 경우의 수는 $4! = 4 \times 3 \times 2 \times 1 = 24$가지이다.

(5) 최단거리 문제

A에서 B 사이에 P가 주어져 있다면, A와 P의 거리, B와 P의 거리를 각각 구하여 곱한다.

핵심예제

H사에서 파견 근무를 나갈 10명을 뽑아 팀을 구성하려 한다. 새로운 팀 내에서 팀장 1명과 회계 담당 2명을 뽑으려고 하는데, 이 인원을 뽑는 경우의 수는?

① 300가지 ② 320가지

③ 348가지 ④ 360가지

⑤ 396가지

|해설| · 팀장 1명을 뽑는 경우의 수 : $_{10}C_1 = 10$가지

· 회계 담당 2명을 뽑는 경우의 수 : $_9C_2 = \dfrac{9 \times 8}{2!} = 36$가지

따라서 $10 \times 36 = 360$가지이다.

정답 ④

2. 확률

(1) (사건 A가 일어날 확률) $=\dfrac{(\text{사건 A가 일어나는 경우의 수})}{(\text{모든 경우의 수})}$

예 주사위 1개를 던졌을 때, 3 또는 5가 나올 확률은 $\dfrac{2}{6}=\dfrac{1}{3}$이다.

(2) 여사건의 확률

① 사건 A가 일어날 확률이 p일 때, 사건 A가 일어나지 않을 확률은 $1-p$이다.

② '적어도'라는 말이 나오면 주로 사용한다.

(3) 확률의 계산

① **확률의 덧셈**

두 사건 A, B가 동시에 일어나지 않을 때, A가 일어날 확률을 p, B가 일어날 확률을 q라고 하면, 사건 A 또는 B가 일어날 확률은 $p+q$이다.

② **확률의 곱셈**

A가 일어날 확률을 p, B가 일어날 확률을 q라고 하면, 사건 A와 B가 동시에 일어날 확률은 $p+q$이다.

(4) 여러 가지 확률

① **연속하여 뽑을 때, 꺼낸 것을 다시 넣고 뽑는 경우** : 처음과 나중의 모든 경우의 수는 같다.

예 자루에 흰 구슬 4개와 검은 구슬 5개가 들어 있다. 연속하여 두 번을 뽑을 때, 처음에는 흰 구슬, 두 번째는 검은 구슬을 뽑을 확률은?(단, 꺼낸 것은 다시 넣는다)

→ 처음에 흰 구슬을 뽑을 확률은 $\dfrac{4}{9}$이고, 꺼낸 것은 다시 넣는다고 하였으므로 두 번째에 검은 구슬을 뽑을 확률은 $\dfrac{5}{9}$이다. 즉, $\dfrac{4}{9}\times\dfrac{5}{9}=\dfrac{20}{81}$

② **연속하여 뽑을 때, 꺼낸 것을 다시 넣지 않고 뽑는 경우** : 나중의 모든 경우의 수는 처음의 모든 경우의 수보다 1만큼 작다.

예 자루에 흰 구슬 4개와 검은 구슬 5개가 들어 있다. 연속하여 두 번을 뽑을 때, 처음에는 흰 구슬, 두 번째는 검은 구슬을 뽑을 확률은?(단, 꺼낸 것은 다시 넣지 않는다)

→ 처음에 흰 구슬을 뽑을 확률은 $\dfrac{4}{9}$이고, 꺼낸 것은 다시 넣지 않는다고 하였으므로 자루에는 흰 구슬 3개, 검은 구슬 5개가 남아 있다. 따라서 두 번째에 검은 구슬을 뽑을 확률은 $\dfrac{5}{8}$이므로,

$$\dfrac{4}{9}\times\dfrac{5}{8}=\dfrac{5}{18}$$

③ (도형에서의 확률) $=\dfrac{(\text{해당하는 부분의 넓이})}{(\text{전체 넓이})}$

1부터 10까지 적힌 공 중에서 첫 번째는 2의 배수, 두 번째는 3의 배수가 나오도록 공을 뽑을 확률은?(단, 뽑은 공은 다시 넣는다)

① $\dfrac{5}{18}$

② $\dfrac{3}{20}$

③ $\dfrac{1}{7}$

④ $\dfrac{5}{24}$

⑤ $\dfrac{5}{20}$

| 해설 | • 첫 번째에 2의 배수(2, 4, 6, 8, 10)가 적힌 공을 뽑을 확률 : $\dfrac{5}{10}=\dfrac{1}{2}$

• 두 번째에 3의 배수(3, 6, 9)가 적힌 공을 뽑을 확률 : $\dfrac{3}{10}$(∵ 뽑은 공은 다시 넣음)

따라서 확률은 $\dfrac{1}{2}\times\dfrac{3}{10}=\dfrac{3}{20}$이다.

정답 ②

| 자료해석 |

(1) 꺾은선(절선)그래프

① 시간적 추이(시계열 변화)를 표시하는 데 적합하다.

　　예 연도별 매출액 추이 변화 등

② 경과 · 비교 · 분포를 비롯하여 상관관계 등을 나타낼 때 사용한다.

〈한국 자동차부품 수입 국가별 의존도〉

(단위 : %)

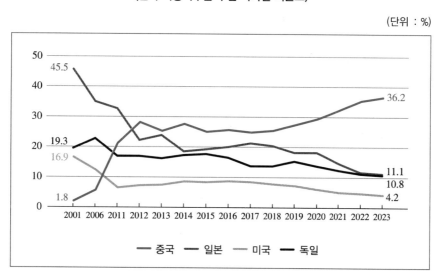

(2) 막대그래프

① 비교하고자 하는 수량을 막대 길이로 표시하고, 그 길이를 비교하여 각 수량 간의 대소 관계를 나타내는 데 적합하다.

　　예 영업소별 매출액, 성적별 인원분포 등

② 가장 간단한 형태로 내역 · 비교 · 경과 · 도수 등을 표시하는 용도로 사용한다.

〈경상수지 추이〉

(잠정치, 단위 : 억 달러)

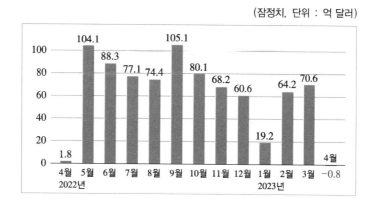

(3) 원그래프

① 내역이나 내용의 구성비를 분할하여 나타내는 데 적합하다.

　　🅔 제품별 매출액 구성비 등

② 원그래프를 정교하게 작성할 때는 수치를 각도로 환산해야 한다.

〈C국의 가계 금융자산 구성비〉

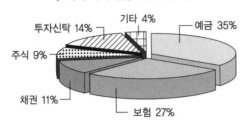

(4) 층별그래프

① 합계와 각 부분의 크기를 백분율로 나타내고 시간적 변화를 보는 데 적합하다.

② 합계와 각 부분의 크기를 실수로 나타내고 시간적 변화를 보는 데 적합하다.

　　🅔 상품별 매출액 추이 등

③ 선의 움직임보다는 선과 선 사이의 크기로써 데이터 변화를 나타내는 그래프이다.

〈경제고통지수 추이〉

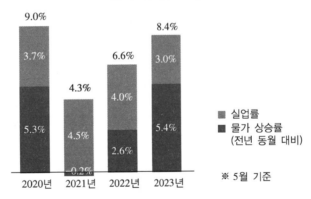

(5) 점그래프

① 지역분포를 비롯하여 도시, 지방, 기업, 상품 등의 평가나 위치, 성격을 표시하는 데 적합하다.

　　예 광고비율과 이익률의 관계 등

② 종축과 횡축에 두 요소를 두고, 보고자 하는 것이 어떤 위치에 있는가를 알고자 할 때 사용한다.

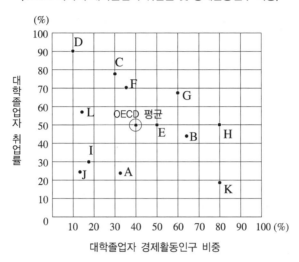

〈OECD 국가의 대학졸업자 취업률 및 경제활동인구 비중〉

(6) 레이더 차트(거미줄그래프)

① 다양한 요소를 비교할 때, 경과를 나타내는 데 적합하다.

　　예 매출액의 계절변동 등

② 비교하는 수량을 직경, 또는 반경으로 나누어 원의 중심에서의 거리에 따라 각 수량의 관계를 나타내는 그래프이다.

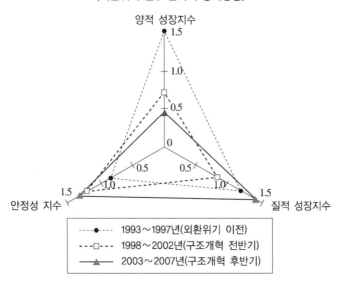

〈외환위기 전후 한국의 경제상황〉

다음은 지난해 관측지점별 기상 평년값에 대한 표이다. 관측지점 중 최고 기온이 17℃ 이상이며, 최저 기온이 7℃ 이상인 지점의 강수량의 합은?

〈관측지점별 기상 평년값〉

(단위 : ℃, mm)

구분	평균 기온	최고 기온	최저 기온	강수량
속초	12.2	16.2	8.5	1,402
철원	10.2	16.2	4.7	1,391
춘천	11.1	17.2	5.9	1,347
강릉	13.1	17.5	9.2	1,464
동해	12.6	16.8	8.6	1,278
충주	11.2	17.7	5.9	1,212
서산	11.9	17.3	7.2	1,285

① 3,027mm
② 2,955mm
③ 2,834mm
④ 2,749mm
⑤ 2,676mm

| **해설** | 최고 기온이 17℃ 이상인 지점은 춘천, 강릉, 충주, 서산이다. 이 중 최저 기온이 7℃ 이상인 지점은 강릉과 서산으로 두 관측지점의 강수량을 합하면 1,464+1,285=2,749mm이다.

정답 ④

정답 및 해설 p.004

대표유형 1 응용계산

H사원은 비품 구입을 위해 한 자루에 500원 하는 볼펜과 한 자루에 700원 하는 색연필을 합하여 12자루를 샀다. 구입한 비품을 같이 구매한 1,000원짜리 상자에 넣고 총금액으로 8,600원을 지불했을 때, H사원이 구입한 볼펜은 몇 자루인가?

① 8자루 ② 7자루

③ 6자루 ④ 5자루

⑤ 4자루

| 해설 | 구입한 볼펜의 개수를 x자루, 색연필 개수는 y자루라고 하면, 다음과 같은 방정식이 성립한다.

$x+y=12 \cdots$ ㉠

$500x+700y+1,000=8,600 \rightarrow 5x+7y=76 \cdots$ ㉡

두 방정식을 연립하면 $x=4$, $y=8$이다.

따라서 H사원은 볼펜은 4자루, 색연필은 8자루를 구입했다.

정답 ⑤

---

01 H씨는 행사용으로 제작한 달력을 준비된 박스에 포장하여 거래처로 배송하려 한다. 박스 하나당 4개의 달력을 넣으면 마지막 박스에는 2개의 달력이 들어가고, 박스 하나당 10개의 달력을 넣으면 2개의 박스가 남는다. H씨가 준비한 박스의 개수는?

① 2개 ② 3개

③ 5개 ④ 8개

⑤ 10개

02 A와 B가 서로 가위바위보를 해서 이기는 사람은 C에게 사탕 1개를 받고, 지는 사람은 C에게 사탕 3개를 주려고 한다. C가 마지막에 총 30개의 사탕을 가지고 있었고 A와 B는 처음에 사탕의 개수가 같았던 것과는 달리 A가 B보다 12개 더 많아졌다면, A는 총 몇 번을 이겼는가?(단, 비기는 경우는 없다)

① 6번 ② 7번

③ 8번 ④ 9번

⑤ 10번

03 종대와 종인이의 나이 차이는 3살이다. 아버지의 나이는 종대와 종인이의 나이의 합보다 1.6배 많다. 종대의 나이가 14살이면 아버지의 나이는?(단, 종대가 형이고, 종인이가 동생이다)

① 38세
② 39세
③ 40세
④ 41세
⑤ 42세

04 서로 맞물려 도는 A, B톱니바퀴가 있다. A톱니바퀴의 톱니 수는 54개, B톱니바퀴의 톱니 수는 78개이다. 두 톱니바퀴가 같은 톱니에서 출발하여 다시 처음으로 같은 톱니끼리 맞물리는 것은 B톱니바퀴가 몇 회전한 후인가?

① 8회전
② 9회전
③ 10회전
④ 11회전
⑤ 12회전

05 어떤 일을 소미가 혼자 하면 12일, 세정이와 미나 둘이서 하면 4일이 걸린다. 이 일을 소미, 세정, 미나가 다 같이 하면 며칠이 걸리겠는가?

① 2일
② 3일
③ 4일
④ 5일
④ 6일

06 세 자연수 5, 6, 7로 나누어도 항상 나머지가 2가 되는 가장 작은 수를 A라고 했을 때, 1,000 이하 자연수 중 A 배수의 개수는?

① 3개
② 4개
③ 5개
④ 6개
⑤ 7개

07 1에서 10까지 적힌 숫자카드를 임의로 두 장을 동시에 뽑을 때, 뽑은 두 카드에 적힌 수의 곱이 홀수일 확률은?

① $\dfrac{5}{7}$

② $\dfrac{7}{8}$

③ $\dfrac{5}{9}$

④ $\dfrac{2}{9}$

⑤ $\dfrac{1}{9}$

대표유형 2　자료해석

다음은 어느 도서관의 일정 기간 도서 대여 횟수에 대한 표이다. 이에 대한 내용으로 옳지 않은 것은?

〈도서 대여 횟수〉

(단위 : 회)

구분	비소설		소설	
	남자	여자	남자	여자
40세 미만	520	380	450	600
40세 이상	320	400	240	460

① 소설을 대여한 횟수가 비소설을 대여한 횟수보다 많다.
② 40세 미만보다 40세 이상의 대여 횟수가 더 적다.
③ 남자가 소설을 대여한 횟수가 여자가 소설을 대여한 횟수의 70% 이상이다.
④ 40세 미만 전체 대여 횟수에서 비소설 대여 횟수가 차지하는 비율은 40%를 넘는다.
⑤ 40세 이상 전체 대여 횟수에서 소설 대여 횟수가 차지하는 비율은 50% 미만이다.

| **해설** | 남자가 소설을 대여한 횟수는 690회이고, 여자가 소설을 대여한 횟수는 1,060회이므로 $\dfrac{690}{1,060} \times 100 ≒$ 65%이다.

오답분석
① 소설 전체 대여 횟수는 1,750회, 비소설 전체 대여 횟수는 1,620회이므로 옳다.
② 40세 미만 전체 대여 횟수는 1,950회, 40세 이상 전체 대여 횟수는 1,420회이므로 옳다.
④ 40세 미만의 전체 대여 횟수는 1,950회이고, 그중 비소설 대여는 900회이므로 $\dfrac{900}{1,950} \times 100 ≒ 46.1\%$이다.
⑤ 40세 이상의 전체 대여 횟수는 1,420회이고, 그중 소설 대여는 700회이므로 $\dfrac{700}{1,420} \times 100 ≒ 49.3\%$이다.

정답 ③

08 다음은 1년 동안 어느 병원을 찾은 당뇨병 환자에 대한 표이다. 이에 대한 해석으로 옳지 않은 것은?

<당뇨병 환자 수>

(단위 : 명)

구분	경증		중증	
	여자	남자	여자	남자
50세 미만	9	13	8	10
50세 이상	10	18	8	24

① 여자 환자 중 중증인 환자의 비율은 45% 이상이다.

② 경증 환자 중 남자 환자의 비율은 중증 환자 중 남자 환자의 비율보다 높다.

③ 50세 이상의 환자 수는 50세 미만 환자 수의 1.5배이다.

④ 중증인 여자 환자의 비율은 전체 당뇨병 환자의 16%이다.

⑤ 50세 미만 남자 중에서 경증 환자 비율은 50세 이상 여자 중에서 경증 환자 비율보다 높다.

※ 다음은 A지역의 연령대별 장애인 취업 현황에 대한 표이다. 이를 보고 이어지는 질문에 답하시오. [9~10]

〈A지역 연령대별 장애인 취업 현황〉

(단위 : 명)

구분	전체 장애인 취업자 수	연령대		
		20대	30대	60대 이상
2016년	9,364	2,233	1,283	339
2017년	9,526	2,208	1,407	1,034
2018년	9,706	2,128	1,510	1,073
2019년	9,826	2,096	1,612	1,118
2020년	9,774	2,051	1,714	1,123
2021년	9,772	1,978	1,794	1,132
2022년	9,914	1,946	1,921	1,135
2023년	10,091	1,918	2,051	1,191

09 다음 중 장애인 취업자 중 20대와 30대가 각각 가장 많이 취업한 해끼리 바르게 짝지어진 것은?

	20대	30대
①	2016년	2021년
②	2018년	2021년
③	2016년	2018년
④	2018년	2023년
⑤	2016년	2023년

10 다음 중 자료에 대한 설명으로 적절하지 않은 것은?

① 20대 장애인 취업자 수는 매년 감소하였다.

② 2023년 20대 장애인 취업자는 전년 대비 3% 이상 감소하였다.

③ 30대 장애인 취업자가 20대 장애인 취업자보다 많은 연도는 2023년 한 해뿐이다.

④ 전년 대비 전체 장애인 취업자의 증가 인원은 2022년에 비해 2023년이 더 크다.

⑤ 전체 장애인 취업자 중 30대 장애인 취업자가 차지하는 비율은 2018년에 비해 2019년이 더 크다.

03 | 추리 핵심이론

01 ▸ 언어추리

1. 연역 추론

이미 알고 있는 판단(전제)을 근거로 새로운 판단(결론)을 유도하는 추론이다. 연역 추론은 진리일 가능성을 따지는 귀납 추론과는 달리, 명제 간의 관계와 논리적 타당성을 따진다. 즉, 연역 추론은 전제들로부터 절대적인 필연성을 가진 결론을 이끌어내는 추론이다.

(1) 직접 추론

한 개의 전제로부터 중간적 매개 없이 새로운 결론을 이끌어내는 추론이며, 대우 명제가 그 대표적인 예이다.

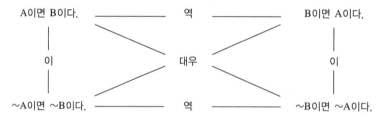

• 한국인은 모두 황인종이다.		(전제)
• 그러므로 황인종이 아닌 사람이 모두 한국인은 아니다.		(결론 1)
• 그러므로 황인종 중에는 한국인이 아닌 사람도 있다.		(결론 2)

(2) 간접 추론

둘 이상의 전제로부터 새로운 결론을 이끌어내는 추론이다. 삼단논법이 가장 대표적인 예이다.

① **정언 삼단논법** : 세 개의 정언명제로 구성된 간접추론 방식이다. 세 개의 명제 가운데 두 개의 명제는 전제이고, 나머지 한 개의 명제는 결론이다. 세 명제의 주어와 술어는 세 개의 서로 다른 개념을 표현한다.

② **가언 삼단논법** : 가언명제로 이루어진 삼단논법을 말한다. 가언명제란 두 개의 정언명제가 '만일 ~이라면'이라는 접속사에 의해 결합된 복합명제이다. 여기서 '만일'에 의해 이끌리는 명제를 전건이라고 하고, 그 뒤의 명제를 후건이라고 한다. 가언 삼단논법의 종류로는 혼합가언 삼단논법과 순수가언 삼단논법이 있다.

  ㉠ **혼합가언 삼단논법** : 대전제만 가언명제로 구성된 삼단논법이다. 긍정식과 부정식 두 가지가 있으며, 긍정식은 'A면 B이다. A이다. 그러므로 B이다.'이고, 부정식은 'A면 B이다. B가 아니다. 그러므로 A가 아니다.'이다.

> - 만약 A라면 B이다.
> - B가 아니다.
> - 그러므로 A가 아니다.

ⓒ 순수가언 삼단논법 : 대전제와 소전제 및 결론까지 모두 가언명제들로 구성된 삼단논법이다.

> - 만약 A라면 B이다.
> - 만약 B라면 C이다.
> - 그러므로 만약 A라면 C이다.

③ **선언 삼단논법** : '~이거나 ~이다.'의 형식으로 표현되며 전제 속에 선언 명제를 포함하고 있는 삼단논법이다.

> - 내일은 비가 오거나 눈이 온다(A 또는 B이다).
> - 내일은 비가 오지 않는다(A가 아니다).
> - 그러므로 내일은 눈이 온다(그러므로 B이다).

④ **딜레마 논법** : 대전제는 두 개의 가언명제로, 소전제는 하나의 선언명제로 이루어진 삼단논법으로, 양도추론이라고도 한다.

> - 만일 네가 거짓말을 하면, 신이 미워할 것이다.   (대전제)
> - 만일 네가 거짓말을 하지 않으면, 사람들이 미워할 것이다.   (대전제)
> - 너는 거짓말을 하거나, 거짓말을 하지 않을 것이다.   (소전제)
> - 그러므로 너는 미움을 받게 될 것이다.   (결론)

2. 귀납 추론

특수한 또는 개별적인 사실로부터 일반적인 결론을 이끌어내는 추론을 말한다. 귀납 추론은 구체적 사실들을 기반으로 하여 결론을 이끌어내기 때문에 필연성을 따지기보다는 개연성과 유관성, 표본성 등을 중시하게 된다. 여기서 개연성이란, 관찰된 어떤 사실이 같은 조건하에서 앞으로도 관찰될 수 있는가 하는 가능성을 말하고, 유관성은 추론에 사용된 자료가 관찰하려는 사실과 관련되어야 하는 것을 일컬으며, 표본성은 추론을 위한 자료의 표본 추출이 공정하게 이루어져야 하는 것을 가리킨다. 이러한 귀납 추론은 일상생활 속에서 많이 사용하고, 우리가 알고 있는 과학적 사실도 이와 같은 방법으로 밝혀졌다.

그러나 전제들이 참이어도 결론이 항상 참인 것은 아니다. 단 하나의 예외로 인하여 결론이 거짓이 될 수 있다.

> - 성냥불은 뜨겁다.
> - 연탄불도 뜨겁다.
> - 그러므로 모든 불은 뜨겁다.

위 예문에서 '성냥불이나 연탄불이 뜨거우므로 모든 불은 뜨겁다.'라는 결론이 나왔는데, 반딧불은 뜨겁지 않으므로 '모든 불이 뜨겁다.'라는 결론은 거짓이 된다.

(1) 완전 귀납 추론

관찰하고자 하는 집합의 전체를 다 검증함으로써 대상의 공통 특질을 밝혀내는 방법이다. 이는 예외 없는 진실을 발견할 수 있다는 장점은 있으나, 집합의 규모가 크고 속성의 변화가 다양할 경우에는 적용하기 어려운 단점이 있다.

예 1부터 10까지의 수를 다 더하여 그 합이 55임을 밝혀내는 방법

(2) 통계적 귀납 추론

통계적 귀납 추론은 관찰하고자 하는 집합의 일부에서 발견한 몇 가지 사실을 열거함으로써 그 공통점을 결론으로 이끌어내려는 방식을 가리킨다. 관찰하려는 집합의 규모가 클 때 그 일부를 표본으로 추출하여 조사하는 방식이 이에 해당하며, 표본 추출의 기준이 얼마나 적합하고 공정한가에 따라 그 결과에 대한 신뢰도가 달라진다는 단점이 있다.

예 여론조사에서 일부 국민의 설문 내용을 바탕으로, 이를 전체 국민의 여론으로 제시하는 것

(3) 인과적 귀납 추론

관찰하고자 하는 집합의 일부 원소들이 지닌 인과 관계를 인식하여 그 원인이나 결과를 이끌어내려는 방식을 말한다.

① **일치법** : 공통적인 현상을 지닌 몇 가지 사실 중에서 각기 지닌 요소 중 어느 한 가지만 일치한다면 이 요소가 공통 현상의 원인이라고 판단

　예 마을 잔칫집에서 돼지고기를 먹은 사람들이 집단 식중독을 일으켰다. 따라서 식중독의 원인은 상한 돼지고기가 아닌가 생각한다.

② **차이법** : 어떤 현상이 나타나는 경우와 나타나지 않은 경우를 놓고 보았을 때, 각 경우의 여러 조건 중 단 하나만이 차이를 보인다면 그 차이를 보이는 조건이 원인이 된다고 판단

　예 현수와 승재는 둘 다 지능이나 학습 시간, 학습 환경 등이 비슷한데 공부하는 태도에는 약간의 차이가 있다. 따라서 두 사람의 성적이 차이를 보이는 것은 학습 태도 차이 때문이라고 생각된다.

③ **일치 · 차이 병용법** : 몇 개의 공통 현상이 나타나는 경우와 몇 개의 그렇지 않은 경우를 놓고 일치법과 차이법을 병용하여 적용함으로써 그 원인을 판단

　예 학업 능력 정도가 비슷한 두 아동 집단에 대해 처음에는 같은 분량의 과제를 부여하고 나중에는 각기 다른 분량의 과제를 부여한 결과, 많이 부여한 집단의 성적이 훨씬 높게 나타났다. 이로 보아, 과제를 많이 부여하는 것이 적게 부여하는 것보다 학생의 학업 성적 향상에 도움이 된다고 판단할 수 있다.

④ **공변법** : 관찰하는 어떤 사실의 변화에 따라 현상의 변화가 일어날 때 그 변화의 원인이 무엇인지 판단

　예 담배를 피우는 양이 각기 다른 사람들의 집단을 조사한 결과, 담배를 많이 피울수록 폐암에 걸릴 확률이 높다는 사실이 발견되었다.

⑤ **잉여법** : 앞의 몇 가지 현상이 뒤의 몇 가지 현상의 원인이며, 선행 현상의 일부분이 후행 현상의 일부분이라면, 선행 현상의 나머지 부분은 후행 현상의 나머지 부분의 원인임을 판단

　예 어젯밤 일어난 사건의 혐의자는 정은이와 규민이 두 사람인데, 정은이는 알리바이가 성립되어 혐의 사실이 없는 것으로 밝혀졌다. 따라서 그 사건의 범인은 규민이일 가능성이 높다.

3. 유비 추론

두 개의 대상 사이에 일련의 속성이 동일하다는 사실에 근거하여 그것들의 나머지 속성도 동일하리라는 결론을 이끌어내는 추론, 즉 이미 알고 있는 것에서 다른 유사한 점을 찾아내는 추론을 말한다. 그렇기 때문에 유비 추론은 잣대(기준)가 되는 사물이나 현상이 있어야 한다. 유비 추론은 가설을 세우는 데 유용하다. 이미 알고 있는 사례로부터 아직 알지 못하는 것을 생각해 봄으로써 쉽게 가설을 세울 수 있다. 이때 유의할 점은 이미 알고 있는 사례와 이제 알고자 하는 사례가 매우 유사하다는 확신과 증거가 있어야 한다. 그렇지 않은 상태에서 유비 추론에 의해 결론을 이끌어내면, 그것은 개연성이 거의 없고 잘못된 결론이 될 수도 있다.

- 지구에는 공기, 물, 흙, 햇빛이 있다(A는 a, b, c, d의 속성을 가지고 있다).
- 화성에는 공기, 물, 흙, 햇빛이 있다(B는 a, b, c, d의 속성을 가지고 있다).
- 지구에 생물이 살고 있다(A는 e의 속성을 가지고 있다).
- 그러므로 화성에도 생물이 살고 있을 것이다(그러므로 B도 e의 속성을 가지고 있을 것이다).

핵심예제

다음 명제가 모두 참일 때, 반드시 참인 명제는?

- 정수, 영수, 영호, 재호, 경호 5명은 시력 검사를 하였다.
- 정수의 시력은 1.2이다.
- 정수의 시력은 영수의 시력보다 0.5 높다.
- 영호의 시력은 정수보다 낮고 영수보다 높다.
- 영호의 시력보다 낮은 재호의 시력은 0.6 ~ 0.8이다.
- 경호의 시력은 0.6 미만으로 안경을 새로 맞춰야 한다.

① 영호의 시력은 1.0 이상이다.
② 경호의 시력이 가장 낮은 것은 아니다.
③ 정수의 시력이 가장 높다.
④ 재호의 시력은 영수의 시력보다 높다.
⑤ 시력이 높은 순으로 나열하면 '정수 − 영호 − 영수 − 재호 − 경호'이다.

| 해설 | 영수와 재호의 시력을 비교할 수 없으므로 시력이 높은 순서대로 나열하면 '정수 − 영호 − 영수 − 재호 − 경호' 또는 '정수 − 영호 − 재호 − 영수 − 경호'가 된다.
따라서 어느 경우라도 정수의 시력이 가장 높은 것을 알 수 있다.

정답 ③

02 ▶ 수 · 문자추리

1. 수추리

(1) 등차수열 : 앞의 항에 일정한 수를 더해 이루어지는 수열

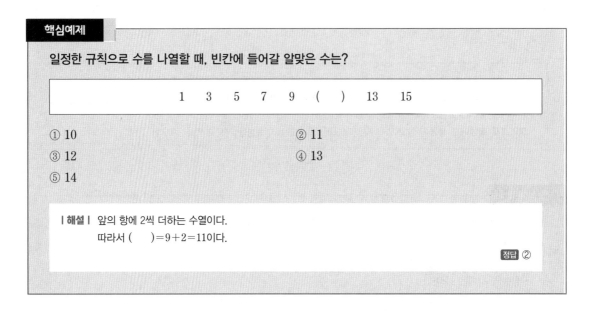

핵심예제

일정한 규칙으로 수를 나열할 때, 빈칸에 들어갈 알맞은 수는?

| 1 | 3 | 5 | 7 | 9 | (|) | 13 | 15 |

① 10
② 11
③ 12
④ 13
⑤ 14

| 해설 | 앞의 항에 2씩 더하는 수열이다.
따라서 ( )=9+2=11이다.

정답 ②

(2) 등비수열 : 앞의 항에 일정한 수를 곱해 이루어지는 수열

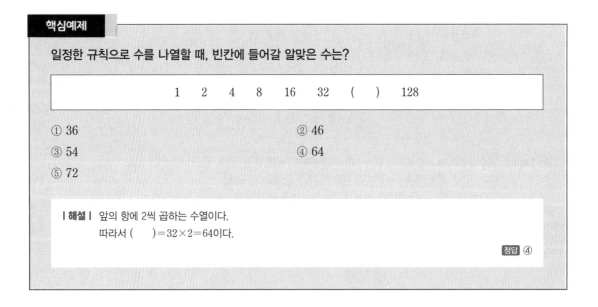

핵심예제

일정한 규칙으로 수를 나열할 때, 빈칸에 들어갈 알맞은 수는?

| 1 | 2 | 4 | 8 | 16 | 32 | (|) | 128 |

① 36
② 46
③ 54
④ 64
⑤ 72

| 해설 | 앞의 항에 2씩 곱하는 수열이다.
따라서 ( )=32×2=64이다.

정답 ④

(3) 계차수열 : 앞의 항과의 차가 일정한 규칙을 갖는 수열

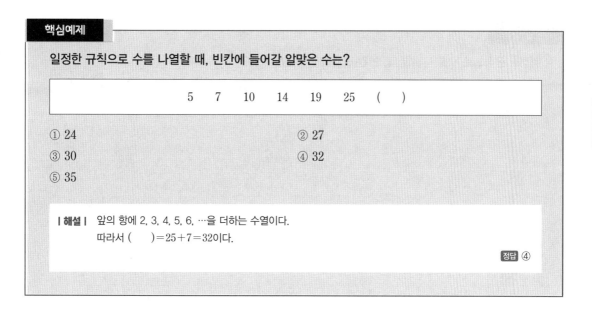

핵심예제

일정한 규칙으로 수를 나열할 때, 빈칸에 들어갈 알맞은 수는?

| 5 | 7 | 10 | 14 | 19 | 25 | ( ) |

① 24

② 27

③ 30

④ 32

⑤ 35

| 해설 | 앞의 항에 2, 3, 4, 5, 6, …을 더하는 수열이다.

따라서 ( )＝25＋7＝32이다.

정답 ④

(4) 피보나치 수열 : 앞의 두 항의 합이 그 다음 항의 수가 되는 수열

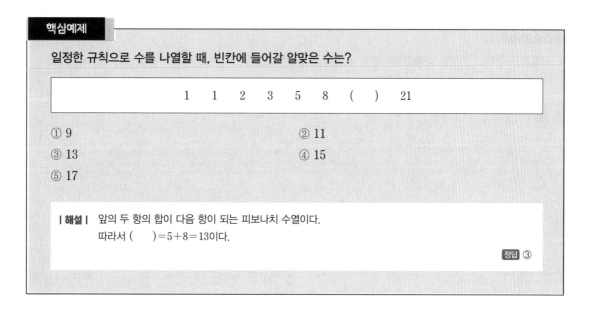

핵심예제

일정한 규칙으로 수를 나열할 때, 빈칸에 들어갈 알맞은 수는?

| 1 | 1 | 2 | 3 | 5 | 8 | ( ) | 21 |

① 9

② 11

③ 13

④ 15

⑤ 17

| 해설 | 앞의 두 항의 합이 다음 항이 되는 피보나치 수열이다.

따라서 ( )＝5＋8＝13이다.

정답 ③

(5) 건너뛰기 수열 : 두 개 이상의 수열이 일정한 간격을 두고 번갈아가며 나타나는 수열

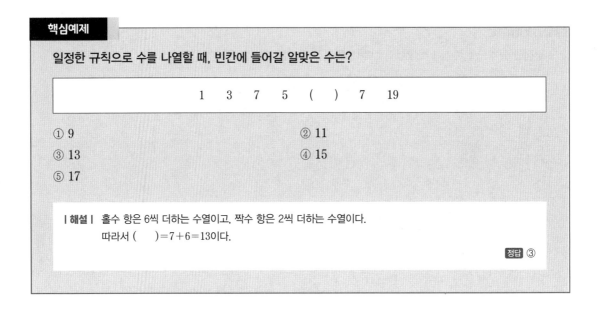

핵심예제

일정한 규칙으로 수를 나열할 때, 빈칸에 들어갈 알맞은 수는?

1	3	7	5	( )	7	19

① 9　　　　　　　　　　　　　　② 11

③ 13　　　　　　　　　　　　　　④ 15

⑤ 17

| 해설 | 홀수 항은 6씩 더하는 수열이고, 짝수 항은 2씩 더하는 수열이다.
따라서 ( )=7+6=13이다.

정답 ③

(6) 군수열 : 일정한 규칙성으로 몇 항씩 끊어서 규칙을 이루는 수열

핵심예제

일정한 규칙으로 수를 나열할 때, 빈칸에 들어갈 알맞은 수는?

1	3	3	2	4	8	5	( )	30

① 6　　　　　　　　　　　　　　② 7

③ 8　　　　　　　　　　　　　　④ 9

⑤ 10

| 해설 | 나열된 수를 각각 A, B, C라고 하면
$\underline{A\ B\ C} \rightarrow A \times B = C$
따라서 ( )=30÷5=6이다.

정답 ①

2. 문자추리

(1) 알파벳, 자음, 한자, 로마자

1	2	3	4	5	6	7	8	9	10	11	12	13	14	15	16	17	18	19	20	21	22	23	24	25	26
A	B	C	D	E	F	G	H	I	J	K	L	M	N	O	P	Q	R	S	T	U	V	W	X	Y	Z
ㄱ	ㄴ	ㄷ	ㄹ	ㅁ	ㅂ	ㅅ	ㅇ	ㅈ	ㅊ	ㅋ	ㅌ	ㅍ	ㅎ												
一	二	三	四	五	六	七	八	九	十																
i	ii	iii	iv	v	vi	vii	viii	ix	x																

(2) 일반모음

1	2	3	4	5	6	7	8	9	10
ㅏ	ㅑ	ㅓ	ㅕ	ㅗ	ㅛ	ㅜ	ㅠ	ㅡ	ㅣ

(3) 일반모음＋이중모음(사전 등재 순서)

1	2	3	4	5	6	7	8	9	10	11	12	13	14	15	16	17	18	19	20	21
ㅏ	ㅐ	ㅑ	ㅒ	ㅓ	ㅔ	ㅕ	ㅖ	ㅗ	ㅘ	ㅙ	ㅚ	ㅛ	ㅜ	ㅝ	ㅞ	ㅟ	ㅠ	ㅡ	ㅢ	ㅣ

핵심예제

일정한 규칙으로 문자를 나열할 때, 빈칸에 들어갈 알맞은 문자는?

ㄱ ㄷ ㅁ ( ) ㅈ

① ㄴ   ② ㄹ

③ ㅂ   ④ ㅅ

⑤ ㅊ

| **해설** | 앞의 항에 2씩 더하는 수열이다.

ㄱ	ㄷ	ㅁ	(ㅅ)	ㅈ
1	3	5	7	9

정답 ④

1. 회전 모양

(1) 180° 회전한 도형은 좌우와 상하가 모두 대칭이 된 모양이다.

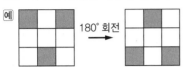

(2) 시계 방향으로 90° 회전한 도형은 시계 반대 방향으로 270° 회전한 도형과 같다.

(3) 좌우 반전 → 좌우 반전, 상하 반전 → 상하 반전은 같은 도형이 된다.

(4) 도형을 거울에 비친 모습은 방향에 따라 좌우 또는 상하로 대칭된 모습이 나타난다.

2. 회전 각도

도형의 회전 각도는 도형의 모양으로 유추할 수 있다.

(1) 회전한 모양이 회전하기 전의 모양과 같은 경우

도형	가능한 회전 각도
△ 60°	⋯, −240°, −120°, +120°, +240°, ⋯
□ 90°	⋯, −180°, −90°, +90°, +180°, ⋯
⬠ 108°	⋯, −144°, −72°, +72°, +144°, ⋯

(2) 회전한 모양이 회전하기 전의 모양과 다른 경우

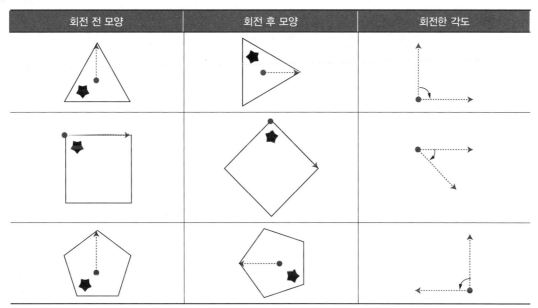

회전 전 모양	회전 후 모양	회전한 각도

03 | 추리 적중예상문제

정답 및 해설 p.006

01 ▶ 언어추리

대표유형　명제

다음 제시문을 바탕으로 추론할 수 있는 것은?

> • 영희, 상욱, 수현이는 영어, 수학, 국어 시험을 보았다.
> • 영희는 영어 2등, 수학 2등, 국어 2등을 하였다.
> • 상욱이는 영어 1등, 수학 3등, 국어 1등을 하였다.
> • 수현이는 수학만 1등을 하였다.
> • 전체 평균 점수로 1등을 한 사람은 영희이다.

① 총점이 가장 높은 것은 영희이다.
② 수현이의 수학 점수는 상욱이의 영어 점수보다 높다.
③ 상욱이의 영어 점수는 영희의 수학 점수보다 높다.
④ 영어와 수학 점수만을 봤을 때, 상욱이가 1등일 것이다.
⑤ 상욱이의 국어 점수는 수현이의 수학 점수보다 낮다.

> |해설| 영희가 전체 평균 점수로 1등을 했으므로 총점이 가장 높다.
>
> 오답분석
> ② · ③ · ④ · ⑤ 등수는 알 수 있지만 각 점수는 알 수 없기 때문에 점수 간 비교는 불가능하다.
>
> 정답 ①

※ 다음 제시문을 바탕으로 추론할 수 있는 것을 고르시오. **[1~3]**

01

> • 마라톤을 좋아하는 사람은 인내심이 있다.
> • 몸무게가 무거운 사람은 체력이 좋다.
> • 명랑한 사람은 마라톤을 좋아한다.

① 체력이 좋은 사람은 인내심이 없다.
② 인내심이 없는 사람은 명랑하지 않다.
③ 마라톤을 좋아하는 사람은 몸무게가 가볍다.
④ 몸무게가 무겁지 않은 사람은 인내심이 있다.
⑤ 명랑하지 않은 사람은 몸무게가 무겁다.

02

> • 클래식을 좋아하는 사람은 고전을 좋아한다.
> • 사진을 좋아하는 사람은 운동을 좋아한다.
> • 고전을 좋아하지 않는 사람은 운동을 좋아하지 않는다.

① 클래식을 좋아하지 않는 사람은 운동을 좋아한다.
② 고전을 좋아하는 사람은 운동을 좋아하지 않는다.
③ 운동을 좋아하는 사람은 클래식을 좋아하지 않는다.
④ 사진을 좋아하는 사람은 고전을 좋아한다.
⑤ 사진을 좋아하는 사람은 클래식을 좋아하지 않는다.

03

> • A가 외근을 나가면 B도 외근을 나간다.
> • A가 외근을 나가면 D도 외근을 나간다.
> • D가 외근을 나가면 E도 외근을 나간다.
> • C가 외근을 나가지 않으면 B도 외근을 나가지 않는다.
> • D가 외근을 나가지 않으면 C도 외근을 나가지 않는다.

① B가 외근을 나가면 A도 외근을 나간다.
② D가 외근을 나가면 C도 외근을 나간다.
③ A가 외근을 나가면 E도 외근을 나간다.
④ C가 외근을 나가지 않으면 D도 외근을 나가지 않는다.
⑤ B가 외근을 나가지 않으면 D도 외근을 나가지 않는다.

04

- 홍보실은 워크숍에 간다.
- _____
- 출장을 가지 않으면 워크숍에 간다.

① 홍보실이 아니면 워크숍에 가지 않는다.
② 출장을 가면 워크숍에 가지 않는다.
③ 출장을 가면 홍보실이 아니다.
④ 워크숍에 가지 않으면 출장을 가지 않는다.
⑤ 홍보실이 아니면 출장을 간다.

05

- 비가 오지 않으면 개구리가 울지 않는다.
- 비가 오지 않으면 제비가 낮게 날지 않는다.
- _____

① 비가 오면 제비가 낮게 난다.
② 제비가 낮게 날면 비가 온다.
③ 개구리가 울지 않으면 제비가 낮게 날지 않는다.
④ 제비가 낮게 날면 개구리가 울지 않는다.
⑤ 제비가 낮게 날면 비가 온다.

02 ▶ 수·문자추리

대표유형 1 　 수추리

일정한 규칙으로 수를 나열할 때, 빈칸에 들어갈 알맞은 수는?

77	69	61	53	45	37	29	( )

① 19 　　　　　　　　② 21

③ 23 　　　　　　　　④ 25

⑤ 27

| **해설** | 앞의 항에서 8을 빼면 뒤의 항이 되는 수열이다.
따라서 ( )＝29－8＝21이다.

정답 ②

※ 일정한 규칙으로 수를 나열할 때, 빈칸에 들어갈 알맞은 수를 고르시오. **[6~11]**

06

1	4	13	40	121	( )	1,093

① 351 　　　　　　　② 363

③ 364 　　　　　　　④ 370

⑤ 375

07

$\frac{39}{16}$	$\frac{13}{8}$	$\frac{13}{12}$	$\frac{13}{18}$	( )	$\frac{26}{81}$

① $\frac{13}{9}$ 　　　　　　　② $\frac{14}{18}$

③ $\frac{13}{18}$ 　　　　　　　④ $\frac{14}{27}$

⑤ $\frac{13}{27}$

08

| 7.2 | 6.1 | 7.3 | 6.2 | ( ) | 6.3 | 7.5 | 6.4 |

① 6.4   ② 6.8

③ 7.1   ④ 7.4

⑤ 7.8

09

| 7 | 8 | 58 | | −2 | 11 | −20 | | 5 | ( ) | −33 |

① −5   ② −6

③ −7   ④ −8

⑤ −9

10

| 3 | 8 | 25 | | 4 | 5 | 21 | | 5 | 6 | ( ) |

① 28   ② 29

③ 30   ④ 31

⑤ 32

11

| 6 | 10 | 37 | | 14 | 27 | 12 | | 20 | ( ) | 7 | | 43 | 1 | 9 |

① 20   ② 23

③ 26   ④ 29

⑤ 32

일정한 규칙으로 문자를 나열할 때, 빈칸에 들어갈 알맞은 문자는?

ㅁ ㅅ ㅅ ㅊ ㅈ ㅍ ㅋ ( )

① ㄴ   ② ㅂ

③ ㅈ   ④ ㅋ

⑤ ㅌ

| 해설 | 홀수 항은 +2, 짝수 항은 +3을 하는 수열이다.

ㅁ	ㅅ	ㅅ	ㅊ	ㅈ	ㅍ	ㅋ	(ㄴ)
5	7	7	10	9	13	11	16(2)

정답 ①

※ 일정한 규칙으로 수를 나열할 때, 빈칸에 들어갈 알맞은 수를 고르시오. [12~17]

12

E C I F Q I ( )

① A   ② C

③ E   ④ G

⑤ I

13

A D I P ( ) J

① V   ② W

③ X   ④ Y

⑤ Z

14

$$\text{ㄷ} \quad \text{ㅍ} \quad \text{ㅂ} \quad \text{ㅊ} \quad (\quad) \quad \text{ㅅ} \quad \text{ㅌ}$$

① ㅅ ② ㅇ
③ ㅈ ④ ㅊ
⑤ ㅍ

15

$$\text{O} \quad \text{ㅈ} \quad \text{N} \quad \text{ㅊ} \quad \text{M} \quad (\quad) \quad \text{L}$$

① ㅊ ② ㅋ
③ ㅌ ④ ㅍ
⑤ ㅎ

16

$$\text{A} \quad \text{B} \quad \text{C} \quad \text{E} \quad \text{H} \quad \text{M} \quad (\quad)$$

① O ② Q
③ T ④ U
⑤ X

17

$$\text{S} \quad \text{U} \quad \text{G} \quad \text{I} \quad (\quad) \quad \text{E}$$

① A ② B
③ C ④ D
⑤ E

대표유형 도형 찾기

다음 중 제시된 도형과 같은 것은?

①

②

③

④

⑤

| 해설 | 오답분석

① ② ③ ④

정답 ⑤

※ 다음 중 제시된 도형과 같은 것을 고르시오(단, 도형은 회전이 가능하다). [18~20]

18

①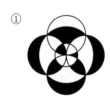

②

③

④

⑤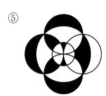

19

①

②

③

④

⑤

20

① 　②

③ 　④

⑤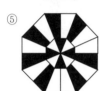

※ 다음 중 나머지 도형과 다른 것을 고르시오. [21~23]

21 ① 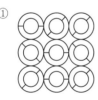　② (위 오른쪽 도형)

③ 　④

⑤

22

①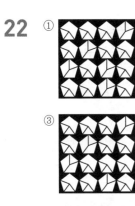

②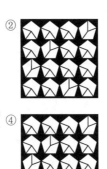

③ ④

⑤

23

①

②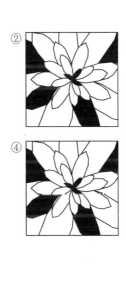

③ ④

⑤

24 다음 도형을 상하 반전하고 시계 반대 방향으로 90° 회전한 후, 좌우 반전한 모양은?

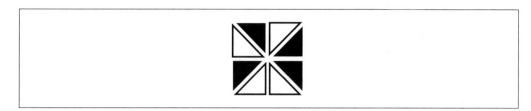

①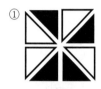

②

③

④

⑤

※ 다음 제시된 도형의 규칙을 보고 ?에 들어갈 알맞은 도형을 고르시오. [25~26]

25

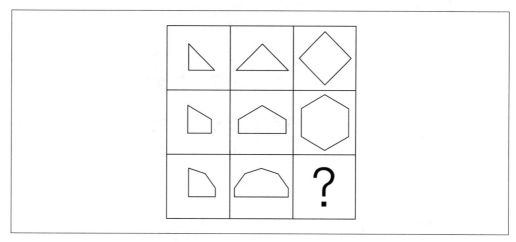

①

②

③

④

⑤

26

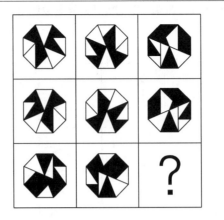

①

②

③

④

⑤

대표유형　　상황답변

H대리는 입사 4년 차이다. 회사 업무도 익숙해졌고 업무에도 별다른 문제가 없다. 하지만 H대리는 이런 익숙함 때문에 점점 업무에 대한 흥미를 잃어가고 있다. 그러다 보니 잔 실수가 많아졌고 심지어 신입사원에게까지 실수 지적을 받기도 했다. 다음 중 이런 문제를 해결하고자 H대리가 할 수 있는 행동으로 가장 적절한 것은?

① 선임인 D과장에게 상담을 요청한다.
② 신입사원에게 신입사원의 업무성과를 자신에게 넘겨 달라고 부탁한다.
③ 이직한다.
④ 혼자 해결하려고 노력한다.
⑤ 다른 부서로 옮긴다.

| 해설 | 업무를 하며 문제가 생겼을 때는 선배 또는 동료들과 대화를 하며 정보를 얻고 문제를 해결하려고 노력해야 한다.

정답 ①

27 다음 대화의 빈칸에 들어갈 정부장의 조언으로 적절하지 않은 것은?

정부장 : 김대리, 시간을 충분히 주었다고 생각했는데 진행 상황이 생각보다 늦네요. 이유가 뭐죠?
김대리 : 아, 부장님. 죄송합니다. 저, 그게… 저는 최대한 노력한다고 하는데 항상 시간이 모자랍니다. 업무 능력이 부족해서인 것 같습니다.
정부장 : 능력은 충분해요. 노력을 하는데도 시간이 부족하다면 내 생각에는 계획을 세워 볼 필요가 있을 것 같네요. 시간을 쓰는 데도 계획이 있어야 하는데 시간 계획을 세울 때는 _____

① 목표를 구체적으로 세워야 합니다.
② 행동을 중심으로 세워야 합니다.
③ 현실적으로 가능해야 합니다.
④ 최대한 완벽히 세울 수 있도록 충분한 시간을 가져야 합니다.
⑤ 측정이 가능한 척도도 같이 세우는 것이 좋습니다.

28 A사원은 팀에서 아이디어 뱅크로 불릴 정도로 팀 업무와 직결된 아이디어를 많이 제안하는 편이다. 그러나 상사인 B팀장은 C부장에게 팀 업무를 보고하는 과정에 있어 A사원을 포함한 다른 사원들이 낸 아이디어를 자신이 낸 아이디어처럼 보고하는 경향이 있다. 이런 일이 반복되자 B팀장을 제외한 팀 내의 사원들은 불만이 쌓인 상황이다. 이런 상황에서 A사원이 할 행동으로 가장 적절한 것은?

① 다른 사원들과 따로 자리를 만들어 B팀장의 욕을 한다.
② B팀장이 보는 앞에서 C부장에게 B팀장에 대해 이야기한다.
③ 다른 사원들과 이야기한 뒤에 B팀장에게 조심스레 이야기를 꺼내본다.
④ 회식 자리를 빌려 C부장에게 B팀장에 대해 속상한 점을 고백한다.
⑤ B팀장이 스스로 불만 사항을 알아차릴 때까지 기다린다.

29 H사에 근무하는 A사원은 최근 자신의 상사인 B대리 때문에 스트레스를 받고 있다. A사원이 공들여 작성한 기획서를 제출하면 B대리가 중간에서 매번 퇴짜를 놓기 때문이다. 이와 동시에 A사원은 자신에 대한 B대리의 감정이 좋지 않은 것 같아 마음이 더 불편하다. A사원이 직장 동료인 C사원에게 이러한 어려움을 토로했을 때, 다음 중 C사원이 A사원에게 해줄 수 있는 조언으로 적절하지 않은 것은?

① 무엇보다 관계 갈등의 원인을 찾는 것이 중요해.
② B대리님의 입장을 충분히 고려해볼 필요가 있어.
③ B대리님과 마음을 열고 대화해보는 것은 어때?
④ B대리님과 누가 옳고 그른지 확실히 논쟁해볼 필요가 있어.
⑤ 걱정되더라도 갈등 해결을 위해 피하지 말고 맞서야 해.

30 H사에 근무하는 A부장은 현재 자신의 부서에 부족한 팀워크를 해결하기 위해 아침회의 전에 부서 사원들에게 훌륭한 팀워크를 위해 조언을 해주고자 한다. 다음 중 조언 내용으로 가장 적절한 것은?

① 자기중심적인 개인주의가 필요합니다.
② 사원들 간의 사고방식 차이는 있을 수 없습니다.
③ 강한 자신감보다는 신중함이 필요합니다.
④ 솔직한 대화로 서로를 이해해야 합니다.
⑤ 조직에 대한 이해보다는 나 자신을 이해해야 합니다.

04 | 공간지각 핵심이론

1. 블록의 개수

(1) 밑에서 위쪽으로 차근차근 세어간다.

(2) 층별로 나누어 세면 수월하다.

(3) 숨겨져 있는 부분을 정확히 찾아내는 연습이 필요하다.

(4) 빈 곳에 블록을 채워서 세면 쉽게 해결된다.

예

· 1층 : 9개

· 2층 : 8개

· 3층 : 5개

블록의 총 개수는 9＋8＋5＝22개

예

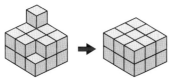

블록의 총 개수는 9×2＝18개

2. 블록의 최대 · 최소 개수

(1) 최대 개수 : 앞면과 측면의 층별 블록의 개수의 곱의 합

예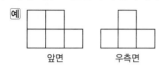

(앞면 1층 블록의 수)×(측면 1층 블록의 수)＋(앞면 2층 블록의 수)×(측면 2층 블록의 수)

→ 3×3＋2×1＝11개

예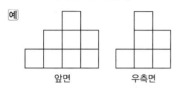

→ 4×3＋3×2＋1×1＝19개

(2) 최소 개수 : (앞면 블록의 수)＋(측면 블록의 수)－(중복되는 블록의 수)

※ 중복되는 블록의 수 : 앞면과 측면에 대해 행이 아닌(즉, 층별이 아닌) 열로 비교했을 때, 블록의 수가 같은 두 열에서 한 열의 블록의 수들의 합(즉, 열에 대하여 블록의 수를 각각 표기했을 때, 앞면과 측면에 공통으로 나온 숫자들의 합을 구하면 된다)

예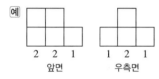

공통으로 나온 숫자는 다음과 같다.

• 앞면 : (②, 2, ①)

• 우측면 : (①, ②, 1)

→ 중복되는 블록의 수 : 1＋2＝3개

　　최소 개수 : 5＋4－3＝6개

예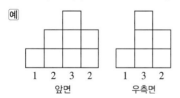

공통으로 나온 숫자는 다음과 같다.

• 앞면 : (①, ②, ③, 2)

• 우측면 : (①, ③, ②)

→ 중복되는 블록의 수 : 1＋2＋3＝6개

　　최소 개수 : 8＋6－6＝8개

3. 블록의 면적

(1) 사각형 한 단면의 면적은 '(가로)×(세로)'이다.

(2) 입체도형의 면적을 구할 때는 상하, 좌우, 앞뒤로 계산한다.

(3) 각각의 면의 면적을 합치면 전체 블록의 면적이 된다.

예

바닥면의 면적은 제외하고 블록 하나의 면적을 1이라 하자.
- 윗면 : 9
- 옆면 : $6 \times 4 = 24$

쌓여 있는 블록의 면적은 $24 + 9 = 33$이다.

04 | 공간지각 적중예상문제

정답 및 해설 p.009

대표유형 1 조각

다음 중 제시된 도형을 만들기 위해 필요하지 않은 조각은?

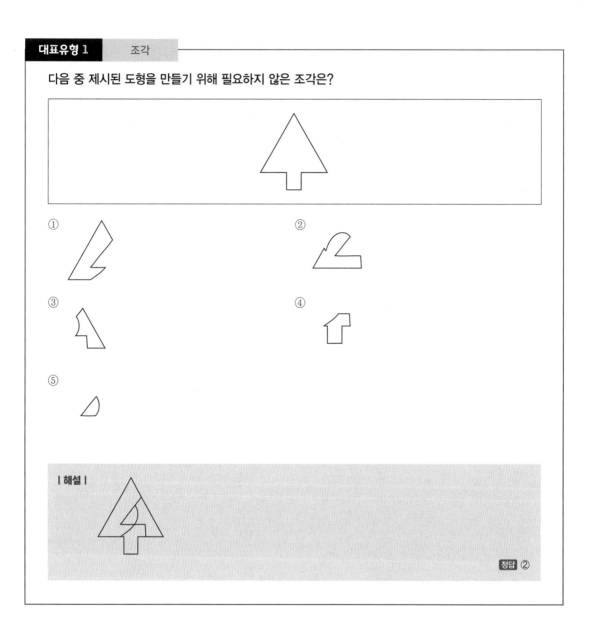

| 해설 |

정답 ②

01 다음 중 제시된 도형을 만들기 위해 필요하지 않은 조각은?

①

②

③

④

⑤

02 다음 제시된 도형을 조합할 때 만들 수 없는 것은?

①

②

③

④

⑤

03 다음 중 제시된 그림에서 찾을 수 없는 조각은?

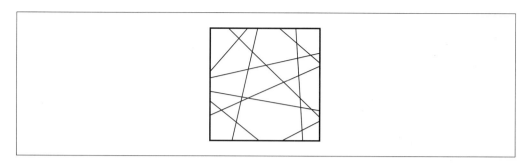

①

②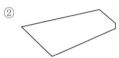

③

④

⑤

다음과 같은 모양을 만드는 데 사용된 블록의 개수는?(단, 보이지 않는 곳의 블록은 있다고 가정한다)

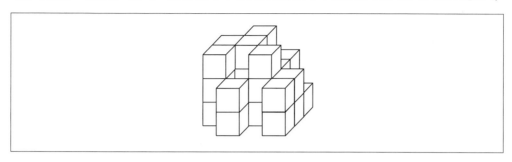

① 28개   ② 29개

③ 30개   ④ 31개

⑤ 32개

| 해설 | • 1층 : $4 \times 4 - 3 = 13$개

           • 2층 : $16 - 5 = 11$개

           • 3층 : $16 - 11 = 5$개

           ∴ $13 + 11 + 5 = 29$개

정답 ②

※ 다음과 같은 모양을 만드는 데 사용된 블록의 개수를 고르시오(단, 보이지 않는 곳의 블록은 있다고 가정한다).
　[4~7]

04

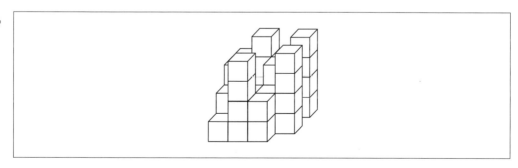

① 39개   ② 40개

③ 41개   ④ 42개

⑤ 43개

05

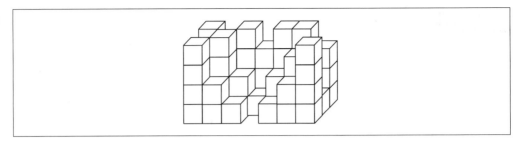

① 51개   ② 52개

③ 53개   ④ 54개

⑤ 55개

06

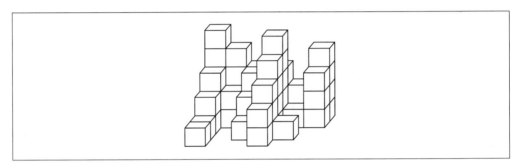

① 52개   ② 53개

③ 54개   ④ 55개

⑤ 56개

07

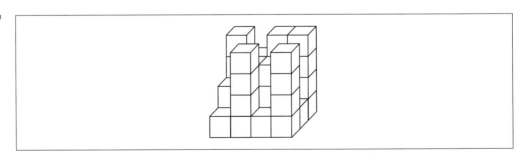

① 30개   ② 31개

③ 32개   ④ 33개

⑤ 34개

08 다음과 같이 쌓인 블록의 면의 개수는?(단, 밑면은 제외한다)

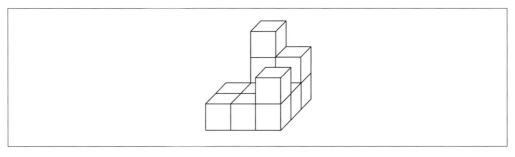

① 31개   ② 32개
③ 33개   ④ 34개
⑤ 35개

09 다음 두 블록을 합쳤을 때 나올 수 있는 형태는?

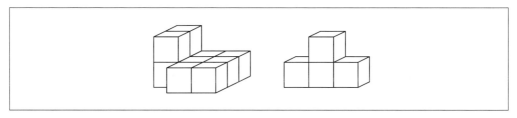

①

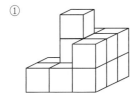

②

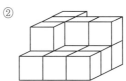

③

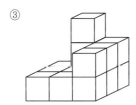

④

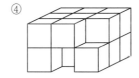

⑤

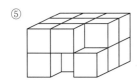

10   다음 제시된 단면과 일치하는 입체도형은?

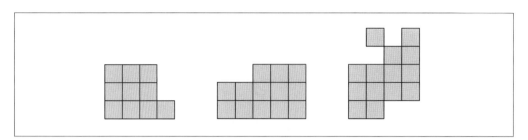

①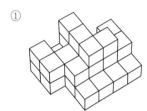

②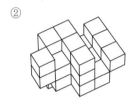

③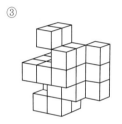

④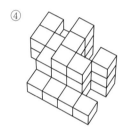

⑤

다음 주어진 입체도형 중 나머지와 다른 하나는?

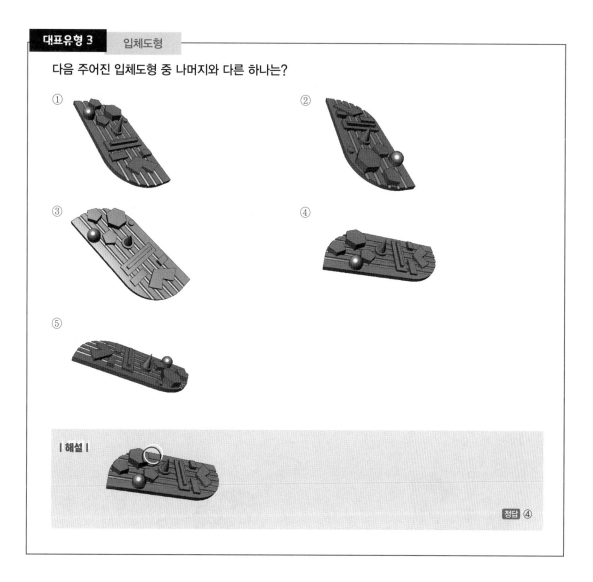

①
②
③
④
⑤

| 해설 |

정답 ④

※ 다음 주어진 입체도형 중 나머지와 다른 하나를 고르시오. [11~12]

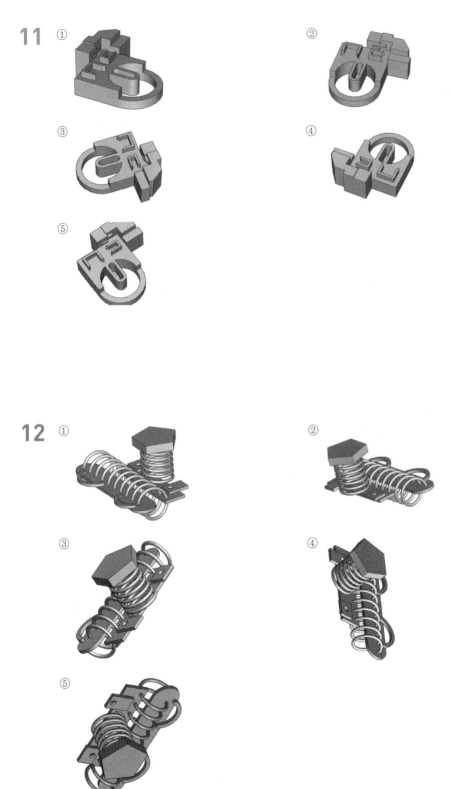

11

① ② ③ ④ ⑤

12

① ② ③ ④ ⑤

05 | 기초영어 핵심이론

01 ▶ 어휘의 관계

제시된 단어와 상관 관계를 파악하고, 유의·반의·종속 등의 관계를 갖는 적절한 어휘를 찾는 문제이다. 일반적으로 제시된 한 쌍의 단어와 같은 관계를 가진 단어를 찾는 문제, 4개의 보기 중 다른 관계를 가진 단어를 찾는 등의 문제가 출제된다. 어휘의 의미를 정확하게 이해하고 주어진 어휘와의 관계를 추리하는 능력을 길러야 한다.

자주 출제되는 유형
- 다음 중 두 단어의 관계가 나머지와 다른 것은?
- 다음 제시된 단어의 대응 관계로 볼 때 빈칸에 들어갈 알맞은 것은?

핵심예제

다음 중 두 단어의 관계가 나머지와 다른 것은?

① bird — parrot

② furniture — cabinet

③ science — physics

④ flower — coral

⑤ sport — basketball

| 해설 | ①·②·③·⑤는 상하 관계이다.
- 꽃 — 산호

오답분석
① 새 — 앵무새
② 가구 — 캐비닛, 보관장
③ 과학 — 물리학
⑤ 운동 — 농구

정답 ④

02 ▶ 문법

문법의 경우 어휘 및 기본적인 문법을 제대로 익히고 있는지 평가하는 부분으로, 가장 다양한 유형으로 문제가 출제된다. 문법의 범위가 굉장히 다양해서 공부를 어떻게 해야 할지 난감할 수도 있지만, 어렵지 않은 수준에서 문제들이 출제되고 있으므로, 숙어를 정리하면서 단어에 부합하는 전치사 및 품사를 정리하는 방법으로 공부를 한다면 크게 어렵지 않게 문제를 풀 수 있다.

자주 출제되는 유형
- 다음 빈칸에 들어갈 말로 적절한 것은?
- 다음 밑줄 친 부분이 적절하지 않은 것은?

핵심예제

다음 문장의 빈칸에 들어갈 말로 가장 적절한 것은?

> The left side of the human brain _____ language.

① controls
② to control
③ controlling
④ is controlled
⑤ is controlling

> **| 해설 |** 주어가 3인칭 단수형이므로 동사도 3인칭 단수형인 'controls'가 나와야 한다.
> 「인간의 왼쪽 뇌는 언어력을 통제한다.」
>
> (오답분석)
> ④ is controlled는 수동태이므로 뒤에 목적어가 올 수 없다.
>
> 정답 ①

03 ▶ 회화

영어능력의 경우, 직접 대화하는 것이 아니라면 필기시험만으로 정확한 영어능력을 테스트하기란 사실 어렵다. 최근 들어 회화 문제의 출제비중이 높아지는 것이 이러한 단점을 보완하기 위해서이다. 회화 문제를 통해 독해 및 문법 수준을 복합적으로 테스트할 수 있기 때문이다.

회화 문제는 대화의 흐름상 알맞은 말이 무엇인지, 질문에 대한 대답은 어떤 것인지 등을 질문함으로써, 간단한 생활영어 수준을 테스트하는 문제이다. 주어진 문장에 대한 의미를 정확하게 파악할 수만 있다면 어렵지 않게 풀 수 있으므로, 기본적인 어휘능력 및 독해능력을 바탕으로 문제를 풀면 된다.

자주 출제되는 유형
• 다음 질문의 대답으로 적절하지 않은 것은?
• 다음 질문의 가장 적절한 답은?
• 다음 대화의 빈칸에 들어갈 적절한 말은?
• 다음 중 어색한 대화는?

핵심예제

다음 대화에서 빈칸에 들어갈 말로 가장 적절한 것은?

A : Won't you come over and have some beer?
B : _____, but I have something else to do now.

① Yes
② Ok
③ Sure
④ I'd like to
⑤ You're welcome

| 해설 | but으로 볼 때 빈칸에는 그러고 싶다는 내용이 나와야 한다.
　「A : 와서 맥주 좀 마실래?
　 B : 그러고는 싶지만, 지금 다른 할 일이 있거든.」

정답 ④

글에서 제시되는 특정 직업을 묘사하는 어구나 특정 직업과 관계되는 어휘를 통하여 하나의 직업을 유추하는 문제이다. 다양한 직업에 해당하는 영어 단어를 숙지하고, 각각의 직업의 특징을 대표할 만한 어휘를 미리 파악해 두는 것이 좋다.

다양한 직업

- minister : 목사, 장관
- biologist : 생물학자
- chemist : 화학자
- engineer : 기술자
- plumber : 배관공
- gardener : 정원사
- actor : 배우
- clerk : 점원
- manager : 경영자
- writer : 작가
- president : 대통령
- mayor : 시장
- journalist : 신문기자
- electrician : 전기공
- official : 공무원
- architect : 건축가
- cashier : 출납원
- lawyer : 변호사
- inspector : 조사관
- magician : 마술사
- director : 감독
- sailor : 선원

- scholar : 학자
- physician : 내과의사
- mechanic : 정비공
- custodian : 관리인
- carpenter : 목수
- assembler : 조립공
- actress : 여배우
- businessman : 사업가
- merchant : 상인
- vice-president : 부통령
- statesman : 정치가
- professor : 교수
- prosecutor : 검사
- editor : 편집자
- veterinarian : 수의사
- musician : 음악가
- salesperson : 판매원
- fisher : 어부
- hairdresser : 미용사
- counselor : 상담원
- novelist : 소설가
- mailman : 우체부

자주 출제되는 유형

- 다음 글의 분위기는?
- 다음 글에 나타난 사람의 직업은?

다음 중 제시문에서 표현하는 사람의 직업을 고르면?

This man is someone who performs dangerous acts in movies and television, often as a carrier. He may be used when an actor's age precludes a great amount of physical activity or when an actor is contractually prohibited from performing risky acts.

① conductor
② host
③ acrobat
④ stunt man
⑤ director

| **해설** | 마지막 문장에서 배우의 risky acts(위험한 연기)를 막는다는 내용을 통해 '스턴트맨'이 정답임을 알 수 있다.

「이 사람은 영화나 텔레비전에서 위험한 연기를 수행하는 사람이다. 그는 배우의 나이로 인해 많은 양의 신체 활동을 못하게 되거나 배우가 위험한 연기를 하는 것으로부터 계약상으로 금지되었을 때 활동한다.」

정답 ④

05 ▶ 지칭 추론

앞 문장에서 나온 인물이나 사물, 행위의 목적과 결과, 장소, 수치, 시간 등을 지칭하는 지시어나 대명사의 관계를 올바르게 파악하고 찾아내는 문제이다.

문맥의 흐름 파악을 통해 지시어가 가리키는 대상을 구체적으로 찾아야 한다. 글의 내용을 잘못 파악하게 되면 지시어나 대명사가 원래 가리키는 것을 찾는 데 혼동을 가져오기 쉬우므로 글을 읽을 때 주의한다.

대상이 사람일 경우 단수인지 복수인지, 남성인지 여성인지 정확하게 구분하는 것도 잊어서는 안 된다.

> **자주 출제되는 유형**
> • 다음 글의 밑줄 친 (A), (B)가 가리키는 것은?

핵심예제

다음 중 밑줄 친 (A)와 (B)가 가리키는 것은?

I was recently searching a school that had been broken into. I had my trusty general purpose dog with me, called Louis. We had received reports that the intruders were still inside the school, so I sent the dog in first to try and locate (A) them. He had picked up the scent and as I approached the communal toilet block. As I entered the room there was a line of about twelve toilet cubicles along the wall. (B) They were all standing with the doors wide open-apart from two which were closed. I shouted that anyone inside the toilet cubicle should come out immediately. No response. I had given them the chance and they refused to open the door, so I sent Louis in who pulled them both out. They will not be breaking into anywhere else for a while.

	(A)	(B)		(A)	(B)
①	the dog	toilet cubicles	②	the intruders	toilet cubicles
③	the dog	the walls	④	the intruders	the walls
⑤	the dog	the intruders			

> | **해설** | 「나는 믿을 만한 만능견 Louis를 데리고 최근 침입을 당한 학교를 수색하고 있었다. 우리는 침입자들이 여전히 학교 안에 있다는 보고를 받고, 그들의 위치를 확인하기 위하여 개를 먼저 들여보냈다. 개가 냄새를 확인하자 나는 공공 화장실 쪽으로 다가갔다. 그곳에 들어갔을 때, 화장실 벽면엔 12개의 칸이 줄지어 있었다. 그 칸들은 닫혀있는 두 개만을 제외하고 모두 문이 열린 채로 있었다. 나는 그 화장실 칸 안에 있는 사람에게 당장 나오라고 소리쳤지만 응답이 없었다. 나는 다시 한 번 나와서 나와 상대하자고 불렀다. 역시 대답이 없었다. 그래서 나는 Louis를 보내 그들이 밖으로 나오도록 했다. 그들은 더 이상 어디도 침입하지 않을 것이다.」
>
> 정답 ②

06 ▸ 문장 배열하기

앞에 제시된 문장에 이어지는 글의 순서를 정하는 문제로, 글의 논리적 흐름과 연결사, 시간 및 공간적 순서에 따른 적절한 나열을 요구한다.

1. 제시된 문장이 있는 경우

제시된 문장을 읽고 다음에 이어질 내용을 추론한다. 연결사, 지시어, 대명사, 시간 표현 등을 활용하여 문장의 순서를 논리적으로 결정한다.

① **지시어** : this, that, these, those 등
② **연결사** : but, and, or, so, yet, unless 등
③ **접속부사** : in addition(게다가), afterwards(나중에), as a result(결과적으로), for example(예를 들어), fortunately(운 좋게도), otherwise(그렇지 않으면), therefore(그러므로), however(그러나), moreover(더욱이) 등
④ **부정대명사** : one(사람이나 사물의 불특정 단수 가산명사를 대신 받음), some(몇몇의, 약간의), another (지칭한 것 외의 또 다른 하나), other(지칭한 것 외의 몇몇) 등

2. 주어진 문장이 없는 경우

대개 일반적 사실이 글의 서두에 나오고, 이어서 앞에서 언급했던 사실에 대한 부가적 내용이나 개념 정리 등이 나올 수 있다. 대신 지시어나 대명사가 출제되는 문장이나 앞뒤 문장의 상반된 내용을 연결하는 역접 연결사 및 예를 설명하는 연결사가 포함된 문장은 글의 서두에 나오기 어렵다. 이밖에 문맥의 흐름과 상관없거나 문맥상 어색한 문장을 고르는 문제 유형이 나올 수도 있다.

문맥의 흐름과 상관없는 문장을 고르는 문제는 주제문과 이를 뒷받침하는 문장들의 관계에 있어 글의 흐름상 통일성이 결여된 문장을 찾아낸 후, 그 문장을 제외한 후에도 글의 내용이 자연스럽게 흘러가는지 살펴봐야 한다.

문맥상 어색한 문장을 고르는 문제의 경우 우선적으로 글을 꼼꼼하게 읽어 볼 필요가 있으며, 그 다음에 주제문을 파악한 후 이와 어울리지 않는 내용을 골라내는 순서로 문제를 해결한다.

자주 출제되는 유형

• 글의 흐름상 주어진 문장에 이어질 내용을 순서대로 바르게 나열한 것은?
• 다음 글에서 전체 흐름과 관계없는 문장은?

다음 중 주어진 문장에 이어질 내용을 논리적 순서대로 바르게 나열한 것은?

When asked to make a donation, even those who would like to support the charity in some way say no, because they assume the small amount they can afford won't do much to help the cause.

(A) After introducing himself, the researcher asked the residents, "Would you be willing to help by giving a donation?" For half of the residents, the request ended there. For the other half, however, he added, "Even a penny will help."

(B) Based on this reasoning, a researcher thought that one way to urge people to donate would be to inform them that even a small sum would be helpful. To test this hypothesis, he went to door-to-door to request donations for the American Cancer Society.

(C) When he analyzed the results, the researcher found that consistent with his hypothesis, people in the "even-a-penny-will-help" condition were almost twice as likely as those in the other condition to donate to the cause.

① (A)−(B)−(C)

② (A)−(C)−(B)

③ (B)−(A)−(C)

④ (C)−(A)−(B)

⑤ (C)−(B)−(A)

| 해설 | • donation : 증여, 기부, 기증
  • charity : 자애, 자비
  • resident : 거주하는, 체류하는
  • hypothesis : 가설, 가정
「기부를 요청받았을 때 어떤 방식으로든 기부하려고 했던 사람들도 거절하게 된다. 왜냐하면 그들은 그들이 할 수 있는 작은 부분이 도움이 되지 못한다고 생각하기 때문이다.

(B) 이러한 이유 때문에 조사자들은 아무리 작은 기부라도 도움이 될 수 있다고 사람들에게 설득하는 것을 생각했다. 이러한 가설을 시험하기 위해 조사자들은 집집마다 방문하여 미국암협회에게 기부할 것을 요구했다.

(A) 자신들을 소개한 후 주민들에게 요청했다. "기부를 하지 않으시겠습니까?" 조사대상자들 중 반에게는 이런 말만 하고 나머지 반에게는 "작은 기부라도 도움이 됩니다."라는 말을 덧붙였다.

(C) 조사자들이 결과를 분석해 보니 "작은 기부라도 도움이 됩니다."라는 말을 덧붙인 경우가 실제로 2배나 많은 실질적인 기부를 이끌어냈다.」

정답 ③

07 ▶ 중심 내용과 제목 유추하기

글의 중심어를 포함하면서 간결하게 나타낸 것이 글의 주제나 제목이 되는데, 필자가 이야기하려는 핵심 목적을 파악하는 것이 중요하다.

글의 중심 사건을 바탕으로 주제와 핵심 어휘를 파악한다. 글을 읽다가 모르는 단어가 나와도 당황하지 말고 우선 넘기고 나서 문장의 전체적인 의미를 이해한 후에 어휘의 구체적 의미를 유추한다.

제목은 제시된 글의 내용의 범위보다 지나치게 넓거나 좁아서는 안 된다. 또한 제시된 내용에 근거하지 않고 상식적인 정황을 바탕으로 추측에 의해 성급하게 내린 결론은 결코 제목이 될 수 없다.

지문에 해당하는 질문을 먼저 읽고 해당 내용을 글에서 찾아 이를 위주로 읽어나가는 것도 시간을 절약하는 좋은 방법이다.

자주 출제되는 유형
- 다음 글의 제목으로 가장 적절한 것은?
- 다음 글의 요지로 가장 적절한 것은?

핵심예제

다음 글의 주제로 가장 적절한 것은?

The same gesture can have different meanings from culture to culture. For example, the 'thumbs-up' sign, raising your thumb in the air, is commonly used to mean 'good job'. However, be sure that you don't use it in Nigeria because it is considered a very rude gesture.

① 좋은 직업의 종류
② 칭찬의 긍정적 효과
③ 나이지리아 여행의 즐거움
④ 문화에 따라 다른 제스처의 의미
⑤ 엄지손가락을 들어올리는 이유

|해설| • gesture : 몸짓
　　　• for example : 예를 들어
　　　• thumb : 엄지손가락
　　　• commonly : 흔히, 보통
　　　• rude : 무례한

「문화 사이에서 같은 몸짓이 다른 의미를 가질 수 있다. 예를 들어 엄지손가락을 들어올리는 '승인(찬성)' 표시는 흔히 '잘했다'는 의미로 쓰이곤 한다. 그러나 그 몸짓은 매우 무례한 몸짓으로 간주될 수 있기 때문에 나이지리아에서는 그 몸짓을 사용하지 않도록 해야 한다.」

정답 ④

08 ▶ 세부 내용 유추하기

글의 도입, 전개, 결론 등의 흐름을 올바르게 파악하고, 세부적인 사항까지 기억해야 하는 문제이다. 글을 읽으면서 중요 어휘에는 표시를 해두거나, 반대로 보기 문항을 먼저 읽어보고 글을 읽으면서 질문에 부합하는지 따져보는 것도 하나의 방법이다.

글의 내용과 일치하지 않는 것을 고르는 문제는 글의 내용과 반대로 말하거나 글에서 언급하지 않은 것을 골라내야 한다. 객관성에 근거하여 판단하도록 하고, 섣부른 추측은 금물이다.

> **자주 출제되는 유형**
> • 글의 내용으로 적절하지 않은 것은?
> • 다음 글의 내용으로 적절한 것은?

핵심예제

다음 글의 내용으로 적절하지 않은 것은?

> Ecuador is asking developed countries to pay $350 million for them NOT to drill for oil in the heart of the Amazon. The sum amounts to half of the money that Ecuador would receive from drilling in the Amazon. Since Ecuador proposed the plan last year, countries such as Germany, Norway, Italy and Spain have expressed great interest.

① Norway는 Amazon의 석유개발에 반대한다.
② Ecuador는 Amazon의 석유개발로 7억 달러의 수익을 올릴 수 있다.
③ Ecuador는 Amazon의 석유개발의 대가로 선진국들에게 3억 5천만 달러를 요구하였다.
④ Ecuador가 석유개발을 포기하면, 선진국들은 Ecuador에게 석유개발 수익의 반액을 지불할 수 있다.
⑤ Ecuador가 지난해 계획을 제안한 이후로 많은 나라들이 큰 이익을 얻어왔다.

> **│해설│** 에콰도르가 아마존 심장부에서 석유개발을 하지 않는 것에 대해 선진국들에게 3억 5천만 달러를 요구한다는 내용이다.
> • developed country : (이미 개발이 된) 선진국
> • drill : 땅을 파다
> • propose : 제안하다
> • express : 급송하다
> • interest : 이익, 수익
> 「에콰도르는 선진국들에게 석유를 위해 아마존 심장부를 파지 않는 것에 대해 3억 5천만 달러를 지불하라고 요구하고 있다. 이 액수는 아마존을 파는 것을 통해 에콰도르가 얻는 돈의 반에 달한다. 에콰도르가 이 계획을 지난해 제안한 이후로 독일, 노르웨이, 이탈리아, 스페인 같은 나라들은 큰 이익을 얻어왔다.」
>
> **정답** ③

대표유형 1　어휘 연결

다음 중 한글 명칭과 영어 명칭이 바르게 연결된 것은?

① 경유 － Diesel
② 휘발유 － Gasolin
③ 에어백 － Airbeg
④ 엔진 － Engein
⑤ 선바이저 － Sun Biser

오답분석

② Gasoline
③ Airbag
④ Engine
⑤ Sun Visor

정답 ①

※ **다음 중 영어 단어와 그 뜻이 바르게 연결되지 않은 것을 고르시오. [1~3]**

01
① Knee － 무릎
② Plum － 자두
③ Psychologist － 심리학자
④ Demand － 수요
⑤ Defeat － 방어

02
① Carpenter － 목수
② Instructor － 건축가
③ Professor － 교수
④ Driver － 운전수
⑤ Officer － 장교

03
① Forest － 숲
② Hill － 계곡
③ Swamp － 늪
④ Mountain － 산
⑤ Island － 섬

04 다음 중 자동차 부품의 영어 명칭과 한글 명칭이 바르게 연결된 것은?

① Steering Wheel — 운전대
② Fog Lamp — 전조등
③ Back Seat — 운전석
④ Turn Signal — 비상등
⑤ Head Lamp — 후미등

05 다음 중 한글 명칭과 영어 명칭이 바르게 연결된 것은?

① 후진 — Drive
② 와이퍼 — Waper
③ 트렁크 — Trank
④ 현가장치 — Pump Jack
⑤ 엔진오일 — Engine Oil

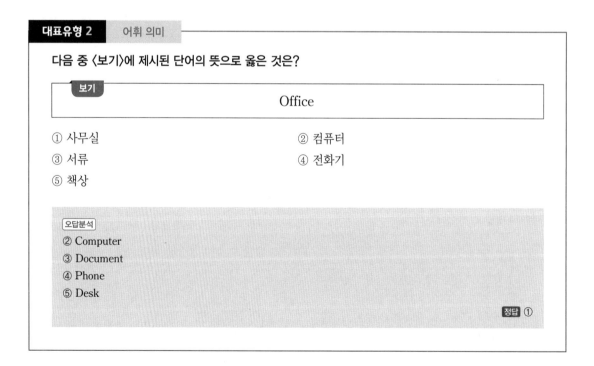

대표유형 2 어휘 의미

다음 중 〈보기〉에 제시된 단어의 뜻으로 옳은 것은?

보기

Office

① 사무실 ② 컴퓨터
③ 서류 ④ 전화기
⑤ 책상

오답분석
② Computer
③ Document
④ Phone
⑤ Desk

정답 ①

※ 다음 중 〈보기〉에 제시된 단어의 뜻으로 옳은 것을 고르시오. [6~7]

06

보기
Summary

① 경청   ② 여름의
③ 요약   ④ 집중
⑤ 발표

07

보기
Muffler

① 전면등   ② 바퀴
③ 머플러   ④ 차체
⑤ 경적

※ 다음 중 〈보기〉에 제시된 자동차 관련 명칭을 영어로 바르게 옮긴 것을 고르시오. [8~10]

08

보기

차대

① Chassis   ② Cassis

③ Cheasis   ④ Sheasis

⑤ Shassis

09

보기

패들 시프트

① Pedal Shift   ② Pedal Shaft

③ Paddle Shift   ④ Mobile Shift

⑤ Gear Shaft

10

보기

냉각수

① Coolant   ② Coldlant

③ Cold Fluid   ④ Steamer

⑤ Chiller

다음 대화의 빈칸에 들어갈 말로 가장 적절한 것은?

> A : Hello. I need to exchange some money.
> B : Okay. What currency do you need?
> A : I need to convert dollars into pounds. _____
> B : We convert your currency back for free. Just bring your receipt with you.

① How much does this cost?
② How should I pay for that?
③ What's your buy—back policy?
④ Do you take credit cards?
⑤ Would you like to leave a message?

| 해설 | 빈칸에 해당하는 A의 질문에 대해 B가 '다시 환전할 때는 비용이 없다.'고 대답하므로, 빈칸에는 통화를 되파는 것과 관련된 ③ '환매 정책은 어떻게 되죠?'가 들어가는 것이 적절하다.
「A : 안녕하세요. 돈을 환전하려고 합니다.
B : 예. 어떤 화폐로 해드릴까요?
A : 달러를 파운드로 바꿔야 합니다. 환매 정책은 어떻게 되죠?
B : 무료로 매입합니다. 영수증만 가져오시면 됩니다.」

[오답분석]
① 비용이 얼마죠?
② 어떻게 지불하면 되나요?
④ 신용카드를 취급하시나요?
⑤ 메시지를 남기시겠습니까?

정답 ③

---

11 다음 대화의 빈칸에 들어갈 말로 가장 적절한 것은?

> A : May I help you?
> B : No, thank you. _____ Maybe later I might need your help.
> A : I hope you will. Take your time. We have a lot more upstairs.

① It is too expensive.
② I'm just looking around.
③ How much does it cost?
④ You are welcome.
⑤ What is the discounted product?

12 다음 대화에서 알 수 있는 A의 심경으로 가장 적절한 것은?

A : Mom, I won the first prize in the singing contest.
B : Wow, you did it. Congratulations!
A : I am very happy about that.

① excited
② fearful
③ regretful
④ depressed
⑤ bored

13 다음 주어진 문장에 이어질 대화의 순서로 가장 적절한 것은?

Which club are you going to join?

(A) Why do you like that one?
(B) I'd like to join the Magic Club.
(C) Because I want to learn some magic tricks.

① (A) — (B) — (C)
② (B) — (A) — (C)
③ (B) — (C) — (A)
④ (C) — (A) — (B)
⑤ (C) — (B) — (A)

14 다음 대화가 이루어지는 장소로 가장 적절한 곳은?

A : Good evening! How can I help you?
B : I have a sore throat.
A : Take this medicine and it's $5.
B : Here it is. Thanks.

① 약국
② 은행
③ 도서관
④ 동물원
⑤ 백화점

15 다음 대화에서 두 사람의 관계로 가장 적절한 것은?

> A : I like that painting. How much is it?
> B : You have a good eye! It is $200.
> A : What? I didn't think it'd cost that much.

① 고객 — 점원　　　　　　　② 교사 — 학생
③ 배우 — 기자　　　　　　　④ 의사 — 환자
⑤ 작가 — 편집자

대표유형 4　　독해

다음 글의 주제로 가장 적절한 것은?

> Ice cream is considered to be a modern food, but ancient people also ate a kind of ice cream. For example, more than 2000 years ago, people in China would create a dish of rice mixed with frozen milk during wintertime. Likewise, it is said that Alexander the Great enjoyed eating snow flavored with honey. Isn't it interesting that ancient people could find pleasure in ice cream without the freezing technology we have today?

① Types of Modern Foods
② The Diets for Ancient Kings
③ Ice Cream in Ancient Times
④ The Variety of Modern Ice Cream
⑤ How to Make a Ice Cream

| 해설 | 제시문에서는 고대 사람들이 아이스크림을 어떻게 먹었는지에 대해 이야기하고 있기 때문에 글의 주제로 '고대의 아이스크림'이 가장 적절하다.

오답분석
① 현대 음식의 종류
② 고대 왕들의 식사
④ 현대 아이스크림의 다양성
⑤ 아이스크림 만드는 방법

정답 ③

16 다음 광고에서 알 수 없는 것은?

PARA CINEMA
50 Albert Street
Movie : Gandhi
Times of movie : 4:30 p.m. / 7:00 p.m. / 9:30 p.m.
Prices : adults $10.00 / students $6.00

① 영화관 위치   ② 출연 배우
③ 상영시간   ④ 관람료
⑤ 영화 제목

17 다음 중 밑줄 친 (A)와 (B)가 가리키는 것은?

According to new research, from the moment of birth, a baby has a great deal to say to his parents, and (A) they to him. Babies are said to possess special innate ability. But several decades ago, experts described the newborn as a primitive creature who reacted only by reflex, a helpless victim of its environment without capacity to influence (B) it. Most thought that all a new infant required was nourishment, clean diapers, and a warm cradle.

	(A)	(B)
①	a baby	primitive creature
②	his parents	primitive creature
③	his parents	reflex
④	a baby	reflex
⑤	a baby	environment

18 다음 글의 밑줄 친 'two basic things'가 가리키는 것은?

> Driving can be fun. However, most of drivers ignore two basic things when they drive : They forget to keep enough distance from the car in front, and they don't wear seat belts.

① 차선 지키기, 신호 지키기
② 안전거리 확보, 차선 지키기
③ 안전거리 확보, 좌석벨트 착용
④ 좌석벨트 착용, 규정 속도 유지
⑤ 차선 지키기, 규정 속도 유지

19 다음 중 'Public Bath'에 대한 내용으로 적절하지 않은 것은?

> Public Bath
>
> Hot and cold pools, saunas, exercise rooms, and reading rooms. Free Towels. Available for 450 people at once. Women till 10 p.m. only. No children allowed.

① 열탕과 냉탕이 있다.
② 사우나실과 독서실 등이 있다.
③ 목욕 수건은 무료로 사용할 수 있다.
④ 최대 수용 인원은 450명이다.
⑤ 어린이는 오후 10시까지 이용할 수 있다.

20 다음 글에 드러난 Joni의 심경으로 가장 적절한 것은?

Joni went horseback riding with her older sisters. She had a hard time keeping up with them because her pony was half the size of their horses. Her sisters, on their big horses, thought it was exciting to cross the river at the deepest part. They never seemed to notice that Joni's little pony sank a bit deeper. It had rained earlier that week and the river was brown and swollen. As her pony walked into the middle of the river, Joni turned pale, staring at the swirling waters rushing around the legs of her pony. Her heart started to race and her mouth became dry.

① happy
② bored
③ guilty
④ frightened
⑤ grateful

06 | 기초과학 핵심이론

1. 힘

(1) 여러 가지 힘

① **힘** : 물체의 모양이나 운동 상태를 변화시키는 원인이 되는 것
② **탄성력** : 탄성체가 변형되었을 때 원래의 상태로 되돌아가려는 힘
　㉠ 탄성체 : 용수철, 고무줄, 강철판 등
　㉡ 방향 : 변형된 방향과 반대로 작용한다.
③ **마찰력** : 두 물체의 접촉면 사이에서 물체의 운동을 방해하는 힘
　㉠ 방향 : 물체의 운동 방향과 반대
　㉡ 크기 : 접촉면이 거칠수록, 누르는 힘이 클수록 커진다(접촉면의 넓이와는 무관).
④ **자기력** : 자석과 자석, 자석과 금속 사이에 작용하는 힘
⑤ **전기력** : 전기를 띤 물체 사이에 작용하는 힘
⑥ **중력** : 지구와 지구상의 물체 사이에 작용하는 힘
　㉠ 방향 : 지구 중심 방향
　㉡ 크기 : 물체의 질량에 비례

(2) 힘의 작용과 크기

① **힘의 작용**
　㉠ 접촉하여 작용하는 힘 : 탄성력, 마찰력, 사람의 힘
　㉡ 떨어져서 작용하는 힘 : 자기력, 중력, 전기력
　㉢ 쌍으로 작용하는 힘 : 물체에 힘이 작용하면 반드시 반대 방향으로 반작용의 힘이 작용한다.
② **힘의 크기**
　㉠ 크기 측정 : 용수철의 늘어나는 길이는 힘의 크기에 비례하므로 이를 이용하여 힘의 크기를 측정
　㉡ 힘의 단위 : N, kg_f($1kg_f = 9.8N$)

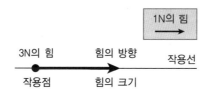

(3) 힘의 합성과 평형

① 힘의 합성 : 두 개 이상의 힘이 작용하여 나타나는 효과를 하나의 힘으로 표현
  ㉠ 방향이 같은 두 힘의 합력 : $F=F_1+F_2$
  ㉡ 방향이 반대인 두 힘의 합력 : $F=F_1-F_2(F_1>F_2)$
  ㉢ 나란하지 않은 두 힘의 합력 : 평행사변형법
② 힘의 평형 : 한 물체에 여러 힘이 동시에 작용하여도 움직이지 않을 때이며, 합력은 0이다.
  ㉠ 두 힘의 평형 조건 : 크기가 같고 방향이 반대이며, 같은 작용선상에 있어야 한다.
  ㉡ 평형의 예 : 실에 매달린 추, 물체를 당겨도 움직이지 않을 때

2. 힘과 운동의 관계

(1) 물체의 운동

① 물체의 위치 변화
  ㉠ 위치 표시 : 기준점에서 방향과 거리로 표시
  ㉡ (이동 거리)=(나중 위치)-(처음 위치)
② 속력 : 단위 시간 동안 이동한 거리
  ㉠ $(속력)=\dfrac{(이동\ 거리)}{(걸린\ 시간)}=\dfrac{(나중\ 위치)-(처음\ 위치)}{(걸린\ 시간)}$
  ㉡ 단위 : m/s, km/h

(2) 여러 가지 운동

① 속력이 변하지 않는 운동 : 등속(직선)운동
② 속력이 일정하게 변하는 운동 : 낙하 운동
  $(속력)=\dfrac{(처음\ 속력)+(나중\ 속력)}{2}$
③ 방향만 변하는 운동 : 등속 원운동
④ 속력과 방향이 모두 변하는 운동 : 진자의 운동, 포물선 운동

(3) 힘과 운동의 관계

① 힘과 속력의 변화
  ㉠ 힘이 가해지면 물체의 속력이 변한다.
  ㉡ 힘이 클수록, 물체의 질량이 작을수록 속력의 변화가 크다.
② 힘과 운동 방향의 변화
  ㉠ 힘이 가해지면 힘의 방향과 운동 방향에 따라 방향이 변할 수도 있고 속력만 변할 수도 있다.
  ㉡ 힘이 클수록, 물체의 질량이 작을수록 물체의 운동 방향 변화가 크다.

③ 뉴턴의 운동 법칙
    ⊙ 운동의 제1법칙(관성의 법칙) : 물체는 외부로부터 힘이 작용하지 않는 한 현재의 운동 상태를 계속 유지하려 한다.
    ⓒ 운동의 제2법칙(가속도의 법칙) : 속력의 변화는 힘의 크기에 비례하고 질량에 반비례한다.

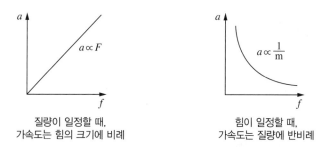

질량이 일정할 때,   힘이 일정할 때,
가속도는 힘의 크기에 비례   가속도는 질량에 반비례

    ⓒ 운동의 제3법칙(작용·반작용의 법칙) : 한 물체가 다른 물체에 힘을 가할 때, 힘을 받는 물체도 상대 물체에 같은 크기의 힘이 반대 방향으로 작용한다.

3. 일과 에너지

(1) 일

① 일의 크기와 단위
    ⊙ 일의 크기 : 힘의 크기(F)와 물체가 이동한 거리(S)의 곱으로 나타낸다.
       $W = F \times S$
    ⓒ 단위 : 1N의 힘으로 물체를 1m 만큼 이동시킨 경우의 크기를 1J이라 한다.
       $1J = 1N \times 1m$

② 들어 올리는 힘과 미는 힘
    ⊙ 물체를 들어 올리는 일 : 물체의 무게만큼 힘이 필요하다.
       [드는 일(중력에 대한 일)] = (물체의 무게) × (높이)
    ⓒ 물체를 수평면상에서 밀거나 끄는 일 : 마찰력만큼의 힘이 필요하다.
       [미는 일(마찰력에 대한 일)] = (마찰력) × (거리)
    ⓒ 무게와 질량
       • 무게 : 지구가 잡아당기는 중력의 크기
       • 무게의 단위 : 힘의 단위(N)와 같다.
       • 무게는 질량에 비례한다.

(2) 일의 원리

① 도르래를 사용할 때
    ⊙ 고정 도르래 : 도르래축이 벽에 고정되어 있다.
       • 힘과 일의 이득이 없고, 방향만 바꾼다.
       • (힘) = [물체의 무게($F = w$)]

- [물체의 이동 거리(h)]=[줄을 잡아당긴 거리(s)]
- 힘이 한 일=도르래가 물체에 한 일

  ⓛ 움직 도르래 : 힘에는 이득이 있으나 일에는 이득이 없다.

- 힘의 이득 : 물체 무게의 절반 $\left(F=\dfrac{w}{2}\right)$

- (물체의 이동 거리)=(줄을 잡아당긴 거리)$\times\dfrac{1}{2}$

② **지레를 사용할 때** : 힘의 이득은 있으나, 일에는 이득이 없다.

  ㉠ 원리 : 그림에서 물체의 무게를 W, 누르는 힘을 F라 하면 식은 다음과 같다.

    $W \times b = F \times a$

  ⓛ 거리 관계

    [물체가 움직인 거리(h)]<[사람이 지레를 움직인 거리(s)]

〈지레의 원리〉

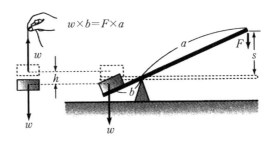

③ **축바퀴를 사용할 때**

  ㉠ 축바퀴의 원리 : 지레의 원리를 응용한 도구

  ⓛ 줄을 당기는 힘

    $F = w \times \dfrac{r}{R}$

  ㉢ (물체가 움직인 거리)<(당긴 줄의 길이)

  ㉣ 일의 이득 : 일의 이득은 없다.

④ **빗면을 이용할 때**

  ㉠ 힘의 이득 : 빗면의 경사가 완만할수록 힘의 이득이 커진다.

    (힘)=(물체의 무게)$\times\dfrac{(\text{수직 높이})}{(\text{빗면의 길이})}\left(F=w\times\dfrac{h}{s}\right)$

  ⓛ 일의 이득 : 일의 이득은 없다.

  ㉢ 빗면을 이용한 도구 : 나사, 쐐기, 볼트와 너트

⑤ **일의 원리** : 도르래나 지레, 빗면 등의 도구를 사용하여도 일의 이득이 없지만, 작은 힘으로 물체를 이동시킬 수 있다.

(3) 역학적 에너지

① 위치 에너지 : 어떤 높이에 있는 물체가 가지는 에너지

    ㉠ (위치 에너지)＝(질량)×(중력 가속도)×(높이) → $mgh＝9.8mh$

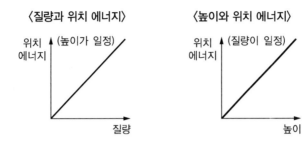

    ㉡ 위치 에너지와 일

      • 물체를 끌어올릴 때 : 물체를 끌어올리면서 한 일은 위치 에너지로 전환된다.

      • 물체가 낙하할 때 : 물체의 위치 에너지는 지면에 대하여 한 일로 전환된다.

    ㉢ 위치 에너지의 기준면

      • 기준면에 따라 위치 에너지의 크기가 다르다.

      • 기준면은 편리하게 정할 수 있으나, 보통 지면을 기준으로 한다.

      • 기준면에서의 위치 에너지는 0이다.

② 운동 에너지 : 운동하고 있는 물체가 갖는 에너지(단위 : J)

    ㉠ 운동 에너지의 크기 : 물체의 질량과 (속력)²에 비례한다.

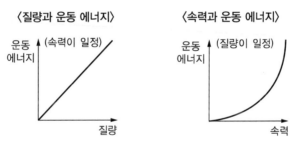

    ㉡ (운동 에너지)＝$\dfrac{1}{2}$×(질량)×(속력)² → $\dfrac{1}{2}mv^2$

③ 역학적 에너지

    ㉠ 역학적 에너지의 전환 : 높이가 변하는 모든 운동에서는 위치 에너지와 운동 에너지가 서로 전환된다.

      • 높이가 낮아질 때 : 위지 에너지 → 운동 에너지

      • 높이가 높아질 때 : 운동 에너지 → 위치 에너지

    ㉡ 역학적 에너지의 보존

      • 운동하는 물체의 역학적 에너지

        − 물체가 올라갈 때 : (감소한 운동 에너지)＝(증가한 위치 에너지)

        − 물체가 내려갈 때 : (감소한 위치 에너지)＝(증가한 운동 에너지)

      • 역학적 에너지의 보존 법칙 : 물체가 운동하고 있는 동안 마찰이 없다면 역학적 에너지는 일정하게 보존된다[(위치 에너지＋운동 에너지＝일정)].

- 낙하하는 물체의 역학적 에너지 보존
  - 감소한 위치 에너지 $= 9.8mh_1 - 9.8mh_2$

  - 증가한 운동 에너지 $= \dfrac{1}{2}mv_2{}^2 - \dfrac{1}{2}mv_1{}^2$

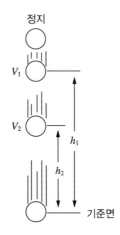

4. 전압 · 전류 · 저항

(1) 전류의 방향과 세기

① 전류의 방향 : (+)극 → (−)극

② 전자의 이동 방향 : (−)극 → (+)극

③ 전류의 세기(A) : 1초 동안에 도선에 흐르는 전하의 양

④ [전하량(C)] = [전류의 세기(A)] × [시간(s)]

(2) 전압과 전류의 관계

① 전류의 세기는 전압에 비례한다.

② 전기 저항(R) : 전류의 흐름을 방해하는 정도

③ 옴의 법칙 : 전류의 세기(A)는 전압(V)에 비례하고, 전기 저항(R)에 반비례한다.

(3) 저항의 연결

① **직렬 연결** : 저항을 한 줄로 연결

   ㉠ 전류 : $I = I_1 = I_2$

   ㉡ 각 저항의 전합 : $V_1 : V_2 = R_1 : R_2$

   ㉢ 전체 전압 : $V = V_1 + V_2$

   ㉣ 전체 저항 : $R = R_1 + R_2$

② **병렬 연결** : 저항의 양끝을 묶어서 연결

   ㉠ 전체 전류 : $I = I_1 + I_2$

   ㉡ 전체 전압 : $V = V_1 = V_2$

   ㉢ 전체 저항 : $\dfrac{1}{R} = \dfrac{1}{R_1} + \dfrac{1}{R_2}$

③ **혼합 연결** : 직렬 연결과 병렬 연결을 혼합

06 | 기초과학 적중예상문제

정답 및 해설 p.014

01 재질이 같은 금속의 길이와 단면적을 다르게 할 경우, 다음 중 저항값이 가장 큰 것은?

	길이(cm)	단면적(mm^2)
①	1	5
②	2	4
③	3	3
④	4	2
⑤	5	1

02 질량이 2kg인 어떤 물체가 5m/s의 속력으로 움직이고 있다. 이 물체가 정지할 때까지 할 수 있는 일의 양은?

① 5J   ② 10J

③ 25J   ④ 50J

⑤ 100J

03 수평한 직선 도로 위에서 10m/s의 속력으로 달리는 자동차의 운전자가 브레이크를 밟아 제동이 걸리기 시작한 후 10m를 가서 정지하였다. 자동차의 질량이 1,000kg이면 자동차와 도로 사이의 마찰력의 크기는?(단, 제동이 걸리는 동안 자동차의 가속도는 일정하다)

① 4,000N   ② 4,500N

③ 5,000N   ④ 5,500N

⑤ 6,000N

04 다음과 같이 건강 진단에 이용되는 '음파'에 대한 설명으로 옳지 않은 것은?

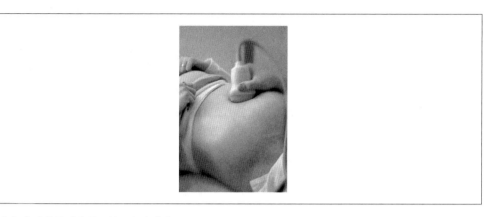

① 사람의 가청주파수를 넘는 음파이다.
② 건축물의 안정성이나 수명 등을 조사할 때 사용하기도 한다.
③ 탄성파의 일종이다.
④ 일반적으로 매질의 진동 방향과 파동의 진행 방향은 수직이다.
⑤ 일부는 박테리아를 포함하는 생물학적 조직을 파괴시킬 수 있다.

05 다음 그림에 대한 설명으로 옳지 않은 것은?(단, 중력가속도는 10m/s²이고, 모든 마찰 및 공기 저항은 무시하며, 도르래와 실의 무게는 무시한다)

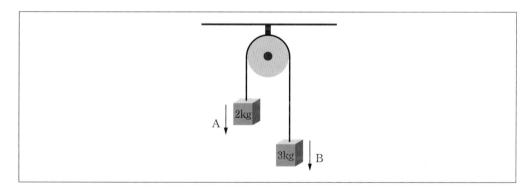

① 두 물체는 중력을 받는다.
② 2kg 물체는 A방향으로 운동한다.
③ 3kg 물체는 B방향으로 운동한다.
④ 두 물체의 가속도의 크기는 2m/s²이다.
⑤ 줄이 2kg 물체를 잡아당기는 힘의 크기와 2kg 물체가 줄을 잡아당기는 힘의 크기는 서로 같다.

06 동일한 크기의 세 비커 A~C에 각각 다른 질량의 물을 넣고 가열하였다. 가한 열량과 물의 온도 변화가 다음 표와 같을 때, 비커 A~C에 들어 있는 물의 질량의 크기를 바르게 비교한 것은?

구분	A	B	C
가한 열량(kcal)	1	2	3
온도 변화(℃)	6	8	9

① A<B<C
② A<B=C
③ A=B<C
④ A<C<B
⑤ A=B=C

07 전기 회로에서 저항이 5Ω인 2개의 전구를 병렬로 연결하고 전압이 25V인 건전지를 연결하였다. 이 회로에 흐르는 전체전류는?

① 10A
② 15A
③ 20A
④ 25A
⑤ 30A

08 다음은 진행하는 횡파의 한 순간 모습을 나타낸 것이다. 주기를 0.5초라고 할 때, 이 파동에 대한 설명으로 옳은 것을 〈보기〉에서 모두 고르면?

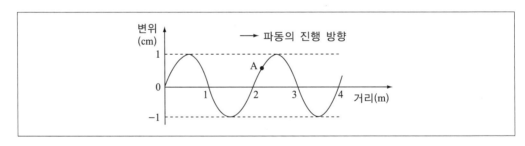

보기
ㄱ. 파동의 진동수는 2Hz이다.
ㄴ. A점은 위 방향으로 운동한다.
ㄷ. 파동의 전파 속도는 2m/s이다.

① ㄱ
② ㄱ, ㄴ
③ ㄱ, ㄷ
④ ㄴ, ㄷ
⑤ ㄱ, ㄴ, ㄷ

09 다음과 같이 직렬과 병렬이 모두 있는 회로에서 (A)의 저항은 얼마인가?

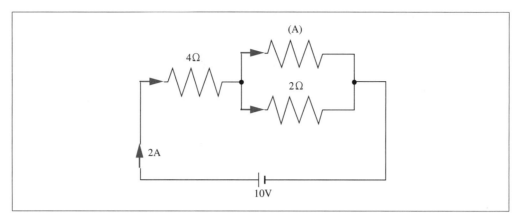

① 2Ω   ② 4Ω
③ 6Ω   ④ 8Ω
⑤ 10Ω

10 저항을 가진 전구가 직렬연결일 때의 전체 저항은 $R=R_1+R_2$이며, 병렬연결에서의 전체 저항은 $R=\dfrac{R_1R_2}{R_1+R_2}$이다. 저항이 서로 다른 4개의 전구가 다음과 같이 연결되어 있을 때, 이 회로의 전체 저항의 크기는?

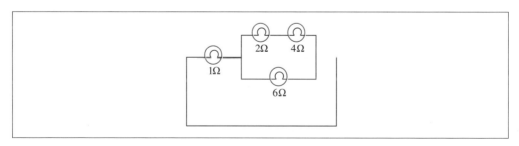

① 4Ω   ② 5Ω
③ 6Ω   ④ 7Ω
⑤ 8Ω

11 열효율이 50%인 열기관이 있다. 이 열기관에 2,000J의 열에너지를 공급했을 때, 얻을 수 있는 최대의 일은?(단, 열기관은 정상적으로 작동한다)

① 500J

② 1,000J

③ 1,500J

④ 2,000J

⑤ 2,500J

12 (가)는 전하량이 각각 q, $2q$인 두 전하가 거리 r만큼 떨어져 있는 것을 나타낸 것이고, (나)는 전하량이 둘 다 q인 두 전하가 거리 $\frac{r}{2}$만큼 떨어져 있는 것을 나타낸 것이다. (가)에서 두 입자 사이에 작용하는 전기력은, (나)에서의 전기력의 몇 배인가?

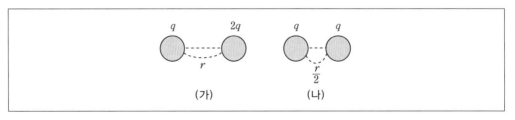

(가)   (나)

① $\frac{1}{4}$배

② $\frac{1}{2}$배

③ 1배

④ 2배

⑤ 4배

13 용수철상수가 100N/m인 용수철에 질량이 3kg인 물체를 연결한 후 잡고 있던 손을 가만히 놓았더니 0.1m 늘어난 상태로 지면에 정지하였다. 이에 대한 설명으로 적절한 것을 〈보기〉에서 모두 고르면? (단, 중력가속도는 10m/s^{2}이다)

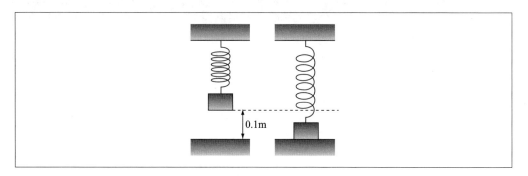

> **보기**
>
> ㄱ. 물체가 지면을 누르는 힘은 20N이다.
> ㄴ. 물체에 작용하는 중력과 수직항력은 평형을 이룬다.
> ㄷ. 용수철상수가 3배 커질 경우 질량이 3kg인 물체를 매달아도 용수철의 늘어난 길이는 같을 것이다.

① ㄱ
② ㄱ, ㄴ
③ ㄱ, ㄷ
④ ㄴ, ㄷ
⑤ ㄱ, ㄴ, ㄷ

14 다음은 고압 송전을 하는 이유에 대한 설명이다. 빈칸에 들어갈 알맞은 값을 순서대로 나열한 것은?

> 동일한 송전선을 사용하여 같은 전력을 공급할 때, 송전 전압을 10배로 높여 송전하면 송전선에 흐르는 전류는 _____배로 감소한다. 따라서 송전선에서의 전력 손실은 _____배로 감소한다.

① 0.1, 0.1
② 0.1, 0.01
③ 0.01, 0.1
④ 0.01, 0.01
⑤ 0.001, 0.1

15 다음은 어떤 가정에서 사용하는 전기기구의 소비 전력에 대한 표이다. 표에 주어진 전기기구를 모두 사용할 때 이 가정의 배전관 퓨즈에 흐르는 전류의 세기는?

구분	정격 전압(V)	소비 전력(W)
텔레비전	220	220
냉장고	220	400
세탁기	220	900
다리미	220	1,560
청소기	220	1,100

① 16A
② 17A
③ 18A
④ 19A
⑤ 20A

16 우주에서는 우주인이 조금만 서로 떨어져 있어도 소리를 들을 수 없지만, 서로 헬멧을 맞대면 소리를 들을 수 있다. 이를 통해 알 수 있는 사실로 옳은 것을 〈보기〉에서 모두 고르면?

> **보기**
> ㄱ. 우주 공간에는 대기가 없다.
> ㄴ. 소리는 고체를 통해서도 전달된다.
> ㄷ. 소리는 진공 상태에서는 전달되지 않는다.

① ㄱ
② ㄱ, ㄴ
③ ㄱ, ㄷ
④ ㄴ, ㄷ
⑤ ㄱ, ㄴ, ㄷ

17 마찰이 없는 수평면 위에 질량이 각각 2kg, 3kg인 물체 A, B를 접촉시켜 놓고 수평 방향으로 물체 A에 10N의 힘을 작용시켰다. 이에 대한 설명으로 옳은 것을 〈보기〉에서 모두 고르면?

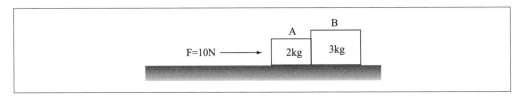

> **보기**
>
> ㄱ. 물체 A와 B의 가속도의 크기는 $2m/s^2$로 같다.
> ㄴ. 물체 A가 B를 미는 힘과 물체 B가 A를 미는 힘은 같다.
> ㄷ. 물체 A에 작용한 알짜힘은 6N이다.

① ㄱ

② ㄱ, ㄴ

③ ㄱ, ㄷ

④ ㄴ, ㄷ

⑤ ㄱ, ㄴ, ㄷ

18 다음은 민희네 집에서 사용하는 전기기구의 소비전력과 1일 사용량에 대한 표이다. 각 전기기구가 1일 동안 사용하는 전력량의 크기를 바르게 나타낸 것은?

구분	소비전력(W)	1일 사용 시간(h)
A	45	5
B	240	2.5
C	128	0.5
D	75	3

① B>A=D>C

② B>A>C>D

③ D>B>A>C

④ C>A>B=D

⑤ D>A>C>B

19 다음은 오른쪽으로 진행하는 파동을 나타낸 것으로, 실선 모양의 파동이 0.4초 동안 2m 이동하여 점선의 모양으로 되었다. 이 파동의 속력은?

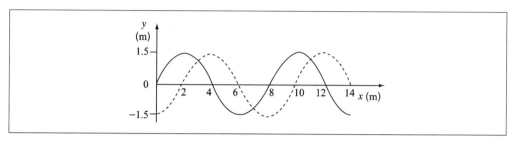

① 5m/s ② 10m/s

③ 15m/s ④ 20m/s

⑤ 25m/s

20 다음 중 전자기파를 파장이 짧은 영역부터 나열한 것은?

① 적외선－가시광선－자외선－X선

② 가시광선－적외선－자외선－X선

③ 자외선－X선－가시광선－적외선

④ X선－자외선－가시광선－적외선

⑤ X선－가시광선－적외선－자외선

07 | 기계기능이해력 핵심이론

| 기계의 이해 |

1. 우리 생활과 기계

(1) 기계의 뜻

① 기계 : 외부로부터 에너지를 받아 일정한 운동을 함으로써 유용한 일을 하는 장치

② 기계의 조건

　㉠ 몇 개의 부품들로 구성되어 있다.

　㉡ 외부에서 가해진 힘에 견딜 수 있는 충분한 강도를 가져야 한다.

　㉢ 부품들이 일정한 상호 운동을 한다.

　㉣ 에너지를 공급받아 일정한 일을 한다.

(2) 기계의 구성

① 외부로부터 동력을 받아들이는 부분

② 받아들인 동력을 전달하는 부분

③ 전달받은 동력을 이용하여 일을 하는 부분

④ 이들을 고정하거나 받쳐주는 부분

(3) 기계의 기본 원리

① 빗면의 이용 : 기울어진 면을 이용하여 일을 함

② 지렛대의 이용 : 힘과 거리와의 비를 이용하여 적은 힘으로 큰 힘을 냄

　㉠ 받침점 : 지레를 괸 고정된 점

　㉡ 작용점 : 물체에 힘이 작용하는 점

　㉢ 힘점 : 지레에서 힘을 주는 점

③ 도르래의 이용 : 바퀴를 이용하여 힘의 방향을 바꾸어 적은 힘으로 무거운 물체를 들어 올림

④ 나사의 원리 이용 : 축의 둘레에 매우 긴 경사면에 단면을 깎아 이용

⑤ 바퀴의 이용 : 바닥과의 마찰을 줄여 물건을 쉽게 옮김

2. 기계의 발달 과정

(1) 금속 활자의 발명

13세기 초(1234년) 고려 시대에 세계 최초의 금속 활자를 만들어 책(상정고금예문)을 인쇄하였다.

(2) 측우기의 발명

세종 때에 세계에서 최초로 측우기를 만들어 강우량을 측정함으로써 농사에 도움이 되도록 하였다.

(3) 공작 기계의 발명

18세기경에 기계를 만드는 공작 기계를 발명하였다.

※ 공작 기계 : 기계를 만드는 기계로서 선반, 셰이퍼, 드릴링 머신, 밀링 머신, 프레스, 연삭기, 보링 머신 등이 있다.

(4) 방적기와 방직기의 발명

18세기경에 수력을 이용하는 방적기와 방직기를 발명하였다.

(5) 증기 기관의 발명

18세기 후반 영국의 제임스 와트(James Watt)가 발명하였다. 증기 기관이 동력으로 이용되면서 대량 생산이 가능해졌으며, 산업 혁명의 직접적인 계기가 되었다.

(6) 내연 기관의 발명

19세기 후반에는 가솔린 기관, 디젤 기관 등의 내연 기관이 발명되어 교통수단이 눈부시게 발전하는 계기가 되었다.

(7) 로봇의 발명

현대에는 자동차와 항공기 등의 다양한 기계들이 사용되며, 인간 대신 여러 가지 일을 수행하는 로봇이 널리 이용되고 있다. 미래에는 지능형 로봇, 무인 항공기, 하늘을 나는 자동차 등이 일반화될 전망이다.

3. 기계의 분류

(1) 기계의 종류

① 가정용 기계 : 전기 선풍기, 전기 냉장고, 전기 세탁기, 믹서기, 전기 재봉틀 등
② 수송용 기계 : 자전거, 자동차, 기차, 비행기, 선박 등
③ 농업용 기계 : 경운기, 이앙기, 트랙터 등
④ 사무용 기계 : 전화, 팩시밀리, 복사기, 컴퓨터 등
⑤ 그 밖의 기계 : 의료용 기계, 건설 기계, 제조용 기계 등

(2) 기계의 발달과 생활

① 기계 발달의 혜택 : 편안한 가정생활, 편리한 여행, 신속한 제품 운송, 노동 생산성 향상, 풍요로운 생활, 사무 처리의 효율화, 공장 작업의 자동화, 시간적 · 공간적 거리 단축, 신속 · 정확한 정보 입수가 가능해졌다.
② 기계와 미래 생활 : 우리의 생활을 더욱 편리하고 윤택하게 하는 데 이용될 것이다.

| 기계요소 |

1. 결합용 기계요소

(1) 기계요소의 뜻

① 기계와 기계요소 : 우리가 사용하고 있는 기계들은 나사, 볼트, 너트, 축, 기어, 스프링 등의 여러 가지 부품으로 되어 있다.
② 기계요소의 뜻 : 여러 가지 기계에 기본적이며 공통으로 사용되는 기계 부품을 기계요소(Machine Element)라 한다.

(2) 기계요소의 구분(사용 목적에 따라)

구분	사용 부분	기계 요소
결합용 기계요소	두 개의 부품을 결합시키는 데 사용	나사, 볼트, 너트, 핀, 키, 리벳 등
축용 기계요소	측부분에 사용	축, 베어링, 클러치 등
전동용 기계요소	운동이나 동력을 전달하는 데 사용	마찰차, 기어, 캠, 링크, 로프, 풀리, 체인 등
관용 기계요소	기체 및 액체 등의 유체수송에 사용	파이프, 파이프 이음, 밸브, 콕 등
기타	기타 완충용, 제동용에 사용	스프링, 브레이크 등

(3) 나사

① **나사의 원리** : 그림과 같이 쇠막대에 직각삼각형의 종이를 감으면 종이의 빗변이 쇠막대의 둘레에 곡선을 만드는데, 이 곡선을 나사선(Screw Heliex)이라 한다.

〈나사의 원리〉

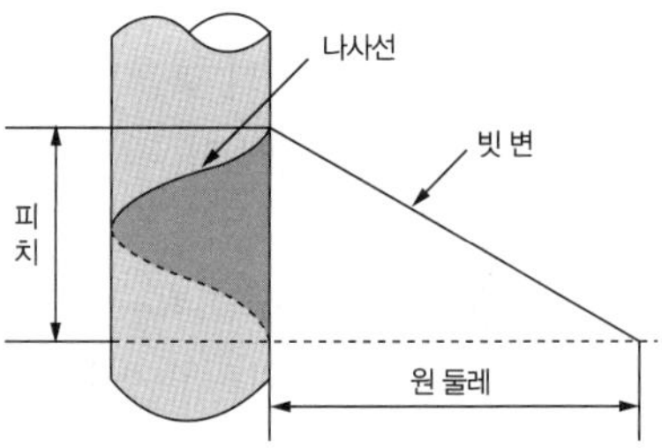

② **나사에 관한 용어**

　㉠ 나사산 : 나사에서 볼록 나온 부분을 나사산(Screw Thread)이라 한다.

　㉡ 나사골 : 나사에서 오목 들어간 낮은 홈 부분을 나사골(Screw Root)이라 한다.

　㉢ 피치(Pitch) : 주어진 나사산에서 바로 그 다음 나사산까지의 거리를 말한다.

　㉣ 리드(Lead) : 나사가 한 바퀴 돌 때 축 방향으로 움직인 거리를 말한다.

　㉤ 바깥지름 : 나사의 산마루에 접하는 가상의 지름을 말한다.

　㉥ 안지름 : 암나사의 산마루에 접하는 가상의 지름을 말한다.

　㉦ 골지름 : 수나사 및 암나사의 골에 접하는 가상의 지름을 말한다. 골지름은 수나사에서는 최소 지름이고, 암나사에서는 최대 지름에 해당한다.

③ **나사의 크기** : 수나사의 바깥지름으로 나타내며, 이것을 호칭 치수라 한다.

④ **나사의 규격화** : 나사를 생산하고 활용하는 데 편리하도록 나사산의 모양, 지름, 피치 등을 한국 산업 규격(KS)으로 정해 놓고 있으며, 나라 사이에도 국제 규격으로 표준화하고 있다.

⑤ **나사의 종류**

　㉠ 나사 위치에 따라 : 수나사, 암나사

　　• 수나사 : 원통의 표면에 홈을 판 나사

　　• 암나사 : 원통의 내면에 홈을 판 나사

　㉡ 감긴 방법에 따라 : 오른나사, 왼나사

　　• 오른나사 : 오른쪽으로 돌릴 때 조여지는 나사

　　• 왼나사 : 왼쪽으로 돌릴 때 조여지는 나사

　㉢ 나사산 줄 수에 따라 : 1열 나사, 다열 나사

　㉣ 나사산 모양에 따라 : 삼각나사, 사각나사, 사다리꼴나사, 톱니나사, 둥근나사

　　• 삼각나사 : 결합용으로 2개 이상의 물체를 고정

　　• 사각나사 : 전동용으로 힘 전달

　　• 사다리꼴나사 : 전동용으로 힘 전달(운동 전달)

　　• 톱니나사 : 한쪽 방향으로 센 힘 전달

　　• 둥근나사 : 먼지가 들어가기 쉬운 곳

⑥ 볼트와 너트

　　㉠ 볼트(Bolt) : 머리 달린 둥근 강철 막대에 수나사를 깎아놓은 것이다.

　　㉡ 너트(Nut) : 두꺼운 강편에 암나사를 깎아 놓은 것이다.

　　㉢ 볼트와 너트의 모양 : 스패너 등으로 죄기 편하도록 볼트의 머리 부분
　　　과 너트의 바깥 부분이 육각 또는 사각을 이루고 있다.

〈볼트와 너트〉

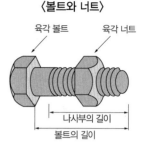

(4) 핀과 키

① 핀(Pin) : 큰 힘이 걸리지 않는 부품을 고정하거나 풀림을 방지하는 데 사용하며 종류는 다음과 같다.

　㉠ 평행 핀 : 굵기가 일정한 둥근 막대로 된 핀 → 빠질 염려가 없는 곳에 사용

　㉡ 테이퍼 핀 : 끝이 점점 가늘어지는 원뿔 막대로 된 핀이다. → 벨트 풀리, 핸들 등을 고정할 때 사용

　㉢ 분할 핀 : 핀을 꽂은 다음 끝을 벌려서 빠지지 않게 하는 핀 → 볼트, 너트 등의 풀림 방지에 사용

〈핀의 종류〉

평행 핀	테이퍼 핀	분할 핀
부품의 결합에 쓰인다.	자전거의 크랭크 축과 크랭크를 결합한다.	너트의 풀림을 방지한다.

　㉣ 키(Key) : 회전력을 전달하기 위하여 축에 벨트 풀리, 기어 등을 고정시키는 데 사용한다.
　　→ 용도나 모양에 따라 평행 키, 테이퍼 키, 비녀 키, 안장 키, 묻힘 키, 평키 등이 있다.

(5) 축(Shaft)

① **축의 모양** : 일반적으로 원형 단면을 가지는 회전체의 중심 쇠막대 → 기어, 바퀴, 풀리 등을 끼워 회전
시킨다.

② **축의 종류**

　㉠ 차축 : 축은 고정되고 바퀴만 회전 → 철도 차량의 축, 앞바퀴 구동식 자동차의 뒷바퀴축 등

　㉡ 전동축 : 축과 바퀴가 고정되어 함께 회전하는 축 → 전동기의 축, 발전기의 축 등

　㉢ 크랭크축 : 왕복 운동을 회전 운동으로 바꾸어 주는 축이다.

　㉣ 휨축 : 축의 방향을 자유롭게 변화시킬 수 있는 축 → 주로 작은 동력의 전달에 사용

(6) 베어링(Bearing)

① **베어링의 작용** : 회전축을 받쳐 주는 기계요소로서, 회전할 때 마찰을 적게 해 주는 역할을 한다.

② **미끄럼 베어링** : 접촉 면적이 넓고 큰 힘을 지탱할 수 있어서 회전속도가 느리고 큰 힘을 받는 축에 쓰인다.

③ **구름 베어링** : 접촉 면적이 좁고 구름 운동을 하므로, 동력 손실이 적고 고속 회전에 적합하다.

> • 볼 베어링 : 점 접촉에 의해 축을 받친다. 롤러 베어링보다 접촉면이 작아 마찰력이 적으므로 고속 회전용 축에 알맞다.
> • 롤러 베어링 : 선 접촉에 의해 축을 받친다. 볼 베어링보다 접촉 면적이 넓어 마찰이 크다.

2. 동력 전달용 기계요소

(1) 마찰차

마찰하는 원동차와 종동차의 2개의 바퀴를 접촉시켜, 그 접촉면에서 발생하는 마찰력을 이용하여 두 축 사이에 동력을 전달한다.

① **마찰차의 전동의 특징**

　㉠ 2개의 바퀴가 구름 접촉을 하면서 회전하므로 약간의 미끄럼이 있어 확실한 회전 운동의 전동이나 큰 전동에는 부적합하다.

　㉡ 운전 중 접촉을 분리시키지 않고 마찰차를 이동시킬 수 있다.

② **마찰차의 종류**

　㉠ 평 마찰차 : 마찰면이 평면이며, 두 축이 평행할 때 사용한다.

　㉡ 원추 마찰차 : 마찰면이 원뿔 모양이며, 두 축이 교차할 때 사용한다.

　㉢ V홈 마찰차 : 마찰면이 V자 모양이며, 평 마찰차보다 마찰력이 커서 미끄럼이 적다.

(2) 기어

기어는 마찰차의 접촉면에 이(Tooth)를 만들어 서로 물려 돌아갈 수 있도록 한 기계요소로서, 한 쌍의 기어 이가 서로 물려 동력을 전달한다.

① **기어 전동의 특징** : 기어의 잇수를 바꿈에 따라 회전수가 바뀌며, 두 축이 평행하지 않아도 회전을 확실하게 전달하고 내구성이 크다.

② **기어 전동의 용도** : 기어 전동은 정확한 속도비를 필요로 하는 전동 장치, 변속 장치 등에 널리 쓰인다.

③ **기어의 종류** : 회전 운동을 전달하는 두 축 사이의 위치, 이의 모양, 회전 방향, 속도비 등에 따라 여러 가지 종류로 구분할 수 있다.

　㉠ 두 축이 평행한 기어 : 평기어, 헬리컬 기어, 래크와 피니언

　㉡ 두 축이 교차된 기어 : 베벨 기어

　㉢ 두 축이 평행 또는 교차하지 않는 기어 : 웜과 웜 기어, 스크루 기어

구분	모양	특징 및 용도
평기어		• 줄이 축의 중심선에 나란하다. • 두 축이 평행할 때 쓰인다. • 시계, 선반, 내연 기관 등에 쓰인다.
헬리컬 기어		• 이의 물림이 원활하고 진동과 소음이 적다. • 두 축이 평행할 때 쓰인다. • 시계, 공작 기계, 내연 기관 등에 쓰인다.
래크와 피니언	피니언 래크	• 회전 운동을 직선 운동으로 바꾸거나 그 반대로 바꾼다. • 선반, 탁상 드릴링 머신, 사진기, 공작 기계의 이송 장치 등에 쓰인다.
베벨 기어		• 회전 방향을 직각으로 바꾼다. • 두 축이 교차하는 곳에 쓰인다. • 핸드 드릴, 자동차의 구동 장치 등에 쓰인다.
웜과 웜 기어	웜 웜 기어	• 큰 감속비를 얻을 수 있다. • 두 축이 평행하지도 교차하지도 않는 곳에 쓰인다. • 멍키 스패너, 감속 장치 등에 쓰인다.
스크루 기어		• 나사선에 따라 이를 만들었다. • 두 축이 평행하지도 교차하지도 않는 곳에 쓰인다. • 큰 감속비를 얻을 수 있다. • 감속 장치 등에 쓰인다.

(3) 캠 전동

원동절의 회전 운동을 종동절의 직선 운동이나 왕복 운동으로 바꾸는 전동 기구로, 둥근 모양이나 홈을 가지는 판 또는 원통, 구 모양이다.

① 캠의 종류 : 평면 캠과 입체 캠이 있다.

   ㉠ 평면 캠(Plane Cam) : 접촉 부분이 평면 운동을 하는 것으로 판 캠, 직동 캠 등이 있다.

   ㉡ 입체 캠(Soild Cam) : 접촉 부분이 입체적인 운동을 하는 것으로 원통 캠, 구면 캠, 단면캠 등이 있다.

② 캠의 용도 : 재봉틀, 내연 기관, 방직기 등에 널리 쓰인다.

〈캠의 종류〉

판 캠	직동 캠	원통 캠	구면 캠	단면 캠

(4) 링크 장치(Link Work)

몇 개의 가늘고 긴 막대를 핀으로 결합시켜 원동절의 일정한 운동을 받아 종동절로 하여금 여러 가지 다른 운동을 하도록 꾸며진 운동 전달 장치이다.

① 탁상 재봉틀 : 발판의 흔들이 운동으로 벨트 바퀴가 회전 운동을 한다.

② 자동차의 엔진 : 피스톤의 직선 왕복 운동으로 크랭크축이 회전 운동을 한다.

③ 자전거 : 다리의 상하 운동으로 큰 스프로킷이 회전 운동을 한다.

(5) 체인 전동

체인을 스프로킷(체인 기어)의 이에 하나씩 물리게 하여 동력을 전달하는 장치이다.

① 체인 전동의 용도 : 축 간 거리가 멀어서 기어전동을 할 수 없는 곳이나, 확실한 전동이 필요한 곳에 사용한다.

② 체인 전동의 장·단점

   ㉠ 장점 : 미끄럼 없이 큰 동력을 확실하고 효율적으로 전달할 수 있다.

   ㉡ 단점 : 소음과 진동을 일으키기 쉬워 고속 회전에는 부적합하다.

③ 체인의 종류 : 롤러 체인과 소리가 나지 않는 사일런트 체인이 많이 사용된다.

④ 체인 전동의 이용 : 자전거, 오토바이, 농업 기계 등에 쓰인다.

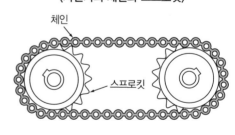

〈자전거의 체인과 스프로킷〉

체인

스프로킷

(6) 벨트 전동

① **벨트 전동 장치** : 벨트와 벨트 풀리 사이의 마찰력에 의하여 힘과 운동을 전달하는 장치이다.

② **벨트 전동의 특징** : 벨트와 벨트 풀리 사이의 마찰력을 이용하여 동력을 전달하므로 정확한 회전비나 큰 동력의 전달에는 부적합하다.

③ **벨트 전동의 용도**

  ㉠ 기어 전동, 마찰차 전동처럼 직접 동력을 전달할 수 없는 곳에 쓰인다.

  ㉡ 동력을 전달하는 두 축 사이의 거리가 비교적 먼 곳에 쓰인다.

④ **벨트를 거는 방법**

  ㉠ 바로 걸기 : 원동차와 종동차가 같은 방향으로 회전하도록 거는 방법이다.

  ㉡ 엇걸기 : 원동차와 종동차가 서로 반대 방향으로 회전하도록 거는 방법이다.

⑤ **벨트의 종류** : 벨트 단면의 모양에 따라 평벨트와 V벨트 등이 있으며, 그에 따라 벨트 풀리의 모양도 다르다.

⑥ **벨트의 재질** : 가죽, 고무, 직물 등으로 만들고, 재봉틀의 전동, 탁상 드릴링 머신의 전동, 자동차의 냉각 팬 전동 등에 이용된다.

(7) 로프 전동

풀리의 링에 홈을 파고 여기에 로프를 걸어감아 힘과 운동을 전달한다.

① **로프 전동의 특징** : 평벨트보다 미끄럼이 적어 두 축 사이가 멀 때 사용되며, 큰 동력을 전달하는 곳과 고속 회전에 적합하다.

② **로프의 재질과 이용** : 와이어, 가죽, 섬유 등으로 만들며, 케이블카, 엘리베이터, 크레인 등에 이용된다.

3. 관용 기계요소

(1) 관(Pipe)

자전거의 프레임과 같이 구조물의 부재로도 쓰이나 주로 가스, 물, 기름, 증기 등의 유체를 수송하는 통로로 쓰인다.

① **관의 종류**

  ㉠ 금속관 : 강관, 주철관, 구리관, 황동관 등

  ㉡ 비금속관 : PVC관, 고무관, 콘크리트관 등

② **관이음쇠** : 관을 잇거나 방향을 바꾸는 경우에 쓰이는 부속품으로 엘보, 티, 크로스, 유니언 등이 있다.

〈여러 가지 관이음 재료〉

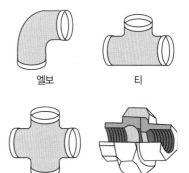

엘보   티

크로스   유니언

(2) 밸브(Valve)

물, 가스, 기름 등의 유체의 흐르는 양과 압력을 조절하거나 흐르는 방향을 바꾸어 준다.

① 글로브 밸브 : 유체의 입구와 출구가 일직선상에 있어, 유체의 흐름 방향이 바뀌지 않는다.

② 앵글 밸브 : 유체의 입구와 출구가 직각으로 되어 있어, 유체의 흐름 방향이 90°로 바뀐다.

③ 스톱 밸브 : 일반적으로 많이 쓰이는 밸브로, 유체의 양을 조절하거나 막는 데 쓰인다. 스톱밸브에는 글로브 밸브와 앵글 밸브가 있다.

④ 단속 밸브 : 유체의 흐름에 대하여 직각으로 여닫는 구조로 되어 있어서 밸브가 완전히 열려 있을 때에는 유체의 흐름에 대한 저항이 작으나, 반쯤 열렸을 때에는 뒷면에 맴돌이 현상을 일으키는 단점이 있다.

⑤ 체크 밸브 : 유체를 한쪽 방향으로만 흐르게 하고 반대 방향으로는 흐르지 못하게 한다. → 펌프, 보일러 등에 쓰인다.

⑥ 콕 : 손잡이를 90°로 돌려서 여닫는 구조로, 빠르게 여닫을 수 있는 장점이 있으나, 지름이 큰 파이프나 압력이 큰 곳에는 적합하지 못하다. → 가스 콕, 연료 콕, 샤워 콕 등에 많이 쓰인다.

4. 그 밖의 기계요소

(1) 스프링(Spring)

물체의 탄성을 이용하여 외부의 충격이나 진동을 줄여 주고 에너지를 축적하여 다른 물체를 움직이는 데 쓰이며 종류는 다음과 같다.

① 코일 스프링 : 자전거의 안장과 받침대, 의자, 침대, 볼펜, 철도 차량 등에 쓰인다.

② 판 스프링 : 자동차의 현가 장치 등에 쓰인다.

③ 스파이어럴 스프링 : 시계나 완구 등의 동력원으로 쓰인다.

(2) 브레이크(Brake)

기계의 운동 에너지를 마찰력에 의하여 그 속도를 줄이거나 정지시키는 기계요소로 그 종류는 다음과 같다.

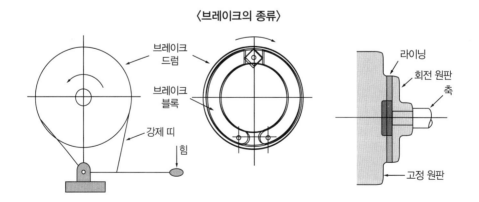

〈브레이크의 종류〉

① 블록 브레이크 : 회전축에 고정된 브레이크 드럼에 브레이크 블록을 접촉시킬 때 생기는 마찰력으로 제동한다. → 자전거의 앞바퀴, 기차 바퀴 등에 쓰인다.

② 띠 브레이크 : 브레이크 드럼 둘레에 띠를 감아 잡아당겨 브레이크 드럼과 띠 표면의 마찰력에 의하여 제동한다. → 자전거의 뒷바퀴, 자동차의 핸드 브레이크 등에 쓰인다.

③ 원판 브레이크 : 축과 함께 회전하는 원판을 고정 원판에 접촉시켜, 접촉면 사이의 마찰력에 의하여 제동한다. → 오토바이나 자동차 등에 쓰인다.

※ 전자식 브레이크 : 운동 에너지를 전기 에너지로 바꾸어서 제동한다. 일반 기계나 공작 기계에 주로 사용되며, 최근에는 자동차에도 널리 사용되고 있다.

5. 자전거

(1) 자전거의 발달

① 자전거의 시초 : 1790년 프랑스의 시브라크가 2개의 바퀴를 나무토막으로 연결시켜 만들었다.

② 자전거의 개량 : 오늘날과 같은 구조의 자전거는 1885년에 만들어졌으며, 그 후 계속적으로 개량되어 왔다.

(2) 자전거의 구조

① 차체 부분 : 몸체를 구성하는 부분 → 허브, 행어, 흙받이, 안장 등에 쓰인다.

② 힘 및 운동을 전달하는 부분 : 페달을 밟으면 힘과 운동을 이어받아 뒤허브축을 돌려 뒷바퀴를 회전시키는 부분 → 페달, 크랭크축, 크랭크, 큰 스프로킷, 체인 등에 쓰인다.

③ 제동 부분 : 바퀴의 회전 운동을 제동시켜 멈추게 하는 부분 → 브레이크, 브레이크 레버, 와이어 등에 쓰인다.

④ 조향 부분 : 자전거의 진행 방향을 조정하는 부분 → 핸들, 핸들 바, 손잡이 등에 쓰인다.

⑤ 차륜 부분 : 바퀴를 구성하는 부분으로 림, 스포크, 타이어 등으로 구성되어 있다.

⑥ 기타 부분 : 그 밖의 자전거 구성 부분으로는 안장 코일 스프링, 짐받이, 스탠드, 체인 케이스 등으로 구성되어 있다.

(3) 구동력의 전달

① 동력 전달 과정

페달 → 크랭크 → 크랭크축 → 큰 스프로킷 → 체인 → 작은 스프로킷 → 뒤허브축 → 뒷바퀴

※ 크랭크축의 작용 : 페달의 왕복 운동을 회전 운동으로 바꾸어 큰 스프로깃을 회진시킨다.

② 제동 과정

브레이크 레버 → 와이어(쇠봉) → 앞 · 뒤 브레이크 → 앞 · 뒷바퀴

정답 및 해설 p.016

01 다음 중 산업 혁명의 직접적인 계기가 된 사건은?

① 공작 기계의 발명
② 방적기와 방직기의 발명
③ 증기 기관의 발명
④ 내연 기관의 발명
⑤ 로봇의 발명

02 다음 중 자전거의 동력 전달 과정을 바르게 나열한 것은?

① 페달 ─ 크랭크축 ─ 크랭크 ─ 큰 스프로킷 ─ 작은 스프로킷 ─ 체인 ─ 뒤허브축 ─ 뒷바퀴
② 페달 ─ 크랭크축 ─ 크랭크 ─ 큰 스프로킷 ─ 체인 ─ 작은 스프로킷 ─ 뒤허브축 ─ 뒷바퀴
③ 페달 ─ 크랭크 ─ 크랭크축 ─ 큰 스프로킷 ─ 작은 스프로킷 ─ 체인 ─ 뒤허브축 ─ 뒷바퀴
④ 페달 ─ 크랭크 ─ 크랭크축 ─ 큰 스프로킷 ─ 체인 ─ 작은 스프로킷 ─ 뒤허브축 ─ 뒷바퀴
⑤ 페달 ─ 크랭크 ─ 크랭크축 ─ 작은 스프로킷 ─ 체인 ─ 큰 스프로킷 ─ 뒤허브축 ─ 뒷바퀴

03 다음 중 체인 전동에 대한 설명으로 적절하지 않은 것은?

① 체인을 스프로킷의 이에 하나씩 물리게 하여 동력을 전달하는 장치이다.
② 축 간 거리가 멀어서 기어 전동을 할 수 없는 곳에 사용한다.
③ 미끄럼 없이 큰 동력을 확실하고 효율적으로 전달할 수 있다.
④ 소음과 진동이 적어 고속 회전에 쓰기에 용이하다.
⑤ 롤러 체인과 소리가 나지 않는 사일런트 체인이 많이 사용된다.

04 다음 중 사무용 기계에 해당되는 것은?

① 컴퓨터 ② 경운기
③ 방적기 ④ 심전도계
⑤ 자동차

05 다음 중 18세기에 발명된 동력 발생 장치는?

① 2차 전지 ② 화력발전
③ 내연 기관 ④ 증기 기관
⑤ 수력발전

06 다음 중 마찰력을 이용한 전동 장치만으로 짝지어진 것은?

① 체인 — 링크 ② 벨트 — 기어
③ 벨트 — 마찰차 ④ 로프 — 체인
⑤ 체인 — 벨트

07 다음 중 탄성을 이용하는 기계 요소는?

① 나사 ② 기어
③ 스프링 ④ 브레이크
⑤ 체인

08 다음 중 전동용 기계 요소만으로 짝지어진 것은?

① 스프링 − 브레이크　　　　　② 축 − 베어링

③ 나사 − 핀　　　　　　　　　④ 마찰차 − 기어

⑤ 나사 − 기어

09 다음 중 결합용 기계 요소만으로 짝지어진 것은?

① 기어 − 너트　　　　　　　　② 볼트 − 키

③ 링크 − 리벳　　　　　　　　④ 축 − 나사

⑤ 기어 − 나사

10 다음 중 나사를 수나사와 암나사로 분류하는 기준은?

① 나사의 위치　　　　　　　　② 나사의 크기

③ 나사의 죔 방법　　　　　　　④ 나사산 줄 수

⑤ 나사의 방향

11 브레이크 띠를 화살표와 같이 작동하려면 크랭크는 어느 방향으로 작동하는가?

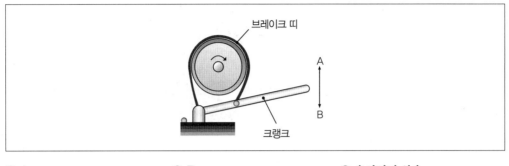

① A   ② B   ③ 움직이지 않음

12 다음의 나사를 시계 반대 방향으로 돌리면 나사는 어느 쪽으로 진행하는가?

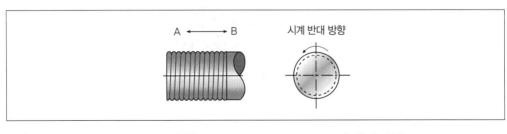

① A   ② B   ③ 알 수 없음

13 다음의 작은 기어를 시계 방향으로 돌리면 큰 기어는 어느 쪽으로 회전하는가?

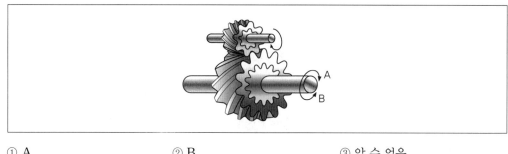

① A   ② B   ③ 알 수 없음

14 다음의 작은 기어를 시계 방향으로 돌리면 큰 기어는 어느 쪽으로 회전하는가?

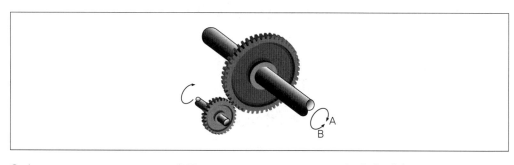

① A   ② B   ③ 알 수 없음

15 다음의 웜을 시계 반대 방향으로 돌리면 웜 기어는 어느 쪽으로 회전하는가?

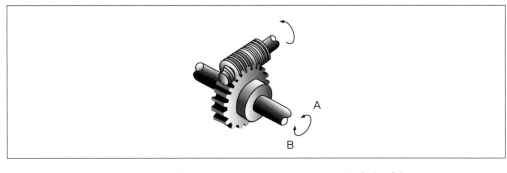

① A   ② B   ③ 알 수 없음

16 (가) 기어의 회전 방향은 어느 쪽인가?

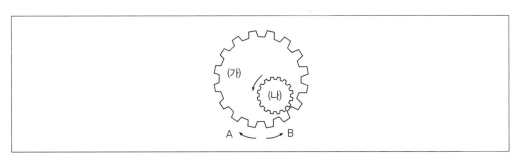

① A   ② B   ③ 움직이지 않음

17 (다) 기어의 회전 방향은 어느 쪽인가?

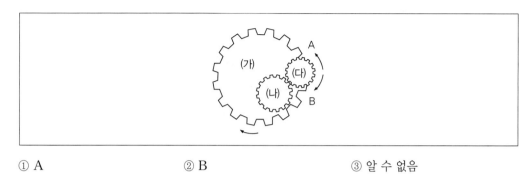

① A   ② B   ③ 알 수 없음

18 (가) 기어의 회전 방향은 어느 쪽인가?

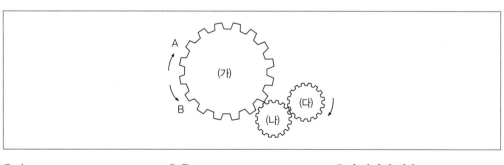

① A   ② B   ③ 움직이지 않음

19 (라) 기어의 회전 방향은 어느 쪽인가?

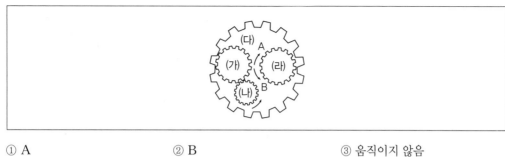

① A   ② B   ③ 움직이지 않음

20 (가) 기어의 회전 방향은 어느 쪽인가?

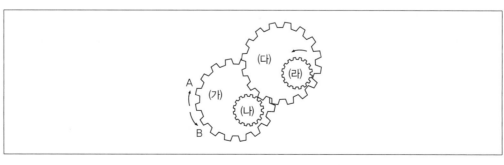

① A   ② B   ③ 움직이지 않음

08 | 자동차구조학 핵심이론

| 자동차 기초 |

자동차란 차체에 설치한 기관의 동력을 이용하여 레일에 의하지 않고 도로상을 자유롭게 주행할 수 있는 운반구를 말하며, 다음과 같이 분류된다.

01 ▶ 자동차의 분류

1. 구조 및 기능에 의한 분류

(1) 기관과 에너지원에 의한 분류

① 내연기관 자동차
  ㉠ 가솔린 자동차
  ㉡ 디젤 자동차
  ㉢ 로터리엔진 자동차
  ㉣ 가스터빈 자동차
② 전기 자동차 : 축전지를 탑재하여 전기에너지로 전동기를 회전시켜 차륜을 구동한다.

(2) 기관 위치에 따른 분류

① 전기관 자동차(Front Engine Vehicle)
② 후기관 자동차(Rear Engine Vehicle)
③ 바닥 밑 기관 자동차(Under Floor Engine Vehicle)
④ 언더시트 엔진 자동차(Under Seat Engine Vehicle)
⑤ 중앙배치 기관 자동차(Midship Vehicle)

(3) 구동방식에 의한 분류

① 전륜구동 자동차(FF 방식; Front Engine-Front Drive) : 전륜에 동력을 전달하여 구동하는 자동차로서 소형 및 중형 승용차의 주류를 이룬다.
② 후륜구동 자동차 : 후륜에 동력을 전달하여 구동하는 자동차이다.
  ㉠ FR 방식(Front Engine-Rear Drive) : 기관을 전부에 비치하고 후륜을 구동하는 승용차로 중 · 대형 차량에 많다.
  ㉡ RR 방식(Rear Engine-Rear Drive) : 기관을 후부에 비치하고 후륜을 구동하는 승용차이다.
③ 총륜구동 자동차 : 전후의 모든 차륜에 동력을 전달하여 구동할 수 있는 자동차이며, 4륜구동 자동차, 6륜구동 자동차가 있다.

2. 차체의 형태에 의한 분류

(1) 형상에 의한 분류

① 승용차

ㄱ 세단(Sedan) : 고정된 지붕이 있고 앞뒤 2열의 좌석이 구비된 상자형으로 운전석과 객석 사이에 칸막이가 없다. 도어 수에 따라 2도어 세단, 4도어 세단으로 분류된다.

ㄴ 리무진(Limousine) : 외관은 세단과 같으나 운전석과 객석 사이에 유리칸막이를 설치하여 뒷좌석의 승객을 중시한 상자형 승용차이다.

ㄷ 쿠페(Coupe) : 1열 또는 앞좌석의 승객을 중시한 2열 좌석을 설치한 2도어 상자형 승용차이다.

ㄹ 컨버터블(Convertible) : 접을 수 있는 포장형 지붕으로 된 승용차를 말한다.

ㅁ 하드톱(Hard Top) : 외관은 컨버터블과 비슷하나 지붕이 금속성의 것으로 고정되어 있다. 일반적으로 문에 틀이 없고 중간 기둥이 없는 세단 또는 쿠페형 차를 가리킨다.

ㅂ 스테이션 왜곤(Station Wagon) : 세단의 변형으로서 좌석을 밀게 하여 그 뒷부분을 화물실로 하고 뒷면에도 문을 설치한 승용차이다.

② 버스

ㄱ 보닛 버스(Bonnet Bus) : 운전석이 기관을 덮고 있는 보닛의 후방에 위치하고 있는 버스

ㄴ 캡오버 버스(Cab over Bus) : 운전석이 기관의 위에 위치하고 있는 버스

ㄷ 상자형 버스(Coach Bus) : 기관을 후부에 설치하여 돌기를 없앤 것으로 전체가 상자형의 버스

ㄹ 라이트 버스(Light Bus) : 승차정원 30명 미만의 중형버스

ㅁ 마이크로 버스(Micro Bus) : 승차정원 10명 내외 정도의 소형버스

③ 트럭

ㄱ 보닛 트럭 : 기관을 덮고 있는 보닛의 후방에 운전대가 위치하고 있는 트럭

ㄴ 캡오버 트럭 : 운전대가 기관의 위에 위치하고 있는 트럭

ㄷ 패널 밴 : 운전실과 화물실이 일체로 되어 있고, 화물실도 고정된 지붕을 가지는 상자형 트럭

ㄹ 라이트 밴 : 소형의 패널 밴의 트럭

ㅁ 픽업 : 지붕이 없는 화물실을 운전실의 후방에 설치한 소형트럭

④ 트레일러 트럭

ㄱ 세미트레일러 트럭 : 견인하기 위한 세미트레일러 트랙터와 화물을 적재하기 위한 세미트레일러를 연결한 트럭

ㄴ 풀트레일러 트럭 : 트랙터와 풀트레일러를 연결한 트럭

ㄷ 복식트레일러 트럭 : 세미트레일러 트럭에 돌리를 사용하여 두 번째 세미트레일러를 연결한 트럭 또는 세미트레일러 트럭에 풀트레일러를 연결한 트럭

(2) 용도에 따른 분류

    ① 소형 승용차

    ② 스포츠카

    ③ 화물승용 겸용차

    ④ 화물 자동차

    ⑤ 승합 자동차

    ⑥ 특별 용도차(구급차, 우편차, 냉장차 등)

    ⑦ 특별 장비차(탱크차, 덤프차, 소방차 등)

    ⑧ 특수차(트랙터, 포크리프트, 트럭 기중기 등)

02 ▶ 자동차의 제원

1. 치수

(1) 전길이

자동차의 중심면 및 접지면에서 평행으로 측정하였을 때 부속물(범퍼, 미등 등)을 포함하는 자동차의 최전단에서 최후단까지의 거리

(2) 전너비

자동차의 중심면에서 직각으로 측정하였을 때 부속물을 포함하여 가장 넓은 곳의 폭(하대 및 환기장치는 닫힌 상태, 백미러는 포함하지 않음)

(3) 전높이

접지면에서 자동차 최정상부까지의 높이(안테나는 제외한다)

(4) 최저 지상 높이

접지면과 자동차 중앙부분의 최하부와의 거리

(5) 실내 치수

    ① 길이 : 계기반으로부터 최후단 좌석의 등받이까지의 길이

    ② 폭 : 객실 중앙부의 최대폭

    ③ 높이 : 차량 중심선 부근의 바닥 면으로부터 천장까지의 연직 최대 거리

2. 차륜, 차축

(1) 축간 거리

앞뒤 차축의 중심 사이의 거리

(2) 윤간 거리

좌우 타이어의 접지면 중심 사이의 거리

(3) 오버행(Over Hang)

① 앞오버행 : 최전부 차축의 중심을 지나는 수직 평면에서 자동차의 최전부까지의 거리
② 뒤오버행 : 최후부 차축의 중심을 지나는 수직면에서 자동차의 최후부까지의 수평거리

(4) 오버행 각

① 앞오버행 각 : 자동차 앞부분 하단에서 앞바퀴 타이어의 바깥둘레에 그은 선과 지면이 이루는 최소 각도
② 뒤오버행 각 : 자동차 하단에서 뒷바퀴 타이어의 바깥둘레에 그은 선과 지면이 이루는 최소 각도

(5) 램프 각

앞뒤 타이어의 외주에 접하는 2직선의 교점에서 2접선이 이루는 각의 보각의 최솟값을 말한다.

(6) 뱅크 각

2륜 자동차의 외측 하단으로부터 전륜 및 후륜의 타이어의 바깥쪽 면에 접하는 평면과 접지면이 이루는 최소 각도를 말한다.

3. 주행성능의 제원

(1) 연료 소비율

① 자동차가 단위 주행거리당 또는 단위 시간당 소비하는 연료량으로서 l/km 또는 l/h로 표시한다.
② 자동차가 연료의 단위 용량당 주행하는 거리로서 km/l로 표시한다.

(2) 브레이크 징지거리

자동차가 어느 초속도로 주행 중에 운전자가 가속 페달에서 브레이크 페달로 바꾸었을 때부터 자동차가 정지할 때까지 주행한 거리이다.

(3) 등반능력

자동차의 최대 적재상태에 있어서 경사도로를 오를 수 있는 능력을 말하며, 그 최대 경사각의 탄젠트(tan)의 값으로 나타낸다.

(4) 최소 선회 반지름

자동차가 최대 조향각으로 서행했을 때 타이어 접지 중심이 그리는 궤적의 반지름이다.

(5) 가속능력

① 발진가속능력 : 자동차를 정지상태로부터 출발하여 변속하여 급가속하고 일정거리(200m, 400m)를 주행하는 시간

② 추월가속능력 : 자동차를 어느 초속으로부터 변속하지 않고 가속 페달의 조작만으로 급가속하여 일정속도까지 가속하는 시간

03 ▶ 자동차의 구조

(1) 자동차의 주요 구성 부분을 크게 나누면 차체(Body)와 섀시(Chassis)로 되어 있다.

(2) 섀시(Chassis)

① 동력발생장치(엔진, 윤활장치, 연료장치, 냉각장치, 흡배기장치 등)

② 동력전달장치(클러치, 변속기, 추진축, 차축 등)

③ 조향장치, 현가장치, 제동장치, 프레임, 휠 및 타이어

04 ▶ 섀시

1. 동력발생장치

┌ 기관본체(Engine)
└ 부속장치 : 윤활장치, 냉각장치, 연료장치, 흡배기장치, 점화장치 및 충전장치 등

(1) 기관본체(Engine)

기관본체는 크게 실린더헤드, 실린더블록, 크랭크케이스의 3가지 주요부분으로 나누며, 그 내부에 피스톤, 커넥팅로드, 플라이휠, 밸브장치 등의 주요부품으로 구성되어 있다.

(2) 냉각장치

기관작동시 기관 각부를 지속적으로 냉각하여 과열을 방지하는 장치로, 공랭식과 수랭식이 있다.

(3) 시동장치

시동장치는 축전지 전원에서 전류를 공급하여 시동전동기를 회전시킴에 따라 시동전동기의 피니언기어와 기관본체의 링기어가 맞물려 기관을 구동시키기 위한 장치이다.

(4) 연료장치

연료장치는 기관에 필요한 연료를 공급하기 위한 장치이다.

(5) 점화장치

가솔린 기관에서 실린더 내에 공급된 혼합가스를 점화하기 위한 장치로서 혼합기를 점화하여 연소 및 팽창에 의하여 동력을 얻는다.

(6) 흡배기장치

① **흡기장치** : 공기 속에 있는 먼지나 이물질을 제거하기 위한 공기 청정기와 기화기에서 만들어지는 혼합기를 각 실린더에 분배하기 위한 흡기 매니폴드로 구성된다.
② **배기장치** : 기관의 각 실린더에서 배출되는 배기가스를 내보내는 장치이다.

(7) 충전장치

자동차에 필요한 전기를 지속적으로 공급하기 위한 장치로 발전기, 조정기 등으로 구성된다.

2. 동력전달장치

동력발생장치인 기관에서 발생한 동력을 구동륜에 전달하는 장치이다.

(1) 클러치(Clutch)

클러치는 기관과 변속기 사이에 있으며, 클러치 페달의 조작에 의해 기관의 동력을 전달하거나 차단하는 역할을 하는 장치이다.

(2) 변속기

변속기는 클러치와 추진축 사이에 있으며, 주행 조건에 따라 기관과 차륜과의 회전속도비를 여러 조건으로 변환시키거나 후진시킬 때 사용된다.

(3) 추진축

추진축은 변속기에서 후축의 종감속기어로 동력을 전달하는 역할을 한다.

(4) 유니버설조인트(Universal Joint)

일반적으로 추진축의 양단에 설치되며 변속기와 후차축의 높낮이의 차이가 존재하여도 동력을 원활히 전달하게 하는 역할을 하고 있다.

(5) 종감속기어

종감속기어는 드라이브 피니언기어와 링기어로 구성되어 있으며, 최종감속장치로서의 역할과 회전방향을 바꾸는 역할을 하고 있다.

(6) 차동기어

종감속기어에서 오는 동력을 후차축을 거쳐 차륜에 원활히 전달하는 역할을 한다.

3. 주행장치

주행장치는 자동차가 도로를 주행할 때 차량의 안전성과 승차감을 증대시키기 위한 장치이다.

(1) 차축

차축에는 전차축과 후차축이 있으며, 하중만을 지지하는가 또는 조향차륜 여부 또는 동력을 전달하는가에 따라 차축의 구조는 크게 달라지게 된다.

(2) 차륜

차륜은 차량의 하중을 떠받치며 지면으로부터의 충격을 완화하는 역할을 한다. 타이어에는 고무타이어와 튜브리스타이어가 있다.

(3) 현가장치

노면에서 받는 충격을 완화하고 승차감을 향상시키기 위하여 프레임과 액슬 사이에 현가장치를 둔다. 현가장치는 스프링, 충격흡수기, 좌우진동방지기 등으로 구성되어 있다.

4. 조종장치

차량을 운전자의 의사대로 자유롭게 조정 및 주행을 시키기 위한 장치를 말한다.

(1) 조향장치

조향장치는 주행하는 자동차의 진행방향의 전환이나 유지를 위하여 사용되는 장치이다.

(2) 제동장치

제동장치는 자동차의 속도를 제어하기 위한 장치로 상용 브레이크로서 풋 브레이크가 있고, 주차 브레이크로서 핸드 브레이크가 있다. 풋 브레이크는 주행시 속도를 저하시키거나 정지시킬 때 사용되며, 핸드 브레이크는 정지상태인 주차시 자동차가 스스로 이동하는 것을 방지하기 위하여 사용한다.

(3) 가속장치

가속장치는 기관출력의 제어를 위한 장치로서 가속페달, 가속케이블 및 가속레버로 이루어져 있다.

5. 부속장치

자동차를 안전하게 운전하기 위해서는 등화장치, 보안신호장치, 공조장치 및 각종 게이지 등이 필요하다.

01 ▸ 가솔린기관

1. 열기관의 분류

(1) 내연기관

사용연료를 연소실 내에서 연소시켜 그 발생열로써 연소실 내의 압력을 상승시키고 연소가스의 팽창으로 생성된 압력 에너지를 이용하여 피스톤을 이동시켜 동력을 발생시키는 장치이다.

(2) 외연기관

기관외부에 따로 설치된 연소장치에 연료가 공급되어 작동유체를 가열시키고 여기서 발생한 증기를 다시 실린더로 이동시켜 동력을 발생시키는 장치이다.

2. 내연기관의 분류

(1) 사용연료에 의한 분류

① 가솔린기관 : 가솔린을 연료로 사용하며 전기 점화하여 동력을 얻는 기관이다.

② 디젤기관 : 경유를 연료로 사용하며 공기만을 고압으로 압축시켜 고온의 압축열에 의하여 분무된 연료를 자기착화하여 동력을 얻는 기관이다.

③ 가스기관 : 천연가스, 코크스가스, 목탄가스, LP가스(LPG), 프로판가스 등의 연료를 사용하며 일반적으로 가솔린기관과 구조가 거의 같으나 연료공급계통에 차이가 있다.

④ 석유기관 : 석유를 연료로 사용하며 가솔린기관과 같이 전기점화한다.

(2) 연소방식에 의한 분류

① 정적 사이클(오토 사이클)기관 : 혼합기의 연소가 일정한 체적하에서 일어나는 것으로 가솔린기관, 가스기관, 석유기관 등이 여기에 속한다.

② 정압 사이클(디젤 사이클)기관 : 혼합기의 연소가 일정한 압력하에서 일어나는 것으로 공기분사식 디젤기관이 여기에 속한다.

③ 정적 정압 사이클(사바테 사이클) : 정적 및 정압 사이클이 복합되어 일정한 압력에서 연소되는 것으로 복합 사이클 또는 혼합 사이클이라고도 한다.

(3) 점화방식에 의한 분류

① 전기점화기관 : 점화플러그에 의해 전기점화를 하는 기관으로 가솔린기관, 가스기관 등이 있다.

② 압축점화기관 : 공기만을 흡입하여 고온·고압으로 압축한 후 고압의 연료를 분무하여 자기착화시키는 기관으로 디젤기관이 여기에 속한다.

(4) 냉각방식에 의한 분류

① 공랭식기관 : 실린더 헤드와 블록에 냉각핀을 두어 냉각하는 방식이다.

② 수랭식기관 : 물재킷을 설치하여 발열부 주위를 냉각수가 순환하여 냉각하는 방식이다.

3. 내연기관의 작동원리

(1) 용어의 정의

① 상사점(TDC ; Top Dead Center) : 피스톤 운동의 최상단점으로 피스톤이 최대로 상승한 후 내려오기 시작하는 지점을 말한다.

② 하사점(BDC ; Bottom Dead Center) : 피스톤 운동의 최하단점으로 피스톤이 최대로 하강한 후 올라가기 시작하는 지점을 말한다.

③ 행정(Stroke) : 상사점과 하사점 사이의 이동한 거리

④ 사이클(Cycle) : 실린더 내로 혼합가스의 흡입으로부터 배출되기까지 실린더 내의 가스의 주기적인 변화를 기관의 사이클이라 한다.

　㉠ 4사이클기관 : 1사이클을 완성하는 데 피스톤이 흡입, 압축, 폭발, 배기의 4행정을 하는 기관, 즉 크랭크축의 2회전으로 1사이클을 완성하는 기관을 말한다.

　㉡ 2사이클기관 : 크랭크축 1회전으로 1사이클을 완성하는 기관을 말한다.

(2) 4행정 사이클기관의 작동

① 흡입행정 : 피스톤이 상사점에서 하사점으로 내려가는 행정으로 흡기밸브는 열려 있고 배기밸브가 닫혀 있다.

② 압축행정 : 피스톤이 하사점에서 상사점으로 상승하며 흡기밸브와 배기밸브는 닫혀 있다. 압축압력은 약 10kg/cm^2까지 상승한다.

③ 폭발행정(팽창행정, 동력행정) : 압축된 혼합기에 점화플러그로 전기스파크를 발생시켜 혼합기를 연소시키면 순간적으로 실린더 내의 온도와 압력이 급격히 상승하여 정적 연소의 형태로 나타나는 폭발과정으로 연소압력이 $30{\sim}40\text{kg/cm}^2$ 정도이다.

④ 배기행정 : 배기밸브가 열리고 피스톤이 상승하여 혼합기체의 연소로 인하여 생긴 가스를 배출한다. 배기행정이 끝남으로써 크랭크축은 720° 회전하여 1사이클을 완성하게 된다.

(3) 2행정 사이클기관의 작동

4행정 사이클기관과 달리 흡·배기밸브가 없으며, 실린더 벽면에 흡기공과 배기공을 두어 피스톤의 운동이 밸브와 같은 작용을 하게 한다.

① 팽창 및 배기행정 : 피스톤이 상사점에서 하사점으로 하강하는 동안 먼저 배기공이 열려 배기가스를 배출한다. 피스톤이 하강되는 것은 연소실 내의 가스가 폭발함에 따른 에너지의 힘이다.

② 흡입 및 압축행정 : 피스톤이 하강하면서 흡기공이 열리기 시작함에 따라 크랭크실에 흡입되어 있던 혼합가스는 흡기공을 통하여 연소실로 공급된다(소기작용). 소기작용이 끝나면 그 다음 피스톤이 하사점을 지나 상승하여 압축작용이 시작되고 흡기공 및 배기공을 닫으며 실린더 내의 혼합가스가 압축된다.

이때 피스톤이 상사점으로 이동하면서 압축하기 시작하면 크랭크실의 압력이 떨어지면서 외부로부터 새로운 가스가 크랭크실에 공급된다.

〈2행정 사이클기관의 작동원리〉

구분	과정 ①	과정 ②	과정 ③	과정 ④
실린더 안	압축	동력	배기	소기 · 흡입
크랭크실 안	혼합기의 유입	압축	–	혼합기의 유출

(4) 4행정 사이클기관과 2행정 사이클기관의 비교

기관 / 항목	4행정 사이클기관	2행정 사이클기관
폭발 횟수	크랭크축이 2회전하는 사이에 1번 폭발한다.	크랭크축의 매회전 때마다 폭발한다. 따라서 실린더 수가 적어도 기관의 회전이 원활하다.
열효율	4개의 행정이 각각 독립적으로 이루어져 행정마다 작용이 확실하며 효율이 좋다.	유효 행정이 짧고 흡 · 배기구가 동시에 열려 있는 시간이 길어서 소기를 위한 신기의 손실이 많으며 효율이 나쁘다. 따라서 극소형 기관에 많이 사용하며 가솔린기관으로는 적합하지 않다.
밸브기구	밸브기구를 필요로 하기 때문에 구조가 복잡하고 마력당 중량이 커지며 제작비도 높아진다.	밸브기구가 없거나 배기밸브를 위한 기구만이 있어 구조가 간단하고 제작비도 낮다. 그러나 실린더 벽에 소 · 배기구가 있어 피스톤 링이 마멸되기 쉽다.
발생 동력 및 연료소비율	배기량이 같은 기관에서 발생 동력은 2사이클에 비하여 떨어지나 가솔린기관의 경우 연료소비량은 2사이클보다 적다.	배기량이 같은 기관에서 동력은 4행정 사이클에 비하여 더 얻을 수 있으나 연료 소비량이 많고 대형 가솔린기관으로서는 적합하지 못하다.
윤활유 소비량	윤활 방법이 확실하고 윤활유의 소비량이 적다.	소형 가솔린기관의 경우 윤활을 하기 위하여 연료에 처음부터 윤활유를 혼합시켜 넣어야 하는 불편이 있고 또 윤활유 소비량이 많다.

(5) 밸브 개폐 시기

밸브는 행정 중 정확히 상사점이나 하사점에서 개폐하지 않고 상사점의 전후 또는 하사점의 전후에서 개폐한다. 밸브 개폐 시기를 표시하는 그림을 밸브 개폐 시기 선도라 한다. 흡기밸브는 상사점 전 $18°$에서 열리고 하사점 후 $50°$에서 닫히며, 배기밸브는 하사점 전 $48°$에서 열리고 상사점 후 $20°$에서 닫힌다.

> **밸브 오버랩(Valve Overlap)**
> 상사점 부근에서 흡 · 배기밸브가 동시에 열려 있는 상태를 말한다. $(18° + 20° - 38°)$

02 ▶ 가솔린기관의 주요부

1. 실린더 헤드

(1) 실린더 헤드의 역할

실린더 헤드는 피스톤과 함께 연소실을 형성하며 점화플러그가 설치되어 있다.

(2) 실린더 헤드의 재질

실린더 헤드는 통상 단일구조물로서 재질은 주로 보통 주철이나 알루미늄 합금을 사용한다.

(3) 연소실의 종류

① 반구형 연소실
　　㉠ 연소실이 컴팩트하여 연소실의 체적당 표면적(표면적/체적비)이 작아 열손실이 적다.
　　㉡ 지름이 큰 밸브를 설치할 수 있고 또 밸브 구멍의 배열을 알맞게 할 수 있어 체적효율을 높일 수 있다.
② 쐐기형 연소실
　　㉠ 고압축비를 얻을 수 있어 열효율이 높다.
　　㉡ 혼합기의 와류작용이 좋아 혼합기가 완전 연소된다.
　　㉢ 혼합기의 연소속도가 낮아 압력상승이 급격하지 않으므로 연소에 의한 운전의 거칠음이 없다.
③ **지붕형 연소실** : 연소실의 꼭대기 각도를 90° 정도로 하면 반구형과 비슷한 성질을 갖는다.
④ **욕조형 연소실** : 반구형과 쐐기형의 중간형이라 할 수 있다.

(4) 연소실의 구비조건

① 흡입효율이 좋을 것
② 노크를 일으키는 열점을 없앨 것
③ 체적효율이 좋을 것
④ 밸브 면적을 크게 하여 흡배기 면적을 크게 할 것
⑤ 화염 전파에 요하는 시간을 최소로 짧게 할 수 있도록 압축행정시 혼합기의 와류를 발생시키는 구조일 것

2. 실린더 블록

실린더 블록은 기관의 기본구조물로서 보통 일체구조로 되어 있다.

(1) 실린더

실린더는 그 내부를 피스톤이 기밀을 유지하면서 왕복운동을 하여 연료가 갖는 열에너지를 기계에너지로 바꾸어 동력을 발생시키는 역할을 한다.

① **실린더 벽** : 정밀하게 연마 다듬질이 되어 있으며, 벽의 마멸을 작게 하기 위하여 크롬 도금을 한 것도 있다.

② **실린더 라이너** : 실린더와 실린더 블록을 별개로 만드는 경우에 사용되며 일반적으로 보통 주철의 실린더 블록에 특수 주철의 실린더 라이너를 삽입하는 경우와 경합금 실린더 블록에 주철로 만든 실린더 라이너를 끼우는 경우 등이 있다.

③ **실린더 행정 내경비** : 실린더의 크기는 실린더 내경과 피스톤 행정에 따라 정해진다. 실린더 행정과 내경과의 비를 실린더 행정 내경비라 한다.

　㉠ 장행정기관 : 행정/내경의 값이 1.0 이상인 기관

　㉡ 정행정기관 : 행정/내경의 값이 1.0인 기관

　㉢ 단행정기관 : 행정/내경의 값이 1.0 또는 그 이하인 기관

(2) 압축비

피스톤이 실린더의 하사점에 있을 때의 총체적(V)과 피스톤이 상사점에 달할 때의 실린더 체적, 즉 연소실 체적과의 비이다.

$$\varepsilon = \frac{V_C + V_S}{V_C} = 1 + \frac{V_S(행정체적)}{V_C(연소실체적)}$$

(3) 배기량

피스톤이 실린더 내에서 1행정을 할 때에 흡입 또는 배출하는 체적, 즉 행정체적이다. 배기량의 단위는 cc, cm³, ℓ 로 나타낸다.

$$V_S = \frac{\pi D^2 S}{4} = 0.785 \times D^2 S \ (D : 실린더 \ 내경(cm), \ S : 행정(mm)$$

$$총배기량(V) = \frac{\pi D^2 S Z}{4} \ (Z : 실린더 \ 수)$$

3. 피스톤과 커넥팅로드 어셈블리

(1) 피스톤

① **피스톤의 기능** : 피스톤은 실린더 내를 왕복운동하여 동력행정에서 고온 고압의 가스로부터 받은 압력으로 커넥팅로드를 거쳐 크랭크축에 회전력을 발생시킨다.

② 피스톤의 구비 조건

    ㉠ 실린더 벽과의 마찰이 적고 윤활하기 위한 적당한 간극이 있을 것

    ㉡ 고온에서 강도가 저하되지 않으며 열전도가 잘 될 것

    ㉢ 관성력에 의하여 동력 손실을 적게 하기 위하여 가능한 한 가벼울 것

    ㉣ 다기통기관의 경우 각 피스톤의 무게가 같을 것

③ **피스톤의 구조** : 피스톤은 피스톤 헤드, 링부, 스커트 부 및 보스 등의 주요부로 되어 있으며 헤드는 연소실의 일부를 형성한다.

(2) 피스톤 핀(Piston Pin)

피스톤 핀은 피스톤 보스(Boss)에 삽입되어 피스톤과 커넥팅로드의 소단부를 연결하는 기능을 한다.

(3) 피스톤 링(Piston Ring)

① **피스톤 링의 기능**

    ㉠ 기밀작용 : 혼합가스의 누출방지

    ㉡ 오일제어작용 : 오일이 연소실 내로 유입되는 것을 방지

    ㉢ 열전도작용 : 피스톤 헤드가 받는 열을 실린더 벽으로 전달

② **피스톤 링의 구비조건**

    ㉠ 내열, 내마멸성을 가질 것

    ㉡ 적절한 장력과 높은 면압을 가질 것

    ㉢ 고온에서 장력의 감쇠가 작을 것

    ㉣ 실린더 벽을 마멸시키지 않을 것

    ㉤ 열전도성이 좋을 것

(4) 커넥팅로드(Connecting Rod)

커넥팅로드는 피스톤과 크랭크축을 연결하는 막대로서 피스톤 핀에 연결되는 소단부(Small End)와 크랭크축에 연결되는 대단부(Big End)로 되어 있다.

4. 크랭크축

(1) 크랭크축의 기능

크랭크축은 기관의 주축으로서 폭발행정시 피스톤의 직선운동을 회전운동으로 변화시켜 기관의 동력을 얻게 하는 역할을 한다.

(2) 크랭크축의 구조

크랭크축은 커넥팅로드의 대단부와 연결되는 크랭크 핀부와 메인베어링에 지지되는 크랭크 저널부 및 양 축부를 연결하는 크랭크 암의 3부분으로 되어 있다.

(3) 점화 순서

① 4기통 엔진의 점화 순서

㉠ 점화 순서 : 1-3-4-2

실린더 번호 \ 크랭크축의 회전각도	1회전		2회전	
	0~180°	180~360°	360~540°	540~720°
1	동력	배기	흡기	압축
2	배기	흡기	압축	동력
3	압축	동력	배기	흡기
4	흡기	압축	동력	배기

㉡ 점화 순서 : 1-2-4-3

실린더 번호 \ 크랭크축의 회전각도	1회전		2회전	
	0~180°	180~360°	360~540°	540~720°
1	동력	배기	흡기	압축
2	압축	동력	배기	흡기
3	배기	흡기	압축	동력
4	흡기	압축	동력	배기

② 6기통 엔진의 점화 순서

㉠ 우수식 : 1-5-3-6-2-4

실린더 번호 \ 크랭크축의 회전각도	1회전		2회전	
	0~180° / 60~120°	180~360° / 240~300°	360~540° / 420~480°	540~720° / 600~660°
1	동력	배기	흡기	압축
2	배기 / 흡기	압축	동력	배기
3	흡기 / 압축	동력	배기	흡기
4	동력 / 배기	흡기	압축	동력
5	압축 / 동력	배기	흡기	압축
6	흡기	압축	동력	배기

㉡ 좌수식 : 1-4-2-6-3-5

실린더 번호 \ 크랭크축의 회전각도	1회전		2회전	
	0~180° / 60~120°	180~360° / 240~300°	360~540° / 420~480°	540~720° / 600~660°
1	동력	배기	흡기	압축
2	흡기 / 압축	동력	배기	흡기
3	배기 / 흡기	압축	동력	배기
4	압축 / 동력	배기	흡기	압축
5	동력 / 배기	흡기	압축	동력
6	흡기	압축	동력	배기

5. 기관 베어링

(1) 베어링의 구조

기관 베어링은 강이나 동합금의 셸(Shell)에 베어링합금을 녹여 붙여 만든 것이다. 일반적으로 베어링의 두께는 1~3mm이며, 베어링합금부의 두께는 배빗메탈(Babbit Metal)의 경우 0.1~0.3mm이고, 켈밋합금(Kelmet Metal)의 경우 0.2~0.5mm이다.

(2) 베어링의 구비조건

① 내식성, 내마멸성이 클 것
② 열전도율이 높아 축에 잘 융착되지 않을 것
③ 먼지, 카본, 금속분말 등을 베어링 자체 내에 파묻을 수 있는 매입성이 있을 것
④ 저널의 변형에 대하여 베어링이 변형에 맞추어 가는 추종 유동성이 있을 것
⑤ 길들임성이 좋을 것

6. 밸브 및 밸브기구

(1) 밸브의 구조 및 기능

밸브는 연소실에 마련된 흡·배기 구멍을 각각 개폐하여 공기 또는 혼합기, 연소가스를 내보내는 일을 한다. 자동차용기관에는 주로 포핏밸브(Poppet Valve)가 사용된다.
① 밸브헤드 : 고온 고압의 가스에 노출되며 특히 배기밸브인 경우 열적 부하가 매우 크다.
② 마진 : 두께가 얇으면 고온과 밸브작동의 충격으로 기밀이 충분히 유지되지 않는다.
③ 밸브면 : 밸브시트에 밀착되어 기밀작용을 한다.
④ 스템 : 스템은 그 일부가 밸브가이드에 끼워져 밸브의 운동을 유지하고 밸브헤드의 열을 가이드를 통하여 실린더블록에 전달하는 일을 한다.
⑤ 리테이너록홈 : 밸브스프링을 지지하는 스프링리테이너를 밸브에 고정하기 위한 록이나 키를 끼우는 홈이다.
⑥ 스템끝 : 밸브에 운동을 전달하는 밸브리프터나 로커암과 접촉하는 곳이다.

(2) 밸브기구

① 오버헤드 밸브기구 : 밸브가 실린더헤드에 설치되어 있으며 밸브와 캠축 사이에 밸브리프터, 푸시로드, 로커암 어셈블리가 밸브기구를 형성하고 있다.
② L헤드 밸브기구 : 캠축이 크랭크 케이스 위쪽에 설치되어 있으며, 밸브리프터를 통하여 밸브를 개폐한다.
③ 오버헤드 캠축 밸브기구 : 오버헤드 밸브기구에서 캠축을 실린더헤드 위에 설치한 것으로 캠축 기어와 크랭크축 기어를 벨트나 체인에 의하여 동력을 전동하도록 되어 있다. 오버헤드 캠축 밸브기구는 밸브기구의 관성력이 작기 때문에 가속을 크게 할 수 있으며 고속에서도 밸브의 개폐가 안정되어 고속성능이 향상된다.

      ㉠ 싱글오버캠축형식(SOHC) : 1개의 캠축으로 모든 밸브를 작동시킨다.

      ㉡ 더블오버캠축형식(DOHC) : 2개의 캠축으로 흡·배기밸브를 작동시킨다.

  ④ F헤드 밸브기구 : 흡기밸브는 실린더헤드에 설치하고 배기밸브는 실린더블록에 설치한 것이다.

(3) 캠축과 캠

① 캠축 : 엔진의 밸브 수와 같은 수의 캠이 배열되어 있는 축이며, 크랭크축과 평행하게 크랭크케이스의 옆부분이나 위쪽에 베어링을 통해 지지되어 있다. 캠축에는 캠 이외에 오일펌프와 배전기의 구동을 위한 헬리컬 기어와 연료펌프 구동용의 편심륜이 설치되어 있다.

② 캠의 구동방식

      ㉠ 기어구동식 : 크랭크축과 캠축의 중심간격이 작은 엔진에서는 직접 물리게 되어 있고 간격이 큰 엔진에서는 공전 기어(중간 기어)를 거쳐 구동하게 되어 있다.

      ㉡ 체인구동식 : 캠축의 구동을 체인으로 하는 것이며, 크랭크축과 캠축에는 타이밍 기어 대신에 체인스프로킷이 설치되어 있다.

      ㉢ 벨트구동식 : 체인 대신에 벨트를 사용하여 캠축을 구동하는 것으로 소음이 작고 관성력이 작다.

(4) 밸브리프터(Valve Lifter)

밸브리프터는 캠의 회전 운동을 상하 운동으로 바꾸어 밸브 또는 푸시로드에 전달하는 일을 한다.

① 기계식 리프터 : 캠과 리프터의 형상에 의해 볼록면 리프터, 평면 리프터, 롤러 리프터 등으로 되어 있다.

② 유압식 리프터 : 유압식 리프터는 밸브 간극을 두지 않고 오일의 비압축성과 엔진 윤활 장치의 오일압력을 이용하여 작용케 한 것이며, 온도변화에 관계없이 언제나 밸브 간극을 0으로 유지한다.

(5) 푸시로드(Push Rod)

푸시로드는 오버헤드 밸브기구의 리프터와 로커암의 한 끝을 잇는 강제의 긴 막대이며, 아래쪽 끝은 리프터의 푸시로드 시트에 맞도록 구형으로 되어 있고, 위쪽 끝은 로커암의 구형부를 받치게 되어 있다.

(6) 로커 암 축 어셈블리

로커 암 축 어셈블리는 로커 암, 스프링, 로커 암 축, 로커 암 축지지(베어링캠) 등으로 되어 있으며 실린더헤드에 설치된다.

(7) 밸브 간극

밸브 간극은 열간시 열팽창을 고려하여 두는 것이며 엔진의 형식, 밸브의 재료, 캠의 형상 등에 따라 다르다. 일반적으로 흡입밸브는 0.20~0.35mm이고, 배기밸브는 0.30~0.40mm이다.

너무 간격이 좁으면 밸브가 제대로 닫히지 못해서 압력이 샐 수 있고, 너무 넓으면 소음과 부품의 내구성이 떨어지게 되고, 흡입 및 배기 효율 면에서도 떨어지게 된다.

03 ▶ 윤활장치

1. 윤활장치의 기능과 방식

(1) 윤활장치의 기능

① **마찰감소 및 마멸방지작용** : 강인한 유막을 형성하여 표면의 마찰을 방지한다.

② **밀봉작용** : 고압가스의 누출을 방지한다.

③ **냉각작용** : 마찰열을 흡수한다.

④ **세척작용** : 불순물을 그 유동과정에서 흡수한다.

⑤ **응력분산작용** : 국부압력을 액 전체에 분산시켜 평균화시킨다.

⑥ **방청작용** : 수분이나 부식성가스 침투를 방지한다.

(2) 윤활방식

① **비산식** : 커넥팅로드 대단부에 붙어 있는 주걱으로 오일팬 안의 오일을 각 윤활부에 뿌리는 방식이다.

② **압력식(압송식)** : 캠축에 의해 구동되는 오일펌프도 오일팬 안에 있는 오일을 흡입 가압하여 각 윤활부에 보내는 방식이다.

③ **비산압력식** : 비산식과 압력식을 조합한 것으로 크랭크축 베어링, 캠축 베어링, 밸브기구 등은 압력식에 의해 윤활되고 실린더벽, 피스톤 핀 등은 비산식에 의해 윤활된다.

2. 윤활장치의 구성

(1) 오일펌프

주로 캠축이나 크랭크축에 의해 구동되며 오일팬 내의 오일을 흡입 가압하여 각 윤활부로 보내는 일을 한다.

(2) 오일스트레이너(Oil Strainer)

오일은 펌프에 유도하는 것이며 고정식과 부동식이 있다. 스트레이너는 큰 입자의 불순물을 제거하기 위한 고운 스크린이 있다.

(3) 유압조정밸브

윤활회로 내의 압력이 과대하게 올라가는 것을 방지하며 밸브 종류에는 볼형식과 플런저형식이 있나.

(4) 오일여과기(오일필터)

오일필터 케이스 내에 엘리먼트가 들어 있으며 엘리먼트는 오일 속의 불순물, 즉 수분이나 연소에 의한 생성물, 쇳가루 등을 여과한다.

(5) 오일냉각기

오일의 온도가 125~130℃ 이상이 되면 오일의 성능이 급격히 저하되어 유막의 형성이 나빠져 회전부분의 소결이 일어난다. 따라서 오일의 높은 온도를 감소시켜 70~80℃로 환산시키기 위하여 오일냉각기를 설치한다.

3. 윤활장치의 정비사항

(1) 윤활계통의 고장원인

① 윤활유가 외부로 누설되는 원인
  ㉠ 크랭크축 오일실로부터의 누설
  ㉡ 오일펌프 커버로부터의 누설
  ㉢ 타이밍 벨트 커버 주위로부터의 누설
  ㉣ 오일팬 드레인 플러그 및 개스킷으로부터의 누설
  ㉤ 오일팬 균열에 의한 누설
  ㉥ 로커암 커버로부터의 누설
② 연소실 내에서 윤활유가 연소되는 원인
  ㉠ 윤활유의 열화 또는 점도 불량
  ㉡ 오일팬 내의 윤활유량 과대
  ㉢ 피스톤과 실린더의 간극 과대
  ㉣ 피스톤의 불량
  ㉤ 밸브스템과 밸브가이드 사이의 간극 과대
  ㉥ 밸브스템 오일실 불량

(2) 윤활장치의 정비

① 윤활유 소비량이 많을 때
  ㉠ 압축압력부족 : 피스톤, 피스톤링의 마멸손상, 실린더의 마모손상
  ㉡ 압축압력정상 : 오일이 외부로 누출
② 오일압력이 낮을 때
  ㉠ 오일 불량과 오일량 : 오일의 점도가 낮거나 오일량 부족
  ㉡ 오일량과 오일 유질의 부적당 : 유압조정기 불량, 오일펌프 불량
③ 오일압력이 높을 때
  ㉠ 유압조정기밸브 스프링의 장력이 강할 때
  ㉡ 윤활유 점도가 높을 때
  ㉢ 오일 간극이 규정보다 적을 때
  ㉣ 유압 조정기의 유로가 막힘

오일오염 점검

1. 검정색 : 심하게 오염

2. 붉은색 : 가솔린 유입

3. 회색 : 4에틸납 연소생성물 혼합

4. 우유색 : 냉각수 혼합

04 ▶ 냉각장치

1. 냉각장치의 기능 및 목적

(1) 냉각장치의 기능

냉각장치는 혼합기의 연소에 의하여 발생되는 열의 일부를 냉각시켜 기관의 과열을 방지하여 운전을 원활하게 하기 위한 장치이다.

(2) 냉각장치의 목적

① 조기점화 방지

② 충전효율의 향상

③ 변형 및 균열방지

④ 윤활작용의 원활

2. 냉각방식

(1) 공랭식

기관을 직접 대기와 접촉시켜 열을 방산하는 형식이다.

① **자연통풍식** : 주행할 때 받는 공기로 냉각하는 방식으로 실린더나 실린더헤드와 같이 과열되기 쉬운 부분에 냉각 핀이 있다.

② **강제통풍식** : 냉각팬을 사용하여 강제로 유입되는 다량의 공기로 냉각하는 방식이다.

(2) 수랭식

보통 연수를 사용하여 기관을 냉각하는 방식이다.

① **자연순환식** : 냉각수를 대류에 의하여 순환시키는 것이다.

② **강제순환식** : 실린더블록과 헤드에 설치된 물재킷 내에 냉각수를 순환시켜 냉각작용을 한다.

③ **압력순환식** : 냉각장치의 회로를 밀폐하고 냉각수가 팽창할 때의 압력으로 냉각수를 가압하여 비점을 올려 비등에 의한 손실을 작게 하는 형식이다.

④ **밀봉압력식** : 라디에이터 캡을 밀봉하고 냉각수의 팽창과 맞먹는 크기의 저장탱크를 두어 냉각수의 유출을 방지하는 형식이다.

3. 냉각장치의 구성

(1) 물재킷

실린더블록과 헤드에 설치된 냉각수의 통로이다.

(2) 물펌프

크랭크축에 의해 벨트로 구동되며 냉각수를 순환시키는 일을 한다.

(3) 냉각팬

냉각팬은 보통 펌프축과 일체로 되어 회전하며 라디에이터를 통해 공기를 흡입하여 라디에이터의 통풍을 보조한다.

(4) 슈라우드(Shroud)

라디에이터와 냉각팬을 감싸고 있는 판으로서 공기의 흐름을 도와 냉각효과를 도와준다.

(5) 벨트

크랭크축과 발전기, 물펌프의 풀리와 연결되어 구동되며 내구성 향상을 위해 섬유질과 고무로 짜여 있고 이음매 없는 V—벨트가 사용된다. 팬벨트의 장력이 크면 베어링 마멸을 촉진하게 되고, 팬벨트의 장력이 작으면 펌프와 팬의 속도가 느려져 기관이 과열된다.

(6) 라디에이터

기관에서 열을 흡수한 냉각수를 냉각시키는 장치로 위 탱크, 라디에이터, 코어, 아래 탱크로 되어 있다.

(7) 수온조절기

수온조절기는 물재킷 출구부분에 설치되어 있으며 수온에 따라 냉각수 통로를 개폐하여 냉각수의 온도를 알맞게 조정하는 일을 한다. 냉각수의 온도가 정상 이하이면 밸브를 닫아 냉각수가 라디에이터 쪽으로 흐르지 못하게 하고, 냉각수의 온도가 정상에 가까워짐에 따라 점차 열리기 시작하여 정상 온도가 되었을 때 완전히 연다.

05 ▸ 연료장치

1. 개요

(1) 연료장치의 기능

연료장치는 연료와 공기를 혼합하여 실린더에 공급하는 장치이다.

(2) 연료 공급순서

연료를 저장해 놓은 연료탱크, 연료 속의 불순물을 제거하기 위한 연료필터, 연료탱크에서 엔진까지 연료를 보내기 위한 연료펌프, 연료펌프에서 보내온 연료를 공기청정기를 통해 들어온 공기와 섞어 혼합기를 만들어 내는 기화기(카뷰레터), 혼합기를 실린더로 보내는 흡기다기관(매니홀드) 등으로 이루어져 있으며, 이들의 각 장치들은 연료 파이프(강이나 플렉시블호스)에 의해 연결된다.

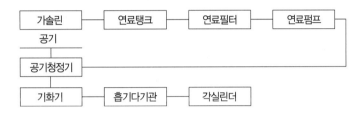

(3) 혼합비

① 혼합기의 이론 완전연소 혼합비 15 : 1
② 최대 출력시 13 : 1
③ 경제 혼합비 16~17 : 1
④ 무부하저속시 혼합비 12 : 1
⑤ 기동시 혼합비 5~9 : 1
⑥ 가속시 혼합비 8~11 : 1

2. 연료장치의 구성

(1) 연료탱크

연료탱크는 보통 강판으로 만들고 내부는 주석이나 아연으로 도금하여 방청 처리하고 또 칸막이를 두어 탱크의 강성과 강도를 크게 함과 동시에 운전 중의 연료 동요를 막게 되어 있다.

(2) 연료파이프

연료장치의 각 부품을 연결하는 것으로서 일반적으로 내경이 5~8mm 정도의 구리나 강제의 파이프가 사용된다.

(3) 연료여과기

연료 중의 불순물을 여과하기 위한 것으로 내부에 금속제 여과망이나 여과지가 있어 연료가 외측에서 내측으로 통과할 때 연료 중의 불순물이 여과된다.

(4) 연료펌프

연료탱크에 있는 연료를 압송하여 기화기로 보내는 장치이다. 연료펌프의 종류에는 기계식, 전기식, 연료 진공조합식 펌프가 있다.

3. 기화기

(1) 기화기원리

기화기는 베르누이의 정리를 응용한 것으로 단면적이 큰 A부분에서 B부분으로 공기를 보내면 B부분에서 유속이 빨라진다. 따라서 D부분에는 대기압이 작용하여 압력이 낮고 유속이 빠른 B부분으로 연료가 빨려 올라가 C부분으로 분출된다.

(2) 기화기의 구성

① 벤튜리관 : 유속과 압력변화를 체크한다.
② 메인노즐 : 연료가 빨려 들어가는 부분이다.
③ 스로틀밸브 : 혼합기의 흐름량을 제어한다.
④ 초크밸브 : 공기량을 제어한다.
⑤ 플로트실 : 연료의 면을 규정 높이로 유지하기 위하여 설치하며 플로트(뜨개)와 니들밸브로 구성된다.

(3) 기화기의 회로

① 플로트회로(뜨개회로) : 플로트실은 연료탱크에서 보내온 가솔린을 노즐에 공급하기 위하여 저장하는 곳으로 플로트(Float)에 의해 연료량을 일정하게 유지한다.
② 공운전 및 저속회로 : 무부하 저속용의 회로이며 공전 및 저속구멍과 이것을 플로트실과 연결하는 통로로 되어 있다. 스로틀밸브 가장자리와 접하는 벽면에 연료 분출구를 만들면 스로틀밸브를 닫았을 때 밸브보다 아래쪽에는 높은 부압이 생기므로 이 부압을 이용하여 연료를 쉽게 빨아들일 수 있다. 그러나 스로틀밸브를 열면 흡기다기관 안의 부압이 낮아지므로 분출구에서 연료의 분출이 멈추게 된다. 이와 같이 스로틀밸브가 완전히 닫혔을 때를 공전회로라 하고 약간 열렸을 때를 저속회로라 한다.
③ 고속회로(메인회로) : 벤튜리를 통과하는 공기에 의하여 발생하는 부압(진공)을 이용하여 연료를 공급하는 회로이다.
④ 동력회로 : 전부하로 운전할 때 적당한 혼합기를 공급하기 위한 회로이다.
⑤ 가속회로 : 기관을 급가속하는 순간에 혼합비가 일시적으로 희박하게 되는 것을 방지해주는 회로이다.
⑥ 시동 및 초크회로 : 기관을 시동할 때 농후한 혼합기를 공급하는 회로이다.

(4) 기화기 정비사항

① 기화기 플로트실에 연료가 넘쳐흐르는 원인
  ㉠ 플로트실 유면이 규정보다 높을 때
  ㉡ 니들밸브에 불순물이 끼었을 때
  ㉢ 플로트의 파손
  ㉣ 플로트의 조정불량

② 연료펌프의 송출 부족의 원인
  ㉠ 다이어프램 파손 및 스프링의 약화
  ㉡ 로커암과 링크의 마멸
  ㉢ 흡입체크밸브의 손상 및 접촉불량
  ㉣ 파이프라인 내에 공기유입

③ 기화기에 연료가 공급되지 않는 원인
  ㉠ 연료라인에 베이퍼록 현상이 발생하였을 때
  ㉡ 연료라인에 공기가 유입되고 있을 때
  ㉢ 연료펌프에 파이프가 막혔을 때
  ㉣ 연료펌프의 로커암이 파손되었을 때
  ㉤ 연료펌프 다이어프램이 파손되었을 때

④ 희박한 혼합기가 기관에 미치는 영향
  ㉠ 가동이 어렵다.
  ㉡ 저속 및 고속회전이 어렵다.
  ㉢ 배기가스의 온도가 올라간다.
  ㉣ 동력의 감소, 노킹의 원인이 된다.
  ㉤ 역화가 일어난다.

⑤ 혼합기가 희박해지는 원인
  ㉠ 저속제트가 막혔을 때
  ㉡ 미터링로드의 작동이 불량할 때
  ㉢ 메인노즐이 불량할 때
  ㉣ 플로트실의 유면이 낮을 때
  ㉤ 공전 혼합비 조정 스크루에 결함이 있을 때
  ㉥ 공전 포트가 막혔을 때

⑥ 혼합기가 농후해지는 원인
  ㉠ 플로트실의 유면이 규정보다 높을 때
  ㉡ 연료펌프의 송출 압력이 너무 높을 때
  ㉢ 파워밸브에서 연료가 누출될 때
  ㉣ 초크밸브의 작동이 불량할 때
  ㉤ 공기청정기가 막혔을 때
  ㉥ 에어블리더가 막혔을 때

4. LPG 연료장치

(1) LPG 자동차의 특성

① 장점

　㉠ 엔진의 수명이 연장된다.

　㉡ 연료비를 경감시킬 수 있다.

　㉢ 연소실 내의 탄소의 부착이 없다.

　㉣ 분해 점검까지의 시간이 연장된다.

　㉤ 점화 플러그가 오손되지 않고 수명이 길어진다.

　㉥ 엔진오일 사용 수명이 길어진다.

　㉦ 엔진의 노킹이 일어나지 않는다.

　㉧ 배기가스의 해가 적다.

② 단점

　㉠ 고압용기 자체로 승차에 불안감이 있다.

　㉡ 차실 내부에 냄새가 나고 충전 중에 불쾌감이 따른다.

　㉢ 무색 투명가스이므로 누출 발견이 어렵다.

　㉣ 구조가 복잡해진다.

　㉤ 가솔린 차에 비해 출력이 떨어진다.

　㉥ 부대비용이 든다.

(2) LPG 연료의 공급 순서

① LPG 전용차

② LPG · 가솔린 겸용(병용식)

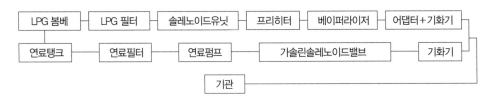

(3) LPG 연료장치의 구성

① 봄베(Bombe) : 내압이 $30kg/cm^2$이상의 압력에 견딜 수 있는 강철제 용기이다.

② LPG 필터 : LPG 속에 혼입되어 있는 불순물을 제거하기 위하여 봄베와 솔레노이드밸브 사이에 설치되어 있다.

③ 솔레노이드밸브(연료정지밸브) : 연료의 유출을 자동적으로 막는 밸브이다.

④ 프리히터(Pre-heater) : LPG를 가열하여 LPG 일부 또는 전부를 기화시켜 베이퍼라이저에 공급하기 위해 설치한다.

⑤ 베이퍼라이저(Vaporizer) : 봄베로부터 유출된 액체상태의 연료는 2단으로 감압되며 먼저 고압 감압실에서 $0.2 \sim 0.4kg/cm^2$로 감압된다. 감압기는 액체가 기화할 때에는 기화열을 흡수하여 주위를 냉각하므로 빙결을 방지하기 위하여 기관의 냉각수가 감압기 주위를 통하게 되어 있다.

⑥ 혼합기 : 감압기에서 기화된 가스와 공기를 혼합시키는 작용을 하는 것으로 혼합가스는 1차측과 2차측 스로틀밸브를 통하여 기관에 흡입되고, 1차측 스로틀밸브가 어느 일정의 각도만큼 열렸을 때에 2차측 스로틀밸브가 열린다.

06 ▶ 흡배기 장치

1. 흡기장치

(1) 의의

흡기장치는 기관이 작동하기 위해서 실린더 안에 혼합기를 흡입하며, 공기청정기와 흡기다기관이 있다.

(2) 공기청정기

① 기능
  ㉠ 공기 속의 불순물 여과
  ㉡ 흡기 소음의 감소
  ㉢ 역화시 불길 저지

② 종류
  ㉠ 건식 공기청정기 : 공기청정기 안에 여과 엘리먼트를 설치하고 엘리먼트 상하에 공기누출방지용의 패킹을 대고 케이스 커버를 설치한다.
  ㉡ 습식 공기청정기 : 엘리먼트는 스틸 울이나 천으로 되어 있으며, 공기가 유면과 부딪칠 때 비말형태로 언제나 오일이 묻어 있다.
  ㉢ 원심분리식 공기청정기 : 흡입공기의 원심력 관성을 이용하여 먼지를 분리하는 형식이며 US형식, 통행식, 멀티클론 형식 등이 있다.

(3) 흡기다기관 : 각 실린더에 혼합기를 분배한다.

2. 배기장치

혼합기가 연소한 후 그 연소가스를 외부로 배출하는 역할을 하는 장치이다.

(1) 배기다기관 : 배기다기관은 엔진의 각 실린더에서 배출되는 배기가스를 모으는 장치이다.

(2) 배기관 : 배기관은 다기관에서 나오는 배기가스를 내보내는 관이며, 하나 또는 두 개로 되어 있다.

(3) 소음기(머플러) : 소음기는 기관에서 배출하는 배기가스의 음압과 음파를 감쇠시키는 역할을 한다. 보통 1mm 정도의 강판으로 된 원통형의 모양으로 되어 있으며, 그 내부는 몇 개의 방으로 구분되어 있다.

07 ▶ 전자제어 가솔린 분사장치

1. 개요

(1) 전자제어 연료분사장치의 의의

가솔린기관의 전자제어 연료분사장치는 기관의 출력증대, 유해 배기가스의 감소, 연료소비율의 저감 및 신속한 응답성을 동시에 만족시키기 위하여 각종 센서를 부착하고 이 센서에서 보낸 신호와 기관의 운전 상태에 따라 연료의 분사량을 ECU(Electronic Control Unit)로 제어하며 인젝터를 통하여 실린더 내에 가솔린을 분사시키는 방식이다.

(2) 전자제어 연료분사장치의 특징

① 장점
  ㉠ 기관의 효율증대
  ㉡ 기관의 운전성 향상
  ㉢ 저온기동이 용이
  ㉣ 기관의 출력증대
  ㉤ 연료소비율의 저감효과
  ㉥ 배기가스의 최소화
② 단점
  ㉠ 고온기동성이 불량
  ㉡ 구조가 복잡하여 정비가 어려움
  ㉢ 값이 비쌈

〈기화기 엔진과 전자제어 가솔린분사 엔진의 비교〉

기화기 엔진	전자제어 가솔린분사 엔진
• 흡기 배기의 불균일 • 혼합기의 부정확 • 흡입 저항이 큼 • 무화의 불균일 • 구조가 간단함 • 급가속성(응답성)이 좋지 않음 • 응축 현상에 의한 완전연소에 한계가 있음	• 연비향상(흡입 공기량을 직접검출 피드백 조정) • 기관의 효율 및 주행 성능 향상 • 냉간시 시동이 용이

2. 전자제어 연료분사장치의 분류

(1) 분사 제어방식에 의한 분류

① **기계식(K-제트로닉 방식)** : 전자식 연료펌프에서 일정한 분사압력을 얻으면 분사되며, 분사량 제어는 흡기다기관의 통로에 설치된 감지기에 의하여 연료분배기의 제어 플런저를 상하로 움직여 인젝터로 통하는 연료 통로면적을 바꾸어 제어하는 방식이다.

② **전자식** : 일정압력의 연료를 흡기다기관 내에 분사시키는 방식으로 각 사이클마다 흡기공기량에 따라 인젝터를 일정시간 동안 열어주는 것에 의하여 분사량을 제어하는 방식이다.

  ㉠ L-제트로닉 방식 : 흡입공기량 검출식

  ㉡ D-제트로닉 방식 : 흡입다기관 부압감지식

(2) 분사밸브의 설치위치에 따른 분류

① **직접분사방식** : 분사밸브를 직접 연소실에 설치한 방식으로 초기에 사용된 기계식 직접분사방식이다.

② **간접분사방식** : 분사밸브를 흡기다기관이나 흡입통로에 설치한 방식으로 대부분의 가솔린 분사방식은 이 방식을 사용한다.

3. 전자제어 연료분사장치의 구조와 작용

(1) 흡입계통의 구조와 작용

흡입계통은 공기청정기, 공기유량감지기, 스로틀보디, 서지탱크 및 흡입다기관으로 구성된다.

① **공기유량센서(AFS; Air Flow Sensor)** : 공기유량센서는 공기청정기 뒤쪽에 설치되며, 기관에 유입되는 공기량을 감지하여 ECU에 전달하는 장치로서, 기본 분사량 및 분사시간을 산출하는 데 큰 역할을 한다.

② **대기압력센서** : 대기압력센서는 공기유량센서에 부착되어 대기압력을 검출하며, 대기압력은 전압으로 변환되어 그 신호는 ECU로 보내진다. 이 신호는 ECU에서 대기압력에 따라 고도를 계산하여 적절한 혼합비가 되도록 연료분사량과 점화시기를 조절하는 데 사용된다.

③ **흡입공기온도센서(ATS; Air Temperature Sensor)** : 공기유량센서에 부착되어 흡입공기의 온도를 검출하는 일종의 저항기이다. 이 신호는 ECU로 보내져 흡입공기의 온도에 상응하는 연료분사량을 조절하는 데 사용된다.

④ **스로틀보니** : 스로틀보디는 공기유량센서와 서지탱크 사이에 설치되어 흡입통로의 일부를 형성한다. 공회전 시에 스로틀밸브는 거의 닫혀 있으며, 필요한 공기는 스로틀보디에 마련되어 있는 바이패스통로를 통하여 공급된다.

  ㉠ 공전속도조정기 : 공전속도조정기는 ECU가 기관의 회전속도 및 온도에 따라 조절신호를 보내면 스로틀밸브를 조정하여 기관에 공기를 가감시키며 공회전속도를 조정하는 역할을 한다.

  ㉡ 모터포지션센서 : 모터포지션센서에서 검출된 신호는 ECU로 보내어지며 ECU에서 모터포지션센서의 신호, 공회전신호, 냉각수온의 신호, 차량속도신호 등을 바탕으로 스로틀밸브의 열림 정도를 조절하게 된다.

ⓒ 공전스위치 : 공전속도조정기의 플런저 아랫부분에 설치되어 있으며, 스로틀밸브가 공전 상태에 놓이게 되면 공전속도조정기 레버에 의하여 푸시핀이 눌러져 접점이 통전(On)되어 기관이 공회전상태에 놓여 있음을 ECU로 보내주게 된다.

ⓔ 스로틀포지션센서 : 스로틀밸브의 열림정도를 스로틀보디의 스로틀축과 함께 회전하는 가변저항의 변화에 따라 출력전압의 변화로 읽어 ECU에서 열림 정도를 감지한다. ECU는 스로틀포지션센서의 출력전압과 기관 회전수 등의 입력신호에 따라 기관상태를 판정하여 연료분사량을 조절해준다.

ⓜ 패스트아이들 조정밸브 : 냉각수의 온도에 따라 흡입공기량을 조절하여 기관회전속도를 조절해주는 장치이다.

⑤ **서지탱크와 흡입다기관** : 서지탱크는 기관의 충전효율을 높이기 위하여(흡입되는 공기가 맥동적으로 이루어지는 것을 방지하기 위하여) 설치되는 장치로서 흡입다기관과 일체로 제작되어 있다. 흡입다기관은 서지탱크에서 보내온 공기와 인젝터에서 분사된 연료를 혼합하여 각 실린더에 균일하게 분배하여 주는 작용을 한다.

⑥ **1번 실린더 TDC센서** : 실린더 내의 1번 피스톤의 압축상사점 위치를 검출하여 ECU에 보내어 초기분사시기 및 연료분사순서를 결정한다.

⑦ **크랭크각 센서** : 가솔린 분사장치에서 주로 점화시기 제어에 필요한 크랭크축의 회전 각도를 점검하여 피스톤 위치를 알기 위한 센서이며 ECU에서는 분사량 보정, 점화시기 등을 제어하는 데 사용한다.

(2) 연료계통의 구조와 작용

① 연료계통은 연료탱크, 연료펌프, 연료여과기, 연료공급파이프, 연료압력제어기 및 인젝터로 구성된다.

② 연료탱크 내의 연료는 전기로 구동되는 연료펌프에 의하여 약 2.5kg/cm^2의 압력으로 연료여과기를 거쳐 연료공급파이프로 공급되며, 연료공급파이프에 설치되어 있는 연료압력조절기에서 흡입다기관의 부압 정도에 따라 연료압력을 조절하여 각 인젝터와 냉시동밸브에 연료를 공급하고, 과잉 공급된 연료는 리턴라인(Return Line)을 따라 연료탱크로 되돌려진다. 인젝터에서는 ECU의 신호에 의하여 인젝터 내부의 솔레노이드 코일을 작동하면 니들밸브가 열려 각 실린더의 점화순서에 따라 흡입다기관 내에 연료를 분사시키게 된다.

(3) 제어계통의 구조와 작용

제어계통은 각종 센서와 ECU로 구성되며 기관의 운전조건과 상태에 따라 적절한 연료량을 결정한다.

① **회전속도센서** : L-제트로닉에서 기관회전속도의 검출은 배전기의 점화신호에 의하여 이루어진다. 점화신호가 ECU에 입력되면 기준전압과 비교하여 점화신호펄스를 형성하고 펄스 횟수에 의하여 기관회전속도를 검출한다.

② **서모타임스위치** : 서모타임스위치는 전기적으로 가열되는 바이메탈식 구조로서 냉각수 온도에 따라 접점이 개폐되도록 되어 있다. 서모타임스위치는 냉간시동시 시동불량을 방지하기 위해 추가연료를 분사하도록 작동한다.

③ **냉각수온센서** : 기관이 시동되면 워밍업 운전기간에 들어간다. 냉각수온센서는 이 기간의 냉각수 온도에 대한 정보를 ECU에 보내어 시동 후 농후한 혼합기를 공급하도록 한다.

④ **스로틀밸브위치센서(TPS)** : 기관의 부하상태를 검출하기 위해서 스로틀밸브축에 설치된 TPS에 의하여 스로틀밸브의 개도를 판별한다. 스로틀밸브가 완전히 열리면 전부하접점이 접촉되고, 반대로 스로틀밸브가 완전히 닫히면 공전접점이 접촉된다.

⑤ **산소센서** : 3원촉매장치를 사용하여 배기가스를 정화시 촉매의 정화율은 이론공기 연료비 부근에서 가장 우수하다. 따라서 혼합비를 이론공연비 부근($\lambda = 0.95 \sim 1.05$)으로 제어하기 위하여 산소센서를 이용한다. 현재 사용하고 있는 산소센서에는 지르코니아 산소센서와 티타니아 산소센서가 있다.

⑥ **ECU(Electronic Control Unit)** : ECU는 각종 센서에서 입력되는 기관작동상태에 관한 정보를 처리하여 대응하는 인젝터의 니들밸브 열림 시간을 계산한다. 즉 ECU는 인젝터의 분사지속시간을 제어하는 방법으로 분사량을 제어한다.

 ㉠ **연료분사제어** : 공기유량센서로부터 흡입공기량을 검출하여 이에 대응하는 연료를 분사시키기 위하여 인젝터의 구동시간을 제어한다.

 ㉡ **공전속도제어** : 모터포지션센서에 의하여 공전속도조정기의 플런저 위치를 감지하고 스로틀밸브의 열림 정도를 제어한다. 이 외에도 패스트아이들제어(Fast Idle Control), 대시포트제어(Dash Port Control), 에어컨 작동 시 공전속도상승제어 등이 있다.

 ㉢ **점화시기제어** : 온 주행모드에서 점화시기와 캠각을 제어한다.

 ㉣ **컨트롤릴레이제어** : ECU, 연료펌프, 인젝터, 공기유량센서 등에 전원을 공급해 주는 릴레이를 컨트롤릴레이(Control Relay)라고 하며, 기관 정지 시 연료펌프의 구동을 정지시키는 기능이다.

 ㉤ **에어컨릴레이제어** : 기관 시동 시 또는 가속 시에 일시적으로 에어컨릴레이가 오프(Off)되어 에어콘 콤프레서의 작동을 정지시켜 주는 기능이다.

 ㉥ **피드백제어(Feed Back Control)** : 배기가스 중의 산소농도를 검출하여 혼합비가 자동적으로 적정 혼합비로 되도록 하는 기능이다.

 ㉦ **증발가스제어** : 캐니스터(Canister)에 포집된 연료증발가스를 기관의 상태에 따라 흡기다기관으로의 유입을 제어하는 기능이다.

4. ECU의 연료분사제어

연료의 분사량은 인젝터의 구동시간에 의하여 제어되는데, 인젝터의 구동시간은 공기유량센서, 크랭크각센서, O_2센서의 배기가스 정보 및 각종 센서로부터의 신호를 근거로 하여 ECU에서 산정된다.

(1) ECU의 정보처리 과정

① **기본분사시간** : ECU는 기본 분사량을 결정하는 영향인자인 흡입공기량과 기관회진속도의 센서로부터 보내오는 정보로부터 기본분사시간을 계산한다.

② **보정분사시간** : 기관냉각수 온도, 흡입공기의 온도와 압력, 스로틀밸브의 개도 및 시동 여부 등에 따른 정보로부터 보조증가량에 대응하는 보정분사시간을 추가하여 결정한다.

③ **인젝터의 구동시간** : ECU에서 연산되는 인젝터의 구동시간은 기본분사시간과 보정분사시간의 합으로 결정되며 이외에 전원전압의 변화에 따른 분사시간을 추가하여 결정한다.

(2) 분사시기제어

연료의 분사시기는 운전상태에 따라 결정되며 동기분사와 동시분사가 있다.

① **동기분사** : 각 실린더의 배기 행정에서 인젝터를 구동시키며 크랭크각 센서의 신호에 동기하여 구동된다. 1번 실린더의 신호는 동기분사의 기준신호로서 이 신호를 검출한 곳에서 크랭크각 센서의 신호와 동기하여 분사가 시작된다. 각 실린더의 분사는 크랭크각 2회전에 점화순서에 따라 1회씩 분사된다.

② **동시분사(비동기분사)** : 기관기동시나 공전스위치가 오프(Off)된 상태에서 스로틀밸브의 열림 정도가 규정값보다 클 때, 즉 급가속시 4개의 인젝터가 동시에 연료를 분사한다.

08 ▶ 디젤기관

1. 디젤기관의 개요

디젤기관은 실린더 안에 공기만을 흡입·압축하여 공기의 온도가 고온이 되게 한 후 연료를 안개 모양의 입자로 고압분사하여 분무된 연료가 공기의 압축열에 의하여 자기착화연소를 하게 하며 이 때 발생한 가스의 압력에 의하여 동력을 얻는 기관이다.

(1) 디젤기관의 장단점

① 장점
  ㉠ 가솔린기관보다 열효율이 높다.
  ㉡ 가솔린기관보다 연료소비량이 작다.
  ㉢ 연료인화점이 높아 화재의 위험이 적다.
  ㉣ 배기가스에 함유되어 있는 유해성분이 적다.

② 단점
  ㉠ 마력당 중량이 무겁다.
  ㉡ 평균유효압력 및 회전속도가 낮다.
  ㉢ 운전 중 진동소음이 크다.
  ㉣ 기동전동기의 출력이 커야 한다.
  ㉤ 연료공급장치의 정밀한 조정이 필요하다.

(2) 디젤기관의 종류

① 공기분사식
  ㉠ 착화지연 시간이 짧고 질 낮은 연료도 사용할 수 있다.
  ㉡ 정압에 가깝게 연소시킬 수 있다.
  ㉢ 높은 압력을 내는 공기압축기가 있어야 한다.

   ⓔ 부하속도에 의한 조정이 복잡하다.

   ⓜ 선박기관에 사용한다.

  ② 무기분사식

   ㉠ 연료 자체에 압력을 가하여 분사노즐을 거쳐 분사시킨다.

   ㉡ 무게가 가벼울 뿐만 아니라 기계효율도 높다.

   ㉢ 착화지연이 길어 복합사이클과 정적사이클에 가까운 연소를 한다.

2. 디젤기관의 연소과정

(1) 착화지연기간(연소준비기간)

연료가 실린더 속에 분사될 때부터 연소를 일으키기 전까지의 기간을 말한다. 착화지연기간은 연소에 크게 영향을 미치므로 될 수 있는 대로 짧은 것이 유리하며 연료의 착화성, 공기의 압축온도 및 압축압력, 연료의 분사상태 등의 영향을 받는다.

(2) 폭발연소기간(급격연소기간)

분사된 연료가 연소되어 실린더 내의 압력을 급상승시키는 기간을 말한다.

(3) 직접연소기간(제어연소기간)

연료의 분사가 계속되어 거의 정압상태에서 연소하는 기간을 말한다.

(4) 후기연소기간

연소실에 남아있는 연료가 연소를 계속하는 기간이다. 이 기간이 길면 배기 온도가 높아지고 열효율이 저하되므로 후기연소기간은 짧은 것이 유리하다.

3. 디젤기관의 연소실

〈연소실의 종류〉

(1) 직접분사실식

연소실이 피스톤헤드에 설치된 볼(Bowl)에 의해 형성되며 여기에 연료를 직접 분사하게 되어 있다.

장점	단점
• 구조가 간단하여 열효율이 높고 연료소비량이 작다. • 열에 의한 변형이 작다. • 냉각손실이 작다. • 시동이 용이하다.	• 세탄가가 높은 연료를 사용하여야 한다. • 분사압력 및 연소압력이 높다. • 다공 노즐을 사용하므로 막히기 쉽다. • 분무 상태가 기관의 성능에 민감하게 작용한다. • 복실식에 비하여 와류가 약하므로 발열한계가 높고 고속회전이 곤란하다.

(2) 예연소실식

피스톤과 실린더헤드 사이에 주연소실이 있고 이외에 따로 예연소실(＝부실)을 갖고 있어 예연소실에서 착화시키면 압력이 상승되고 반연소상태의 연소가스나 고온가스의 상태에서 연락공을 통하여 주연소실에 강하게 분출되어 주연소실 내의 공기에 의해 완전연소가 된다.

장점	단점
• 사용연료의 범위가 넓다. • 분사압력이 낮기 때문에 분사시기 변화에 대하여 민감하지 않다. • 노크가 적고 세탄가가 낮은 연료를 사용할 수 있다. • 착화지연이 짧다. • 노킹이 적어 정숙한 운전을 할 수 있다. • 평균유효압력이 비교적 높다.	• 열손실이 커서 압축행정시 온도 증가가 둔하다. • 연료소비율이 높고 열효율이 낮다. • 시동을 위하여 예열 플러그를 설치하지 않으면 안 된다.

(3) 와류실식

노즐 가까이에서 많은 공기와류를 얻을 수 있도록 설계된 것으로 연락공의 크기를 예연소실식과 비교하여 크게 하고 압축행정 중에 부실 내에 강한 와류를 형성시켜 와류 중에 연료를 분사하여 연소시키는 구조를 가진다.

장점	단점
• 회전수 및 평균유효압력을 높일 수 있다. • 고속운전이 가능하다. • 회전범위가 광범위하여 원활한 운전이 가능하다. • 연료소비율은 예연소실식보다 우수하다.	• 실린더헤드의 구조가 복잡하다. • 직접분사식보다 열효율이 떨어진다. • 저속 시 예열 플러그를 필요로 하기 때문에 시동성이 나쁘다. • 열손실이 크다.

(4) 공기실식

예연소실식과 와류실식이 부실에 분사노즐이 설치되어 있는 데 반해, 공기실식 연소실은 부실의 대칭되는 위치에 노즐이 설치되어 있으며 연료의 분사방향이 부실방향으로 되어 있다.

장점	단점
• 연소압력이 낮기 때문에 작동이 비교적 정숙하다. • 시동이 용이하여 예열플러그를 사용하지 않아도 된다. • 핀들형 노즐을 사용할 수 있으므로 고장이 적다.	• 기관의 회전속도가 낮다. • 열효율이 낮고 연료소비율이 낮다. • 평균유효압력이 낮다. • 후연소를 일으키기 쉽고 배기온도가 높다.

09 ▶ 연료분사장치

1. 독립식 분사펌프

(1) 독립식 분사펌프의 구성

독립식 분사펌프는 연료탱크, 연료파이프, 공급펌프, 연료여과기, 분사펌프(조속기, 분사시기조정기), 분사파이프, 분사노즐로 구성된다.

① **공급펌프** : 연료를 일정한 압력으로 가압하여 분사펌프에 공급하는 장치로 분사펌프의 캠축에 의해 작동된다. 공급펌프는 펌프보디와 그 내부에서 작동되는 플런저, 태핏, 푸시로드, 체크밸브 등으로 구성되어 있다.

② **연료여과기** : 연료 속에 들어있는 먼지나 수분을 제거 분리하며 연료파이프에 의해 연료공급펌프와 분사펌프에 연결되어 있다.

③ **분사펌프**

㉠ 캠축 : 캠축의 캠의 수는 기관실린더수와 같고 구동 쪽에는 분사시기 조정장치, 다른 한쪽에는 조속기를 설치하기 위한 나사홈이 파져 있다.

㉡ 태핏(Tappet) : 태핏은 캠축에 의하여 상하운동을 하면서 플런저를 작동한다. 캠과 접촉하는 부분이 롤러로 되어 있으며, 롤러는 태핏에 부싱과 핀으로 지지되어 있다.

㉢ 펌프엘리먼트 : 펌프엘리먼트는 플런저와 플런저배럴로 구성되어 있으며 펌프하우징에 고정되어 있는 배럴 속을 플런저가 상하로 섭동하고 동시에 어느 각도만큼 회전하게 되어 있다. 연료분사량은 플런저의 유효행정에 따라 정해지며 유효행정은 제어슬리브와 피니언의 위치변화에 따라 정해진다. 플런저의 유효행정을 크게 하면 연료분사량(송출)이 많아져 기관이 고속회전을 한다.

㉣ 플런저리드 : 플런저리드의 종류에는 직선형과 나선형이 있으며, 리드는 오른쪽 리드와 왼쪽 리드가 있다.

㉤ 딜리버리밸브(Delivery Valve) : 딜리버리밸브는 플런저의 상승행정으로 배럴 내의 연료압력이 규정(약 $10kg/cm^2$)에 이르면 밸브가 열려 연료를 분사노즐에 압송하고 플런저의 유효행정이 끝나면 밸브는 스프링 힘으로 닫혀서 연료의 역류를 방지한다.

④ **연료제어기구** : 연료분사량을 조정하는 가속페달이나 조속기의 움직임을 플런저에 전달하는 기구이며 가속페달에 연결된 제어래크, 제어피니언, 제어슬리브 등으로 구성되어 있다.

(2) 조속기(Governer)

조속기는 기관의 오버런이나 기관정지를 방지하기 위하여 자동적으로 분사량을 조정하여 기관의 회전속도를 제어하는 역할을 한다.

(3) 분사시기조정기

기관의 부하 및 회전속도에 따라 분사시기를 변화시키기 위한 장치로, 분사시기조정기는 기계식과 자동식이 있다.

2. 분배형 분사펌프(VE형)

분배형 분사펌프는 기통수에 관계없이 1개의 플런저가 회전과 왕복운동을 하여 각 계통에 연료를 공급한다.

(1) 분배형 분사펌프의 특징

① 소형, 경량으로 부품 수가 적다.
② 시동이 용이하다.
③ 고속회전이 가능하다.
④ 분사량 조정이 가능하다.
⑤ 토크 조정이 간단하다.
⑥ 역회전을 방지할 수 있다.
⑦ 여러 가지 성능에 대한 맞춤이 용이하다.
⑧ 펌프 내의 윤활은 연료로 한다.

(2) 분배형 분사펌프의 구성 및 작동

① 분배형 분사펌프 연료장치 : 연료는 공급펌프에 의해 연료탱크로부터 뽑아 올려 물분리장치 연료필터를 통하여 분사펌프에 보내어 펌프내부에 있는 피드펌프에 의해 가압되어 펌프실로 보내진다. 연료는 펌프실로부터 분배헤드의 통로를 통과하여 배럴 흡입포트(구멍)를 거쳐서 플런저 상부의 펌프고압실에 이른다. 플런저는 연료를 분사순서에 의해 노즐을 통하여 고압 분사시킨다.
② 분배형 분사펌프의 작동
  ㉠ 공급펌프 : 구동축쪽 하우징에 들어있는 베인형 공급펌프는 연료를 연료펌프에서 흡입하여 펌프실로 압송한다.
  ㉡ 조정밸브 : 공급펌프에서 공급되는 연료는 분사량의 몇 배가 되기 때문에 초과되는 연료는 조정밸브를 경유하여 공급펌프의 흡입쪽으로 되돌아간다.
  ㉢ 연료의 압송 및 분배 : 연료의 압송은 플런저의 왕복운동에 의하여 이루어지며, 분배는 각각의 분사홈에서 플런저의 중앙에 있는 분배슬릿에 의하여 행해진다.

3. 분사노즐

(1) 분사노즐의 기능

분사펌프에서 보내진 고압의 연료를 미세한 안개모양으로 연소실에 분사한다.

(2) 분사노즐의 종류

① 개방형 : 노즐 끝이 항상 열려있는 형식
② 폐지형 : 분사펌프와 노즐 사이에 니들밸브를 두고 필요한 때에만 밸브를 열어 연료가 분사되게 한 것이다.

---

10 ▶ 터보차저(Turbo Chager)

1. 터보차저의 기능 및 특징

(1) 터보차저의 기능

실린더 내에 제한된 용적에 비해 보다 큰 출력을 얻기 위하여 흡기다기관에 터보차저(Turbo Charger, 과급기)를 설치한다. 터보차저는 공기량을 증대시키기 위해 흡기 밀도를 대기압으로 가압하여 실린더 내에 공급시켜 기관의 충전효율을 높이고 평균유효압력을 높여 출력을 증대시킨다.

(2) 터보차저의 특징

① 장점
　　㉠ 연소가 양호하여 연료소비율이 3~5% 감소한다.
　　㉡ 엔진의 소형 경량화가 가능하다.
　　㉢ 배기가스 정화효율이 향상된다.
　　㉣ 착화지연 시간이 짧다.
　　㉤ 출력을 증대시킬 수 있다.
② 단점
　　㉠ 엔진의 강도가 저하된다.
　　㉡ 섭동부의 내구성이 저하된다.

2. 터보차저의 구조

터보차저는 압축기, 터빈, 플로팅베어링, 과급압력 조정장치, 인터쿨러, 노킹방지장치 등으로 구성되어 있다.

(1) 압축기

압축기는 원심식이며 100,000rpm 이상의 고속회전으로 공기를 가압하는 임펠러와 흐름속도가 빠를 때 감속하여 속도에너지를 압력에너지로 바꾸는 디퓨저와 하우징으로 되어 있다.

(2) 터빈

압축기를 구동하는 부분으로 배기가스의 열에너지를 회전력으로 변화시킨다.

(3) 플로팅베어링

베어링의 윤활은 보통 엔진오일을 사용하며 터보장치가 과열된 상태에서 엔진을 정지하면 베어링에 오일이 공급되지 않아 소결을 일으키는 경우가 있기 때문에 고속주행 직후에는 바로 엔진을 정지시키지 말고 충분히 공회전시켜 터보차저를 냉각시켜야 한다.

(4) 압력조정장치

① 배기가스 바이패스식 : 과급압력이 규정압력 이상으로 상승하였을 경우에 터빈으로 들어가는 배기가스 중에서 일부를 배출하여 그 이상으로 터빈이 회전하지 못하도록 하는 방식이다.
② 흡기 릴리프방식 : 배기가스 흐름을 조정하는 것이 아니라 과급압력자체를 조정하는 것으로 과급압력이 규정값 이상으로 되면 흡기 릴리프밸브가 열려 과급된 흡입 공기를 외부로 배출하는 방식이다.

(5) 인터쿨러

인터쿨러는 과급된 공기의 온도를 낮추어 충전효율의 저하나 노킹을 방지한다.

(6) 노킹방지장치

노킹이 발생하면 노킹센서가 노킹진동을 감지하여 바로 점화시기를 느리게 하여 그 이상 노킹이 발생하지 않도록 한 장치이다. 노킹방지장치는 노크센서, 노크조정장치, 진각제어부분으로 구성된다.

1. 예열장치의 기능

겨울철에 외기의 온도가 낮을 경우 또는 기관이 냉각되어 있을 때 기동을 쉽게 하기 위하여 흡입공기를 미리 가열하는 장치이다.

2. 예열장치의 종류

(1) 흡기가열식

실린더에 흡입되는 공기를 미리 예열하는 방식이다. 흡입공기를 가열하는 열원에 따라 연소식과 전열식으로 구분한다.

(2) 예열플러그식

연소실 내의 공기를 직접 예열하는 방식이다.

08 | 자동차구조학 적중예상문제

정답 및 해설 p.018

01 20℃에서 양호한 상태인 100Ah의 축전지는 200A의 전기를 얼마 동안 발생시킬 수 있는가?

① 20분
② 30분
③ 1시간
④ 1시간 30분
⑤ 2시간

02 다음 중 FF 자동차에 대한 설명으로 옳은 것은?

① 자동차의 앞쪽에 엔진을, 뒤에 구동축을 설치한 자동차
② 자동차의 앞쪽에 구동축을, 뒤에 엔진을 설치한 자동차
③ 자동차의 앞쪽에 엔진과 구동축을 모두 설치한 자동차
④ 자동차의 앞쪽에 엔진을, 앞뒤에 구동축을 설치한 자동차
⑤ 자동차의 뒤쪽에 엔진과 구동축을 모두 설치한 자동차

03 다음 중 전륜 구동 방식(Front Wheel Drive) 자동차의 장점으로 옳지 않은 것은?

① 전/후 차축 간의 하중 분포가 균일하다.
② 동력 전달 경로가 짧아 동력전달 손실이 적다.
③ 추진축 터널이 없어 차 실내 주거성이 좋다.
④ 커브 길과 미끄러운 길에서 조향 안정성이 양호하다.
⑤ 차량중량이 경감된다.

04 다음 중 디젤기관의 연료 분사장치에서 연료의 분사량을 조절하는 것은?

① 연료 여과기
② 연료 분사노즐
③ 연료 분사펌프
④ 연료 공급펌프
⑤ 연료 파이프

05 다음 중 승용자동차에서 가장 좋은 승차감을 얻을 수 있는 차체 진동수의 범위는?

① 20~40사이클/분
② 60~90사이클/분
③ 150~180사이클/분
④ 180~240사이클/분
⑤ 240~270사이클/분

06 다음 중 뒷바퀴 굴림 차의 동력 전달 순서로 옳은 것은?

① 엔진 ─ 클러치 ─ 추진축 ─ 차축 ─ 바퀴
② 엔진 ─ 변속기 ─ 종감속장치 ─ 추진축 ─ 바퀴
③ 클러치 ─ 엔진 ─ 변속기 ─ 추진축 ─ 바퀴
④ 클러치 ─ 변속기 ─ 엔진 ─ 차축 ─ 바퀴
⑤ 클러치 ─ 엔진 ─ 차축 ─ 변속기 ─ 바퀴

07 다음 중 디젤기관의 장점으로 옳은 것은?

① 회전속도가 높다.
② 열효율이 높다.
③ 마력당 기관의 무게가 가볍다.
④ 소음진동이 적다.
⑤ 시동 전동기 출력이 커야 한다.

08 다음 중 기계효율 ηm을 표시한 식으로 옳지 않은 것은?

① $\eta m = \dfrac{(제동마력)}{(지시마력)}$

② $\eta m = \dfrac{(지시\ 열효율)}{(제동\ 열효율)}$

③ $\eta m = \dfrac{(제동일)}{(지시일)}$

④ $\eta m = \dfrac{(제동평균\ 유효압력)}{(지시평균\ 유효압력)}$

⑤ $\eta m = \dfrac{(제동\ 열효율)}{(지시\ 열효율)}$

09 다음 중 실린더 내에서 발생한 출력을 폭발압력에서 직접 측정한 마력은?

① 손실마력   ② 영마력

③ 지시마력   ④ SAE마력

⑤ 국제마력

10 다음 중 전기자동차에 대한 설명으로 옳지 않은 것은?

① 시동과 운전이 용이하다.

② 가솔린 자동차에 비해 안전성이 좋다.

③ 소음이 적다.

④ 고속 장거리 주행에 적합하다.

⑤ 가솔린 자동차에 비해 관리비용이 낮다.

11 다음 〈보기〉에서 액슬축의 지지 방식을 모두 고르면?

> **보기**
> ㄱ. 전부동식　　　　　　　　　　ㄴ. 1/4부동식
> ㄷ. 반부동식　　　　　　　　　　ㄹ. 3/4부동식

① ㄴ, ㄷ　　　　　　　　　　　　② ㄷ, ㄹ
③ ㄱ, ㄷ, ㄹ　　　　　　　　　　④ ㄴ, ㄷ, ㄹ
⑤ ㄱ, ㄴ, ㄷ, ㄹ

12 다음 중 유압식 제동장치에서 후륜의 잠김으로 인한 스핀을 방지하기 위해 사용하는 밸브는?

① 릴리프 밸브　　　　　　　　　② 컷오프 밸브
③ 프로포셔닝 밸브　　　　　　　④ 솔레노이드 밸브
⑤ 스로틀 밸브

13 기관의 회전속도가 4,500rpm이고 연소지연시간은 1/500초일 때, 연소지연시간 동안에 크랭크축의 회전각은?

① 45°　　　　　　　　　　　　　② 50°
③ 52°　　　　　　　　　　　　　④ 54°
⑤ 60°

14 다음 중 발광다이오드에 대한 설명으로 옳지 않은 것은?

① 배전기의 크랭크 각 센서 등에서 사용된다.
② 발광할 때는 10mA 정도의 전류가 필요하다.
③ 가시광선으로부터 적외선까지 다양한 빛을 발생한다.
④ 역방향으로 일정 세기 이상의 전류가 흐르면 파괴된다.
⑤ 역방향으로 전류를 흐르게 하면 빛이 발생된다.

15 종감속기어의 감속비가 5 : 1일 때 링기어가 2회전하려면 구동피니언은 몇 회전하는가?

① 25회전　　　　　　　　　　　② 10회전
③ 5회전　　　　　　　　　　　　④ 2회전
⑤ 1회전

16 다음 중 디젤 승용자동차의 시동장치 회로 구성요소로 옳지 않은 것은?

① 축전지　　　　　　　　　　　② 기동전동기
③ 예열스위치　　　　　　　　　④ 시동스위치
⑤ 점화코일

17 다음 〈보기〉에서 공회전 속도조절 장치에 속하지 않는 것을 모두 고르면?

> **보기**
>
> ㄱ. 전자 스로틀 시스템　　　　　　　ㄴ. 아이들 스피드 액추에이터
> ㄷ. 스텝 모터　　　　　　　　　　　ㄹ. 가변 흡기제어 장치
> ㅁ. 차체 자세 제어장치

① ㄱ, ㄴ　　　　　　　　　　　② ㄱ, ㄹ
③ ㄴ, ㄷ　　　　　　　　　　　④ ㄷ, ㅁ
⑤ ㄹ, ㅁ

18 다음 중 독립현가방식의 차량에서 선회할 때, 롤링을 감소시켜 주고 차체의 평형을 유지시켜 주는 것은?

① 볼 조인트　　　　　　　　　　② 공기 스프링
③ 쇼크 업소버　　　　　　　　　④ 스태빌라이저
⑤ 판 스프링

19 다음 중 기관의 회전수를 검출하는 데 사용하는 센서는?

① 스로틀 포지션 센서　　　　　② MAP 센서
③ 크랭크 포지션 센서　　　　　④ 노크 센서
⑤ 휠 스피드 센서

20 다음 중 조향장치에서 차륜 정렬의 목적으로 적절하지 않은 것은?

① 조향 휠의 조작안정성을 준다.
② 조향 휠의 주행안정성을 준다.
③ 타이어의 수명을 연장시켜 준다.
④ 조향 휠의 복원성을 경감시킨다.
⑤ 차량이 일직선으로 나아가게 한다.

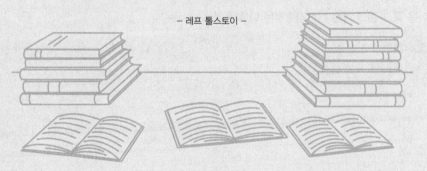

모든 전사 중 가장 강한 전사는 이 두 가지, 시간과 인내다.

- 레프 톨스토이 -

2

최종점검 모의고사

제1회 최종점검 모의고사

모바일 OMR
답안채점/성적분석
서비스

☑ 응시시간 : 30분   ☑ 문항 수 : 40문항

정답 및 해설 p.022

01 다음 제시된 단어와 반대되는 의미를 가진 것은?

share

① apologize   ② allow

③ imitate   ④ monopolize

⑤ coexist

02 다음은 국내 스포츠 경기 4종목의 경기 수에 대한 표이다. 이에 대한 설명으로 적절하지 않은 것은?

〈국내 스포츠 경기 수〉

(단위 : 회)

구분	2019년	2020년	2021년	2022년	2023년
농구	400	408	410	400	404
야구	470	475	478	474	478
배구	220	225	228	230	225
축구	230	232	236	240	235

① 농구의 2020년 전년 대비 경기 수 증가율은 2023년 전년 대비 경기 수 증가율보다 높다.

② 2019년 농구와 배구의 경기 수 차이는 야구와 축구 경기 수 차이의 70% 이상이다.

③ 2020년부터 2022년까지 경기 수가 증가하는 스포츠는 1종목이다.

④ 2023년 경기 수가 2021년부터 2022년까지의 종목별 평균 경기 수보다 많은 스포츠는 1종목이다.

⑤ 2021년부터 2022년까지의 야구 평균 경기 수는 축구 평균 경기 수의 2배이다.

03 다음 글의 주제로 가장 적절한 것은?

사대부가 퇴장하고, 시민이 지배세력으로 등장하면서 근대문학이 시작되었다. 염상섭, 현진건, 나도향 등은 모두 서울 중인의 후예인 시민이었기 때문에 근대 소설을 이룩하는 데 앞장설 수 있었다. 이광수, 김동인, 김소월 등 평안도 출신 시민계층도 근대문학 형성에 큰 몫을 담당했다. 근대문학의 주역인 시민은 본인의 계급 이익을 배타적으로 옹호하지 않았다. 그들은 사대부 문학의 유산을 계승하는 한편, 민중문학과 제휴해 중세 보편주의와는 다른 근대 민족주의 문학을 발전시키는 의무를 감당해야 했다.

① 근대문학 형성의 주역들
② 근대문학의 지역문제
③ 민족주의 문학의 탄생과 발전
④ 근대문학의 특성과 의의
⑤ 근대문학과 민족문학

04 어느 대형서점에 방문하는 손님 중에서 책을 구매할 확률을 확인해보니, 비가 오는 날엔 $\frac{1}{3}$이 책을 샀고, 비가 오지 않는 날엔 $\frac{2}{7}$가 책을 샀다. 만약 어느 날 비가 올 확률이 $\frac{1}{5}$이라고 한다면, 이날 손님이 왔다가 책을 살 확률은?

① $\frac{6}{15}$

② $\frac{8}{35}$

③ $\frac{20}{51}$

④ $\frac{31}{105}$

⑤ $\frac{130}{525}$

05 A와 B는 운동장에서 같이 달리기를 하는데, A는 8분에 2바퀴를 돌고, B는 6분에 1바퀴를 돈다. 두 사람이 3시 정각에 같은 방향으로 동시에 출발하였다면, 출발점에서 4번째로 만나는 시각은?

① 3시 12분
② 3시 24분
③ 3시 48분
④ 3시 36분
⑤ 3시 40분

06 다음 중 직장생활에서 원활한 인간관계를 형성하는 방법에 대한 설명으로 적절하지 않은 것은?

① 상사나 동료의 의견에 일단 수긍을 하는 자세를 보인다.

② 업무능력보다는 인간관계가 더 중요하다는 점을 명심한다.

③ 적극적인 마인드를 가지고 업무에 임하고 자신을 강하게 어필할 수 있도록 한다.

④ 상대방에게 호감을 줄 수 있도록 항상 웃는 얼굴로 대한다.

⑤ 동료가 일이 많으면 내 일이 아니더라도 도와준다.

07 (나) 기어의 회전 방향은 어느 쪽인가?

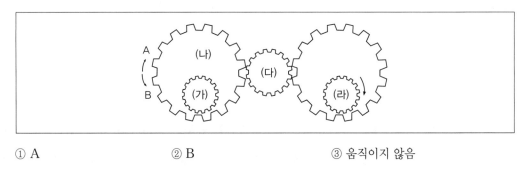

① A   ② B   ③ 움직이지 않음

08 다음 설명에 해당하는 의료 장비는?

- 자기장을 이용하여 신체 각 부위의 영상을 얻는 장치이다.
- 근육, 혈관 등을 촬영하여 뇌졸중, 암 등을 진단한다.

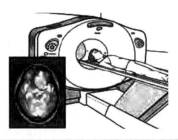

① 내시경   ② 청진기

③ 혈압계   ④ 자기 공명 영상 장치(MRI)

⑤ 초음파 검사기

09 다음 글의 내용으로 적절하지 않은 것은?

> 경제학자인 사이먼 뉴컴이 소개한 화폐와 실물 교환의 관계식인 '교환방정식'을 경제학자인 어빙 피셔가 발전시켜 재소개한 것이 바로 '화폐수량설'이다. 사이먼 뉴컴의 교환방정식은 'MV＝PQ'로 나타나는데, M(Money)은 화폐의 공급, V(Velocity)는 화폐유통속도, P(Price)는 상품 및 서비스의 가격, Q(Quantity)는 상품 및 서비스의 수량이다. 즉 화폐공급과 화폐유통속도의 곱은 상품의 가격과 거래된 상품 수의 곱과 같다는 항등식이다.
>
> 어빙 피셔는 이러한 교환방정식을 인플레이션율과 화폐공급의 증가율 간 관계를 나타내는 이론인 화폐수량설로 재탄생시켰다. 이 중 기본 모형이 되는 피셔의 거래모형에 따르면 교환방정식은 'MV＝PT'로 나타나는데, M은 명목화폐수량, V는 화폐유통속도, P는 상품 및 서비스의 평균가격, T(Trade)는 거래를 나타낸다. 다만 거래의 수를 측정하기 어렵기 때문에 최근에는 총거래 수인 T를 총생산량인 Y로 대체하여 소득모형인 'MV＝PY'로 사용하고 있다.

① 사이먼 뉴컴의 교환방정식 'MV＝PQ'에서 Q는 상품 및 서비스의 수량을 의미한다.

② 어빙 피셔의 화폐수량설은 최근 총거래 수를 총생산량으로 대체하여 사용하고 있다.

③ 교환방정식 'MV＝PT'는 화폐수량설의 기본 모형이 된다.

④ 어빙 피셔의 교환방정식 'MV＝PT'의 V는 교환방정식 'MV＝PY'에서 Y와 함께 대체되어 사용되고 있다.

⑤ 어빙 피셔는 사이먼 뉴컴의 교환방정식을 인플레이션율과 화폐공급의 증가율 간 관계를 나타내는 이론으로 재탄생시켰다.

10 다음과 같은 모양을 만드는 데 사용된 블록의 개수는?(단, 보이지 않는 곳의 블록은 있다고 가정한다)

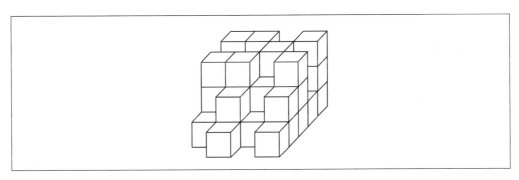

① 36개　　　　　　　　　　　　　② 37개

③ 38개　　　　　　　　　　　　　④ 39개

⑤ 40개

11 다음 제시된 도형의 규칙을 보고 ?에 들어갈 알맞은 도형을 고르면?

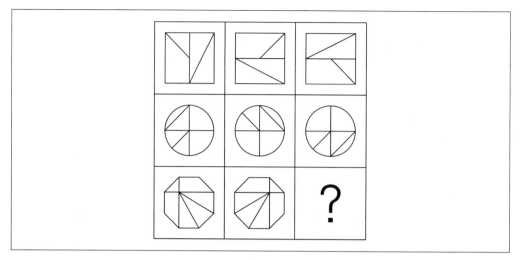

①

②

③

④

⑤

12 다음 대화를 읽고 Jessica가 온 이유로 적절한 것을 고르면?

A : What did Jessica come here for?
B : She said she would appreciate having you come to her party.

① 자신의 파티에 초청하기 위해
② 파티에 대해 항의하기 위해
③ 자신의 파티에 온 것에 감사인사를 하기 위해
④ 파티 파트너를 구하기 위해
⑤ 자신의 파티를 홍보하기 위해

13 다음 설명에 해당하는 센서는?

> • 빛 신호를 전기 신호로 바꾸어 준다.
> • 텔레비전 리모컨 수신기에 사용된다.

① 광센서　　　　　　　　　② 압력 센서
③ 화학 센서　　　　　　　　④ 가속도 센서
⑤ 온도 센서

14 다음은 2019년부터 2023년까지 우리나라의 출생 및 사망에 대한 표이다. 이에 대한 설명으로 옳지 않은 것은?

〈우리나라 출생 및 사망 현황〉

(단위 : 명)

구분	2019년	2020년	2021년	2022년	2023년
출생아 수	436,455	435,435	438,420	406,243	357,771
사망자 수	266,257	267,692	275,895	280,827	285,534

① 출생아 수가 가장 많았던 해는 2021년이다.
② 사망자 수는 2020년부터 2023년까지 매년 전년 대비 증가하고 있다.
③ 2019년부터 2023년까지 사망자 수가 가장 많은 해와 가장 적은 해의 사망자 수 차이는 15,000명 이상이다.
④ 2021년 출생아 수는 같은 해 사망자 수의 1.7배 이상이다.
⑤ 2020년 출생아 수는 2023년 출생아 수보다 15% 이상 많다.

15 제시된 명제가 모두 참일 때, 빈칸에 들어갈 내용으로 가장 적절한 것은?

> • 포유류는 새끼를 낳아 키운다.
> • 고양이는 포유류이다.
> • _____

① 포유류는 고양이이다.
② 고양이는 새끼를 낳아 키운다.
③ 새끼를 낳아 키우는 것은 고양이이다.
④ 새끼를 낳아 키우는 것은 포유류가 아니다.
⑤ 고양이가 아니면 포유류가 아니다.

16 다음 설명에 해당하는 파동은?

> • 진동수가 20,000Hz 이상인 음파이다.
> • 태아의 건강 상태를 진단할 때 사용한다.
>
>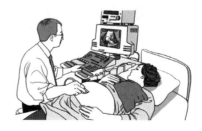

① X선 ② 자외선
③ 적외선 ④ 초음파
⑤ 가시광선

17 다음 문단을 논리적 순서대로 바르게 나열한 것은?

> (가) 그러나 이러한 현상에 대해 비판적인 시각도 생겨났다. 대량 생산된 복제품은 예술 작품의 유일무이
> (唯一無二)한 가치를 상실케 하고 예술적 전통을 훼손한다는 것이다.
> (나) MP3로 대표되는 복제 기술이 어떻게 발전할 것이며 그에 따라 음악은 어떤 변화를 겪을지, 우리가 누
> 릴 수 있는 새로운 전통은 우리 삶을 어떻게 변화시킬지 생각해 보는 것은 매우 흥미로운 일이다.
> (다) 근래에는 음악을 컴퓨터 파일의 형태로 바꾸는 기술이 개발되어 작품을 나누고 섞고 변화시키는 것이
> 훨씬 자유로워졌다. 이에 따라 낯선 곡은 반복을 통해 친숙한 음악으로, 친숙한 곡은 디지털 조작을
> 통해 낯선 음악으로 변모시킬 수 있게 되었다.
> (라) 그러나 복제품은 자신이 생겨난 환경에 매여 있지 않기 때문에, 새로운 환경에서 새로운 예술적 전통
> 을 만들어 낸다. 최근 음악 환경은 IT 기술의 발달과 보급에 따라 매우 빠르게 변화하고 있다.

① (가) － (다) － (라) － (나)　　　② (다) － (가) － (라) － (나)
③ (다) － (라) － (가) － (나)　　　④ (라) － (가) － (나) － (다)
⑤ (라) － (다) － (가) － (나)

18 A상자에는 흰 공 2개가 들어있고, B상자에는 빨간 공 3개가 들어있다. 각 상자에서 공을 1개씩 꺼낼 때,
나올 수 있는 모든 경우의 수는?(단, 중복되는 경우는 고려하지 않는다)

① 2가지　　　　　　　　　　② 3가지
③ 4가지　　　　　　　　　　④ 5가지
⑤ 6가지

19 다음 주어진 입체도형 중 나머지와 다른 하나는?

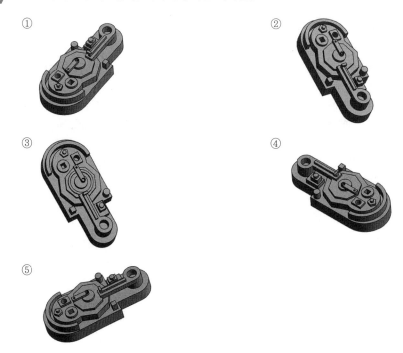

20 다음 글의 주제로 가장 적절한 것은?

> 표준화된 언어는 의사소통을 효과적으로 하기 위하여 의도적으로 선택해야 할 공용어로서의 가치가 있다. 반면에 방언은 지역이나 계층의 언어와 문화를 보존하고 드러냄으로써 국가 전체의 언어와 문화를 다양하게 발전시키는 토대로서의 가치가 있다. 이러한 의미에서 표준화된 언어와 방언은 상호 보완적인 관계에 있다. 표준화된 언어가 있기에 정확한 의사소통이 가능하며, 방언이 있기에 개인의 언어생활에서나 언어 예술 활동에서 자유롭고 창의적인 표현이 가능하다. 결국 우리는 표준화된 언어와 방언 둘 다의 가치를 인정해야 하며, 발화 상황을 고려해서 표준화된 언어와 방언을 잘 가려서 사용할 줄 아는 능력을 길러야 한다.

① 창의적인 예술 활동에서는 방언의 기능이 중요하다.
② 표준화된 언어와 방언에는 각각 독자적인 가치와 역할이 있다.
③ 정확한 의사소통을 위해서는 표준화된 언어가 꼭 필요하다.
④ 표준화된 언어와 방언을 구분할 줄 아는 능력을 길러야 한다.
⑤ 표준화된 언어는 방언보다 효용가치가 있다.

21 다음 중 2행정 사이클 기관에서 상승 행정만으로 짝지어진 것은?

① 압축, 폭발
② 폭발, 배기와 소기
③ 압축, 흡입과 점화
④ 흡입과 점화, 폭발
⑤ 압축, 배기와 소기

22 일정한 규칙으로 수를 나열할 때, 빈칸에 들어갈 알맞은 수는?

5 7 10 14 19 25 ( )

① 24 ② 27
③ 30 ④ 32
⑤ 35

23 다음 중 주어진 도형을 만들기 위해 필요하지 않은 조각은?

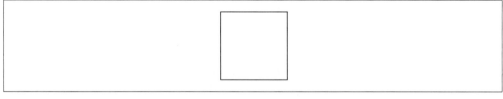

① ②

③ ④

⑤

24 H사에서는 업무효율을 높이기 위해 근무여건 개선방안에 대하여 논의하고자 한다. D사원은 논의 자료를 위하여 전 직원의 야간근무 현황을 조사하였다. 다음 중 조사 내용으로 옳지 않은 것은?

〈야간근무 현황(주 단위)〉

(단위 : 일, 시간)

구분	임원	부장	과장	대리	사원
평균 야간근무 빈도	1.2	2.2	2.4	1.8	1.4
평균 야간근무 시간	1.8	3.3	4.8	6.3	4.2

※ 60분의 3분의 2 이상을 채울 시 1시간으로 야간근무수당을 계산함

① 과장은 한 주에 평균적으로 2.4일 정도 야간근무를 한다.
② 전 직원의 주 평균 야간근무 빈도는 1.8일이다.
③ 사원은 한 주 동안 평균 4시간 12분 정도 야간근무를 하고 있다.
④ 1회 야간근무 시 평균적으로 가장 긴 시간 동안 일하는 직원은 대리이다.
⑤ 야간근무수당이 시간당 10,000원이라면 과장은 주 평균 50,000원을 받는다.

25 다음 글의 내용으로 가장 적절한 것은?

음악에서 화성이나 멜로디가 하나의 음 또는 하나의 화음을 중심으로 일정한 체계를 유지하는 것을 조성(調性)이라 한다. 조성을 중심으로 한 음악은 서양음악에 지배적인 영향을 미쳤는데, 여기에서 벗어나 자유롭게 표현하고 싶은 음악가의 열망이 무조(無調) 음악을 탄생시켰다. 무조 음악에서는 한 옥타브 안의 12음 각각에 동등한 가치를 두어 음들을 자유롭게 사용하였다. 이로 인해 무조 음악은 표현의 자유를 누리게 되었지만 조성이 주는 체계성은 잃게 되었다. 악곡의 형식을 유지하는 가장 기초적인 뼈대가 흔들린 것이다. 이와 같은 상황 속에서 무조 음악이 지닌 자유로움에 체계성을 더하고자 고민한 작곡가 쇤베르크는 '12음 기법'이라는 독창적인 작곡 기법을 만들어 냈다. 쇤베르크의 12음 기법은 12음을 한 번씩 사용하여 만든 기본 음렬(音列)에 이를 '전위', '역행', '역행 전위'의 방법으로 파생시킨 세 가지 음렬을 더해 악곡을 창작하는 체계적인 작곡 기법이다.

① 조성은 하나의 음으로 여러 음을 만드는 것을 말한다.
② 무조 음악은 조성이 발전한 형태라고 말할 수 있다.
③ 무조 음악은 한 옥타브 안의 음 각각에 가중치를 두어서 사용했다.
④ 조성은 체계성을 추구하고, 무조 음악은 자유로움을 추구한다.
⑤ 쇤베르크의 12음 기법은 무조 음악과 조성 모두에서 벗어나고자 한 작곡 기법이다.

26 다음과 같은 모양을 만드는 데 사용된 블록의 개수는?(단, 보이지 않는 곳의 블록은 있다고 가정한다)

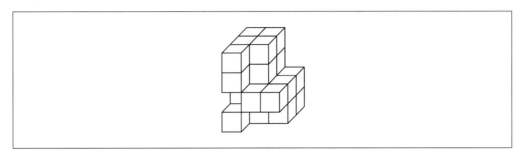

① 21개 　　　　　　　② 25개
③ 27개 　　　　　　　④ 28개
⑤ 30개

27 다음 글의 주제로 가장 적절한 것은?

세계 최대의 소금사막인 우유니 사막은 남아메리카 중앙부 볼리비아의 포토시주(州)에 위치한 소금 호수로, '우유니 소금사막' 혹은 '우유니 염지' 등으로 불린다. 지각변동으로 솟아오른 바다가 빙하기를 거쳐 녹기 시작하면서 거대한 호수가 생겨났다. 면적은 1만 2,000km²이며 해발고도 3,680m의 고지대에 위치한다. 물이 배수되지 않은 지형적 특성 때문에 물이 고여 얕은 호수가 되었으며, 소금으로 덮인 수면 위에 푸른 하늘과 흰 구름이 거울처럼 투명하게 반사되어 관광지로도 이름이 높다.

소금층 두께는 30cm부터 깊은 곳은 100m 이상이며 호수의 소금 매장량은 약 100억 톤 이상이다. 우기인 12월에서 3월 사이에는 20~30cm의 물이 고여 얕은 염호를 형성하는 반면, 긴 건기 동안에는 표면뿐만 아니라 사막의 아래까지 증발한다. 특이한 점은 지역에 따라 호수의 색이 흰색, 적색, 녹색 등의 다른 빛깔을 띤다는 점이다. 이는 호수마다 쌓인 침전물의 색깔과 조류의 색깔이 다르기 때문이다. 또한 소금 사막 곳곳에서는 커다란 바위부터 작은 모래까지 한꺼번에 섞인 빙하성 퇴적물들과 같은 빙하의 흔적들을 볼 수 있다.

① 우유니 사막의 기후와 식생
② 우유니 사막의 주민 생활
③ 우유니 사막의 자연지리적 특징
④ 우유니 사막 이름의 유래
⑤ 우유니 사막의 관광 상품 종류

28 다음 중 회전 방향이 나머지와 다른 것은?

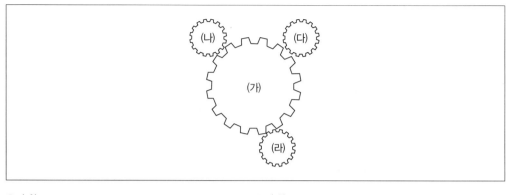

① (가)
② (나)
③ (다)
④ (라)
⑤ 모두 같음

29 H부서에서는 브레인스토밍 방법으로 티셔츠 디자인의 테마를 정하는 회의를 하고 있다. 이에 대한 내용으로 적절하지 않은 것은?

① 회의에서 이사원이 치즈라면에 대해서 이야기하자 최과장은 노란색과 붉은색의 조화가 떠올랐다고 말했다.

② 최과장이 노란색과 붉은색의 타원을 이용한 디자인 아이디어를 제시하자, 이사원은 거기에 파란색을 넣어서 신호등처럼 만드는 것은 어떻겠냐며 웃음 섞인 제안을 했다.

③ 김부장은 회의의 효율성을 위하여 자꾸 엉뚱한 이야기만을 하는 이사원에게 조심스럽게 자제를 부탁했다.

④ 김부장은 최과장의 아이디어에 아주 작은 수정만을 가하여 삼각형을 이용한 디자인 아이디어를 제시했다.

⑤ 최과장은 이사원의 신호등처럼 만들자는 제안에 더하여 신호등 안의 사람을 사용한 디자인을 하면 어떻겠냐는 제안을 했다.

30 다음 글의 목적으로 가장 적절한 것은?

Welcome and thank you for joining the dining club. Our club offers a unique dining experience. You will be trying food from all over the world, but more importantly, you will have the chance to experience each country's dining traditions and customs. In India, for example, they use their hands to eat. If you are used to using forks and knives, you may find this challenging. In France, dinners have many courses, so make sure to schedule enough time for the French meal. In Japan, they don't eat their soup with a spoon, so you have to drink directly from the bowl. These are some of the things you will experience every Saturday evening until the end of August. We hope you will enjoy your dining adventure.

① 식기 사용 방법을 교육하기 위해서
② 음식 맛의 차이를 설명하기 위해서
③ 해외여행 일정을 공지하기 위해서
④ 식사 문화 체험 행사를 알리기 위해서
⑤ 문화 체험관 개관식에 초대하기 위해서

31 다음 글의 빈칸에 들어갈 내용으로 가장 적절한 것은?

발전은 항상 변화를 내포하고 있다. 그러나 모든 형태의 변화가 전부 발전에 해당하는 것은 아니다. 이를테면 교통신호등이 빨강에서 파랑으로, 파랑에서 빨강으로 바뀌는 변화를 발전으로 생각할 수는 없다. 즉, ＿＿＿＿＿＿＿＿＿＿＿ 좀 더 구체적으로 말해, 사태의 진전 과정에서 나중에 나타나는 것은 적어도 그 이전 단계에 내재적으로나마 존재했던 것의 전개에 해당한다는 것이다. 이렇게 볼 때, 발전은 선적(線的)인 특성이 있다. 순전한 반복의 과정으로 보이는 것을 발전이라고 규정하지 않는 이유는 그 때문이다. 반복 과정에서는 최후에 명백히 나타나는 것이 처음에 존재했던 것과 거의 다르지 않다. 그러나 또 한편으로 우리는 비록 반복의 경우라도 때때로 그 과정 중의 특정 단계를 따로 떼어서 그것을 발견이라고 생각하기도 한다. 즉, 전체 과정에서 어떤 종류의 질이 그 시기에 특정의 수준까지 진전한 경우를 말한다.

① 발전은 어떤 특정한 방향으로 일어나는 변화라는 의미를 내포하고 있다.
② 변화는 특정한 방향으로 발전하는 것을 의미한다.
③ 발전은 불특정 방향으로 일어나는 변모라는 의미이다.
④ 발전은 어떤 특정한 반복으로 일어나는 변화라는 의미로 사용된다.
⑤ 변화는 어떤 특정한 방향으로 일어나는 발전이라는 의미로 사용된다.

32 다음 중 제시된 도형과 다른 것은?

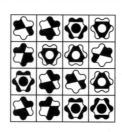

①

②

③

④

⑤

33 다음 중 연료를 기관의 외부에서 태워 발생된 에너지를 이용하여 동력을 얻는 것은?

① 디젤 기관
② 제트 기관
③ 증기 기관
④ 가솔린 기관
⑤ 친환경 기관

34 정환이와 민주가 둘레의 길이가 12km인 원 모양의 트랙 위에서 인라인 스케이트를 타고 있다. 같은 지점에서 출발하여 서로 같은 방향으로 돌면 3시간 후에 만나고, 서로 반대 방향으로 돌면 45분 후에 만난다고 할 때, 정환이의 속력은?(단, 정환이의 속력이 민주의 속력보다 빠르다)

① 4km/h   ② 6km/h

③ 8km/h   ④ 10km/h

⑤ 12km/h

35 ABS의 구성품 중 휠 스피드 센서의 역할은?

① 자동차 주변 환경의 광도 감지

② 차량의 과속을 억제

③ 브레이크 유압 조정

④ 라이닝의 마찰 상태 감지

⑤ 바퀴의 록(Lock) 상태 감지

36 다음 제시된 도형을 조합하였을 때 만들 수 없는 것은?

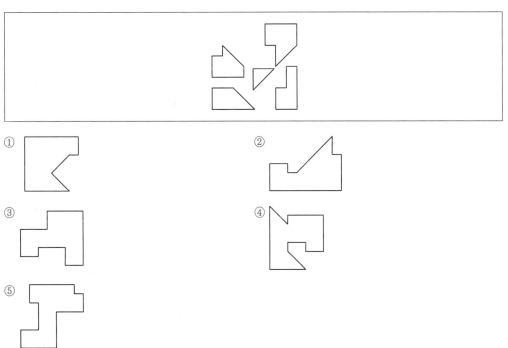

37 다음 글의 내용으로 가장 적절한 것은?

미디어 플랫폼의 다변화로 콘텐츠 이용에 관한 선택권이 다양해졌지만 장애인은 OTT로 콘텐츠 하나 보기가 어려운 현실이다.

지난 2022 장애인 미디어 접근 콘퍼런스에서 한국시각장애인연합회 정책팀장은 "올해 한 기사를 보니 한 시각장애인 분이 OTT는 넷플릭스나 유튜브로 보고 있다고 돼 있었는데, 두 가지가 다 외국 플랫폼이었다는 것이 마음이 아팠다. 외국과 우리나라에서 장애인을 바라보는 시각의 차이가 바로 이런 것이구나 생각했다."며 "장애인을 소비자로 보느냐 시혜대상으로 보느냐 사업자가 어떤 생각을 갖고 있느냐에 따라 콘텐츠를 어떻게 제작할 것인가의 차이가 있다고 본다."고 말했다.

실제 시각장애인은 OTT의 기본 기능도 이용하기 어렵다. 국내 OTT에서는 동영상 재생 버튼을 설명하는 대체 텍스트(문구)가 제공되지 않아 시각장애인들이 재생 버튼을 선택할 수 없었으며 동영상 시청 중에는 일시 정지할 수 있는 버튼, 음량 조정 버튼, 설정 버튼 등이 화면에서 사라졌다. 재생 버튼에 대한 설명이 제공되는 넷플릭스도 영상 재생 시점을 10초 앞으로, 또는 뒤로 이동하는 버튼은 이용하기 어렵다.

이에 국내 OTT 업계의 경우 장애인 이용을 위한 기술을 개발·확대한다는 계획을 밝히며 정부 지원이 필요하다고 덧붙였다. 정부도 규제와 의무보다는 사업자의 자율적인 부분을 인정해주고 사업자 노력을 드라이브 걸 수 있는 지원책을 마련하여야 한다. 이는 OTT 시장이 철저한 자본에 의한 경쟁시장이며, 자본이 있는 만큼 서비스가 고도화되고 고도화를 통해 이용자 편의성을 높일 수 있기 때문이다.

① 국내 OTT 플랫폼은 장애인을 위한 서비스를 제공하고 있지 않다.
② 외국 OTT 플랫폼은 국내 플랫폼보다 장애인을 시혜 대상으로 바라보고 있다.
③ 우리나라 장애인은 외국인보다 상대적으로 OTT 플랫폼의 이용이 어렵다.
④ 정부는 OTT 플랫폼에 장애인 편의 기능을 마련할 것을 촉구했지만 지원책은 미비했다.
⑤ 외국 OTT 플랫폼은 장애인을 위한 서비스를 활발히 제공하고 있다.

38 다음은 두 국가의 에너지원 수입액에 대한 표이다. 이에 대한 설명으로 옳은 것은?

〈A, B국의 에너지원 수입액〉

(단위 : 달러)

구분		1983년	2003년	2023년
A국	석유	74	49.9	29.5
	석탄	82.4	60.8	28
	LNG	29.2	54.3	79.9
B국	석유	75	39	39
	석탄	44	19.2	7.1
	LNG	30	62	102

① 1983년 석유 수입액은 A국이 B국보다 많다.
② 2003년 A국의 석유 및 석탄의 수입액의 합은 LNG 수입액의 2배보다 적다.
③ 2023년 석탄 수입액은 A국이 B국의 4배보다 적다.
④ 1983년 대비 2023년 LNG 수입액의 증가율은 A국이 B국보다 크다.
⑤ 1983년 대비 2023년 석탄 수입액의 감소율은 A국이 B국보다 크다.

39 다음 그림에서 브레이크 띠를 화살표와 같이 작동하려면 크랭크는 어느 방향으로 작동해야 하는가?

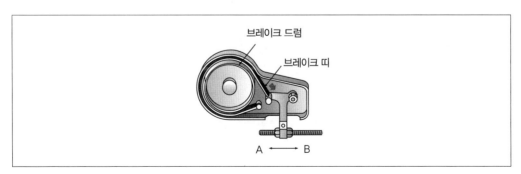

① A   ② B   ③ 움직이지 않음

40 다음 도형을 시계 반대 방향으로 90° 회전한 후, 좌우 반전했을 때의 모양은?

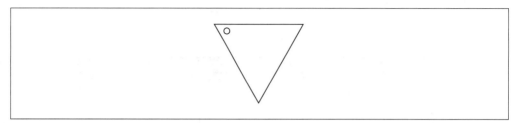

①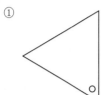

②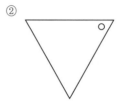

③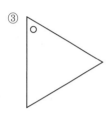

④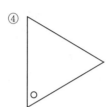

⑤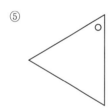

제2회 최종점검 모의고사

☑ 응시시간 : 30분   ☑ 문항 수 : 40문항

정답 및 해설 p.030

01 일정한 규칙으로 수를 나열할 때, 빈칸에 들어갈 알맞은 수는?

27	81	9	27	3	( )

① 6

② 7

③ 8

④ 9

⑤ 10

02 다음 글의 내용으로 적절하지 않은 것은?

> 지난해 충남도에서 청년농업인의 맞춤형 스마트팜인 '온프레시팜 1호'가 문을 열었다. 이는 청년농업인이 안정적으로 농업을 경영하여 자리 잡아 살아갈 수 있는 영농 터전을 마련하기 위한 맞춤형 사업으로, 이를 통해 농작물 재배 능력이 낮고 영농 기반이 부족한 청년농업인들이 농촌 안에서 안정적으로 농작물을 생산하고 경제적으로 정착할 수 있을 것으로 기대되고 있다.
> 온프레시팜은 에어로포닉스와 수열에너지를 접목시켜 토양 없이 식물 뿌리와 줄기에 영양분이 가득한 물을 분사해 농작물을 생산하는 방식으로 화석연료 대비 경제적으로 우수할 뿐만 아니라 병해충의 발생이 적고 시설적으로도 쾌적하다. 또한 토양이 없어 공간 활용에 유리하며 재배관리 자동화가 가능해 비교적 관리도 수월하다. 하지만 초기 시설비용이 많이 들고 재배 기술의 확보가 어려워 접근이 쉽지 않다.

① 온프레시팜 사업은 청년농업인들이 영농활동을 지속할 수 있도록 지원하는 사업이다.

② 온프레시팜은 기존 농업인이 아닌 농촌에 새로 유입되고 있는 청년농업인을 위한 사업이다.

③ 온프레시팜 방식으로 농작물을 재배할 경우 흙속 병해충으로 인해 발생하는 피해를 예방할 수 있다.

④ 온프레시팜 방식은 같은 재배면적에서 기존 농업방식보다 더 많은 농작물의 재배를 가능하게 한다.

⑤ 청년농업인은 기존의 농업방식보다는 자동화 재배관리가 가능한 온프레시팜 방식의 접근이 더 수월하다.

PART 2

03 다음 중 주어진 도형을 만들기 위해 필요하지 않은 조각은?

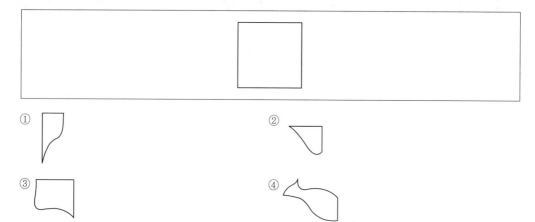

04 다음 그림에서 볼트를 너트에 끼우려면 너트를 어느 쪽으로 돌려야 하는가?

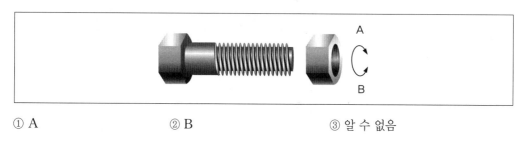

① A   ② B   ③ 알 수 없음

05 다음 주어진 문장에 이어질 대화의 순서로 가장 적절한 것은?

> How long are you planning to stay?

> (A) Just ten days.
> (B) I'm here on a tour.
> (C) What's the purpose of your trip?

① (A) − (B) − (C)   ② (A) − (C) − (B)
③ (B) − (A) − (C)   ④ (B) − (C) − (A)
⑤ (C) − (A) − (B)

06 4년 전 김대리의 나이는 조카 나이의 4배였고, 3년 후에는 김대리의 나이가 조카 나이의 2배보다 7살이 많아진다. 현재 김대리의 조카는 몇 살인가?

① 11살
② 12살
③ 13살
④ 14살
⑤ 15살

07 다음과 같은 모양을 만드는 데 사용된 블록의 개수는?(단, 보이지 않는 곳의 블록은 있다고 가정한다)

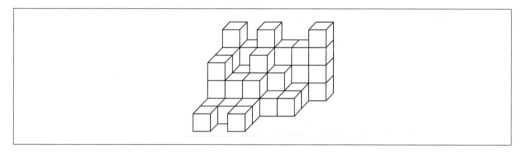

① 44개
② 45개
③ 46개
④ 47개
⑤ 48개

08 다음 중 자전거의 차체 부분에 속하는 것은?

① 크랭크축
② 타이어
③ 행어
④ 브레이크
⑤ 페달

09 다음 글의 내용으로 가장 적절한 것은?

포화지방산에서 나타나는 탄소 결합 형태는 연결된 탄소끼리 모두 단일 결합하는 모습을 띤다. 이때 각각의 탄소에는 수소가 두 개씩 결합한다. 이 결합 형태는 지방산 분자의 모양을 일자형으로 만들어 이웃하는 지방산 분자들이 조밀하게 연결될 수 있으므로, 분자 간 인력이 높아 지방산 분자들이 단단하게 뭉치게 된다. 이 인력을 느슨하게 만들려면 많은 열에너지가 필요하다. 따라서 이 지방산을 함유한 지방은 녹는점이 높아 상온에서 고체로 존재하게 된다. 그리고 이 지방산 분자에는 탄소 사슬에 수소가 충분히 결합되어, 수소가 분자 내에 포화되어 있으므로 포화지방산이라 부르며, 이것이 들어 있는 지방을 포화지방이라고 한다. 포화지방은 체내의 장기 주변에 쌓여 장기를 보호하고 체내에 저장되어 있다가 에너지로 전환되어 몸에 열량을 내는 데 이용된다. 그러나 이 지방이 저밀도 단백질과 결합하면, 콜레스테롤이 혈관 내부에 쌓여 혈액의 흐름을 방해하고 혈관 내부의 압력을 높여 심혈관계 질병을 유발하는 것으로 알려져 있다.

① 포화지방산에서 나타나는 탄소 결합은 각각의 탄소에 수소가 두 개씩 결합하므로 다중 결합한다고 할 수 있다.
② 탄소에 수소가 두 개씩 결합하는 형태는 열에너지가 많아서 지방산 분자들이 단단하게 뭉치게 된다.
③ 분자 간 인력을 느슨하게 하면 지방산 분자들의 연결이 조밀해진다.
④ 포화지방은 포화지방산이 들어 있는 지방을 가리킨다.
⑤ 포화지방이 체내에 저장되면 콜레스테롤이 혈관 내부에 쌓여 흐름을 방해하고 혈관 내부의 압력을 높여 질병을 유발하므로 몸에 좋지 않다.

10 다음은 H그룹의 주요 경영지표의 일부이다. 이에 대한 설명으로 옳은 것은?

〈H그룹 경영지표〉

(단위 : 억 원)

구분	공정자산총액	부채총액	자본총액	자본금	매출액	당기순이익
2018년	2,610	1,658	952	464	1,139	170
2019년	2,794	1,727	1,067	481	2,178	227
2020년	5,383	4,000	1,383	660	2,666	108
2021년	5,200	4,073	1,127	700	4,456	−266
2022년	5,242	3,378	1,864	592	3,764	117
2023년	5,542	3,634	1,908	417	4,427	65

① 자본총액은 꾸준히 증가하고 있다.
② 전년 대비 당기순이익이 가장 많이 증가한 해는 2019년이다.
③ 공정자산총액과 부채총액의 차가 가장 큰 해는 2023년이다.
④ 각 지표 중 총액 규모가 가장 큰 것은 매출액이다.
⑤ 2018~2021년 사이에 자본총액 중 자본금이 차지하는 비중은 계속 증가하고 있다.

11 질량 2kg인 물체를 마찰이 없는 수평면 위에 놓고, 수평 방향으로 일정한 힘을 작용하였다. 이 물체의 가속도가 3m/s²일 때, 작용한 힘의 크기는?

① 3N   ② 4N

③ 5N   ④ 6N

⑤ 7N

PART 2

12 H사 관리팀에 근무하는 B팀장은 최근 부하직원 A씨 때문에 고민 중이다. B팀장이 보기에 A씨의 업무 방법은 업무의 성과를 내기에 부적절해 보이지만, 자존감이 강하고 자기결정권을 중시하는 A씨는 자기 자신이 스스로 잘하고 있다고 생각하며 B팀장의 조언이나 충고에 대해 반발심을 표현하고 있기 때문이다. 이와 같은 상황에서 B팀장이 부하직원인 A씨에게 할 수 있는 효과적인 코칭 방법으로 가장 적절한 것은?

① 징계를 통해 B팀장의 조언을 듣도록 유도한다.

② 대화를 통해 스스로 자신의 잘못을 인식하도록 유도한다.

③ A씨에 대한 칭찬을 통해 업무 성과를 극대화시킨다.

④ A씨를 더 강하게 질책하여 업무 방법을 개선시키도록 한다.

⑤ 스스로 업무방법을 고칠 때까지 믿어주고 기다려준다.

13 다음 글의 제목으로 가장 적절한 것은?

중세 유럽에서는 토지나 자원을 왕실이 소유하고 있었다. 사람들은 이러한 토지나 자원을 이용하려면 일정한 비용을 지불해야 했다. 예를 들어 광산을 개발하거나 수산물을 얻는 사람들은 해당 자원의 이용에 대한 비용을 왕실에 지불하였고 이는 왕실의 권력과 부의 유지를 돕는 동시에 국가의 재정을 보충하는 역할을 하였는데 이때 지불한 비용이 바로 로열티이다.

로열티의 개념은 산업 혁명과 함께 발전하였다. 산업 혁명을 통해 특허, 상표 등의 지적 재산권이 보호되기 시작하면서 기업들은 이러한 권리를 보유한 개인이나 조직에게 사용에 대한 보상을 지불하게 되었다. 지적 재산권은 기업이 특정한 기술, 디자인, 상표 등을 보유하고 있을 때 그들에게 제공하는 독점적인 권리이다. 이러한 권리의 보호와 보상을 위해 로열티 제도가 도입되었다.

로열티는 기업과 지적 재산권 소유자 간의 계약에 의해 설정되는 형태로 발전하였다. 기업이 특정 제품을 판매하거나 특정 기술을 이용하는 경우 지적 재산권 소유자에게 계약에 따라 정해진 로열티를 지불하게 된다. 이로써 지적 재산권을 보유한 개인이나 조직은 자신들의 창작물이나 기술의 사용에 대한 보상을 받을 수 있으며, 기업들은 이러한 지적 재산권의 이용을 허가받아 경쟁 우위를 확보할 수 있게 되었다.

현재 로열티는 제품 판매나 라이선스, 저작물의 이용 등 다양한 형태로 나타나며 지적 재산권의 보호와 경제적 가치를 확보하는 중요한 수단으로 작용하고 있다. 로열티는 지식과 창조성의 보상으로서의 역할을 수행하며 기업들의 연구 개발을 촉진하고 혁신을 격려한다. 이처럼 로열티 제도는 기업과 지적 재산권 소유자 간의 상호 협력과 혁신적인 경제 발전에 기여하는 중요한 구조적 요소이다.

① 지적 재산권을 보호하는 방법
② 로열티 지급 시 유의사항
③ 지적 재산권의 정의
④ 로열티 제도의 유래와 발전
⑤ 로열티 제도의 모순

14 다음 중 제시된 도형과 같은 것은?

①

②

③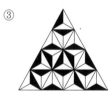

④

⑤

15 다음 제시된 명제를 바탕으로 추론할 수 있는 것은?

> • 달리기를 잘하는 모든 사람은 영어를 잘한다.
> • 영어를 잘하는 모든 사람은 부자이다.
> • 나는 달리기를 잘한다.

① 부자는 반드시 영어를 잘한다.
② 부자는 반드시 달리기를 잘한다.
③ 나는 부자이다.
④ 영어를 잘하는 사람은 반드시 달리기를 잘한다.
⑤ 나는 달리기를 잘하지만 영어는 못한다.

16 다음은 직선 도로에서 운동하는 물체의 속도를 시간에 따라 나타낸 그래프이다. 이 운동에 대한 해석으로 옳지 않은 것은?

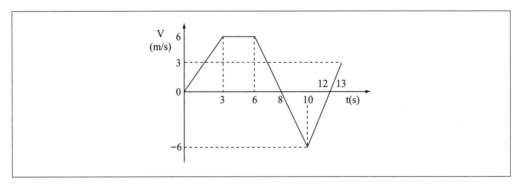

① 등속운동으로 이동한 거리는 18m이다.
② 이 물체의 운동 방향은 3번 바뀌었다.
③ 8초 동안의 이동거리는 33m이다.
④ 6초일 때의 위치와 10초일 때의 위치는 같다.
⑤ 3~6초 동안 이동한 거리는 18m이다.

17 다음은 2023년에 집계한 장래인구추계에 대한 그래프이다. 2000년 대비 노령화지수가 400% 이상 증가한 해는 언제부터인가?

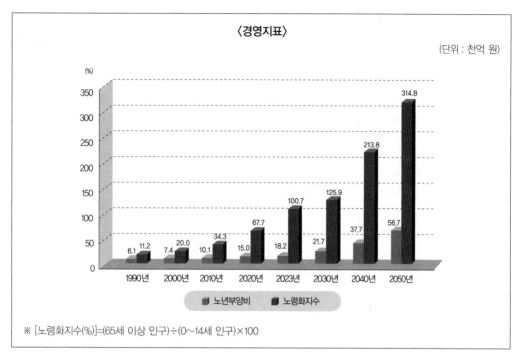

〈경영지표〉

(단위 : 천억 원)

※ [노령화지수(%)]=(65세 이상 인구)÷(0~14세 인구)×100

① 2020년   ② 2023년
③ 2030년   ④ 2040년
⑤ 2050년

18 다음 글의 주제로 가장 적절한 것은?

우리사회는 타의 추종을 불허할 정도로 빠르게 변화하고 있다. 가족정책도 4인 가족 중심에서 1~2인 가구 중심으로 변해야 하며, 청년실업율과 비정규직화, 독거노인의 증가를 더 이상 개인의 문제가 아닌 사회문제로 다뤄야 하는 시기이다. 여러 유형의 가구와 생애주기 변화, 다양해지는 수요에 맞춘 공동체 주택이야말로 최고의 주거복지사업이다. 공동체 주택은 공동의 목표와 가치를 가진 사람들이 커뮤니티를 이뤄 사회문제에 공동으로 대처해 나가도록 돕고, 나아가 지역사회와도 연결시키는 작업을 진행하고 있다. 임대료 부담으로 작품 활동이나 생계에 어려움을 겪는 예술인을 위한 공동주택, 1인 창업과 취업을 위해 골몰하는 청년을 위한 주택, 지속적인 의료서비스가 필요한 환자나 고령자를 위한 의료안심주택은 모두 시민의 삶의 질을 높이고 선별적 복지가 아닌 보편적 복지사회를 이루기 위한 노력의 일환이다. 혼자가 아닌 '함께 가는' 길에 더 나은 삶이 있기 때문에 오늘도 수요자 맞춤형 공공주택은 수요자에 맞게 진화하고 있다.

① 주거난에 대비하는 주거복지 정책
② 4차 산업혁명과 주거복지
③ 선별적 복지 정책의 긍정적 결과
④ 수요자 중심의 대출규제 완화
⑤ 다양성을 수용하는 주거복지 정책

19 하나에 700원짜리 무와 1,200원짜리 감자를 섞어서 15개를 구매했다. 지불한 총금액이 14,500원일 때, 구입한 무의 개수는?

① 6개   ② 7개
③ 8개   ④ 9개
⑤ 10개

20 다음 두 블록을 합쳤을 때, 나올 수 없는 형태는?

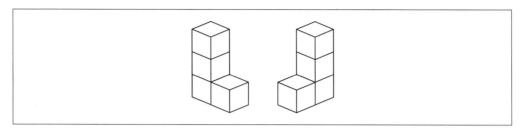

①

②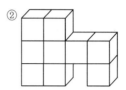

③

④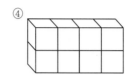

⑤

21 다음 문단을 논리적 순서대로 바르게 나열한 것은?

> (가) 초연결사회란 사람, 사물, 공간 등 모든 것이 인터넷으로 서로 연결돼, 모든 것에 대한 정보가 생성 및 수집되고 공유 · 활용되는 것을 말한다. 즉, 모든 사물과 공간에 새로운 생명이 부여되고 이들의 소통으로 새로운 사회가 열리고 있는 것이다.
>
> (나) 최근 '초연결사회(Hyper Connected Society)'란 말을 주위에서 심심치 않게 들을 수 있다. 인터넷을 통해 사람 간의 연결은 물론 사람과 사물, 심지어 사물 간의 연결 등 말 그대로 '연결의 영역 초월'이 이뤄지고 있다.
>
> (다) 나아가 초연결사회는 단지 기존의 인터넷과 모바일 발전의 맥락이 아닌 우리가 살아가는 방식 전체, 즉 사회의 관점에서 미래사회의 새로운 패러다임으로 큰 변화를 가져올 전망이다.
>
> (라) 초연결사회에서는 인간 대 인간은 물론, 기기와 사물 같은 무생물 객체끼리도 네트워크를 바탕으로 상호 유기적인 소통이 가능해진다. 컴퓨터, 스마트폰으로 소통하던 과거와 달리 초연결네트워크로 긴밀히 연결되어 오프라인과 온라인이 융합되고, 이를 통해 새로운 성장과 가치 창출의 기회가 증가할 것이다.

① (가) － (나) － (다) － (라)
② (가) － (나) － (라) － (다)
③ (나) － (가) － (다) － (라)
④ (나) － (가) － (라) － (다)
⑤ (다) － (나) － (가) － (라)

22 다음 제시된 자동차 부품의 명칭을 영어로 바르게 옮긴 것은?

안개등

① High Lamp   ② Fade Lamp
③ Fog Lamp   ④ Head Lamp
⑤ Rear Lamp

23 물통에 물을 가득 채우는 데 A관은 10분, B관은 15분 걸린다. 두 관을 모두 사용하면 몇 분 만에 물을 가득 채울 수 있는가?

① 3분

② 4분

③ 5분

④ 6분

⑤ 7분

24 다음 중 제시된 그림에서 찾을 수 없는 조각은?

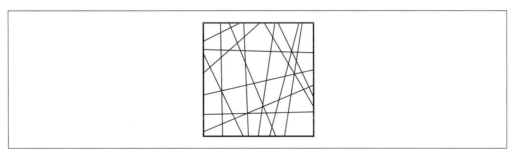

①

②

③

④

⑤

25 다음 글의 빈칸에 들어갈 내용으로 가장 적절한 것은?

미학은 자연, 인생, 예술에 담긴 아름다움의 현상이나 가치 그리고 체험 따위를 연구하는 학문으로, 미적 현상이 지닌 본질이나 법칙성을 명백히 밝히는 학문이다. 본래 미학은 플라톤에서 비롯되었지만, 오늘날처럼 미학이 독립된 학문으로 불린 것은 18세기 중엽 독일의 알렉산더 고틀리프 바움가르텐(Alexander Gottlieb Baumgarten)의 저서 『미학』에서 시작된다. 바움가르텐은 '미(美)'란 감성적 인식의 완전한 것으로, 감성적 인식의 학문은 미의 학문이라고 생각했다. 여기서 근대 미학의 방향이 개척되었다.

미학에 대한 연구는 심리학·사회학·철학 등 다양한 각도에서 시도할 수 있다. 또한 미적 사실을 어떻게 보느냐에 따라서 미학의 성향도 달라지며, _____ 예컨대 고전 미학은 영원히 변하지 않는 초감각적 존재로서의 미의 이념을 추구하고, 근대 미학은 감성적 인식 때문에 포착된 현상으로서 미적인 것을 대상으로 한다. 여기서 미적인 것은 우리들의 인식에 비치는 아름다움을 말한다.

미학을 연구하는 사람들은 이러한 미적 의식 및 예술의 관계를 해명하는 것을 주된 과제로 삼는다. 그들에게 '아름다움'을 성립시키는 주관적 원리는 가장 중요한 것으로 미학은 우리에게 즐거움과 기쁨을 안겨주며, 인생을 충실하고 행복하게 해준다. 더 나아가 오늘날에는 이러한 미적 현상의 해명에 사회학적 방법을 적용하려는 '사회학적 미학'이나, 분석 철학의 언어 분석 방법을 미학에 적용하려고 하는 '분석미학' 등 다채로운 연구 분야가 개척되고 있다.

① 최근에는 미학의 새로운 분야를 개척하고 있다.
② 추구하는 이념과 대상도 시대에 따라 다르다.
③ 따라서 미학은 이분법적인 원리로 적용할 수 없다.
④ 다른 학문과 달리 미학의 경계는 모호하다.
⑤ 근대 미학은 고전 미학의 개념에서 부분적으로 응용한 것이다.

26 다음 중 종동축에 회전 운동을 전달하는 장치가 아닌 것은?

① 캠 전동
② 기어 전동
③ 로프 전동
④ 벨트 전동
⑤ 체인 전동

27 다음은 연도별 우편 매출액에 대한 표이다. 이에 대한 설명으로 옳지 않은 것은?

〈우편 매출액〉

(단위 : 백만 원)

구분	2019년	2020년	2021년	2022년	2023년				
					소계	1분기	2분기	3분기	4분기
일반통상	113	105	101	104	102	28	22	25	27
특수통상	52	57	58	56	52	12	15	15	10
소포우편	30	35	37	40	42	10	12	12	8
합계	195	197	196	200	196	50	49	52	45

① 매년 매출액이 가장 높은 분야는 일반통상 분야이다.

② 1년 집계를 기준으로 매년 매출액이 증가하고 있는 분야는 소포우편 분야뿐이다.

③ 2023년 1분기 매출액에서 특수통상 분야의 매출액이 차지하는 비중은 20% 이상이다.

④ 2023년 소포우편 분야의 2019년 대비 매출액 증가율은 60% 이상이다.

⑤ 2022년에는 일반통상 분야의 매출액이 전체의 50% 이상을 차지하고 있다.

28 전동기에 공급하는 간선의 굵기는 그 간선에 접속하는 전동기의 정격 전류의 합계가 50A를 초과하는 경우, 그 정격 전류 합계의 몇 배 이상의 허용 전류를 갖는 전선을 사용하여야 하는가?

① 1.1배
② 1.25배
③ 1.3배
④ 2.0배
⑤ 2.4배

29 다음 제시된 도형의 규칙을 보고 ?에 들어갈 알맞은 도형을 고르면?

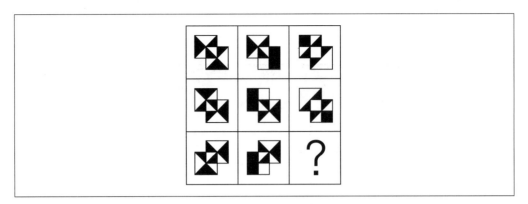

①

②

③

④

⑤

30 농도가 7%인 소금물 300g에 들어있는 소금의 양은?

① 18g   ② 19g

③ 20g   ④ 21g

⑤ 22g

31 다음 글의 제목으로 가장 적절한 것은?

> 반대는 필수불가결한 것이다. 지각 있는 대부분의 사람이 그러하듯 훌륭한 정치가는 항상 열렬한 지지자보다는 반대자로부터 더 많은 것을 배운다. 만약 반대자들이 위험이 있는 곳을 지적해 주지 않는다면, 그는 지지자들에 떠밀려 파멸의 길을 걷게 될 수 있기 때문이다. 따라서 현명한 정치가라면 그는 종종 친구들로부터 벗어나기를 기도할 것이다. 친구들이 자신을 파멸시킬 수도 있다는 것을 알기 때문이다. 그리고 비록 고통스럽다 할지라도 결코 반대자 없이 홀로 남겨지는 일이 일어나지 않기를 기도할 것이다. 반대자들이 자신을 이성과 양식의 길에서 멀리 벗어나지 않도록 해준다는 사실을 알기 때문이다. 자유의지를 가진 국민의 범국가적 화합은 정부의 독단과 반대당의 혁명적 비타협성을 무력화시키는 정치권력의 충분한 균형에 의존하고 있다. 그 균형이 어떤 상황 때문에 강제로 타협하게 되지 않는 한, 그리고 모든 시민이 어떤 정책에 영향을 미칠 수는 있으나 누구도 혼자 정책을 지배할 수 없다는 것을 느끼게 되지 않는 한, 그리고 습관과 필요에 의해서 서로 조금씩 양보하지 않는 한, 자유는 유지될 수 없기 때문이다. 그 균형이 더 이상 존재하지 않는다면 민주주의는 사라지고 만다.

① 민주주의와 사회주의
② 반대의 필요성과 민주주의
③ 민주주의와 일방적인 의사소통
④ 권력을 가진 자와 혁명을 꿈꾸는 집단
⑤ 혁명의 정의

32 다음 중 고온의 연소 가스를 기관 밖으로 분출시킬 때 발생하는 반동력으로 동력을 얻는 기관은?

① 증기 기관   ② 디젤 기관
③ 터빈 기관   ④ 제트 기관
⑤ 가솔린 기관

33 다음 주어진 입체도형 중 나머지와 다른 하나는?

①

②

③

④

⑤

34 다음 글의 주제로 가장 적절한 것은?

If you feel alone and don't make friends, you must change your mind. You must not wait for others to come. You must move to them. Don't be afraid of being rejected. Go and start a light conversation about the weather or hobbies. They are nicer than you think.

① 취미의 중요성
② 휴가의 즐거움
③ 거절하는 방법
④ 친구 사귀는 법
⑤ 외로움 극복하기

35 다음 그림에서 오른쪽 마찰차가 화살표와 같이 회전하면 왼쪽 마찰차는 어느 방향으로 회전하는가?

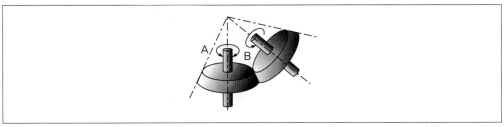

① A   ② B   ③ 움직이지 않음

36 다음 중 가솔린 연료분사기관의 인젝터 (−)단자에서 측정한 인젝터 분사파형이 파워트랜지스터가 Off 되는 순간 솔레노이드 코일에 급격하게 전류가 차단되어 큰 역기전력이 발생하는 현상은?

① 평균전압   ② 전압강하
③ 평균유효전압   ④ 서지전압
⑤ 최소전압

다음 도형을 상하 반전한 후, 시계 반대 방향으로 270° 회전했을 때의 모양은?

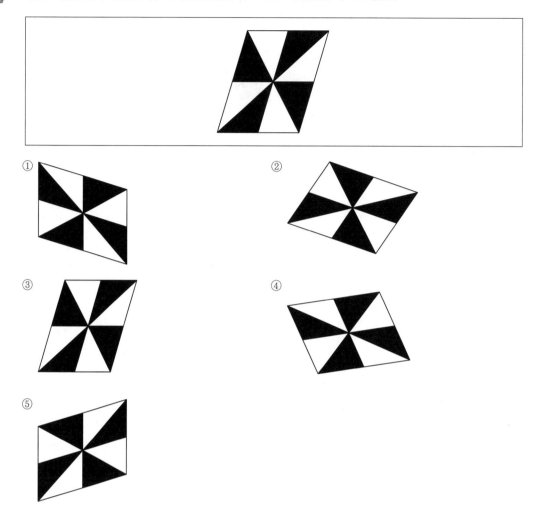

38 H사원은 본사 이전으로 인해 집과 회사가 멀어져 회사 근처로 집을 구하려고 한다. D시에 있는 빌라와 아파트 총 세 곳의 월세를 알아본 H사원이 월세와 교통비를 생각해 집을 결정한다고 할 때, 가장 적절한 설명은?

〈주거 정보〉

구분	월세	거리(편도)
A빌라	280,000원	2.8km
B빌라	250,000원	2.1km
C아파트	300,000원	1.82km

※ 월 출근일 : 20일
※ 교통비 : 1km당 1,000원

① 월 예산 40만 원으로는 세 집 모두 불가능하다.
② B빌라에 살 경우 회사와 집만 왕복하면 한 달에 334,000원으로 살 수 있다.
③ C아파트의 교통비가 가장 많이 든다.
④ C아파트는 A빌라보다 한 달 금액이 20,000원 덜 든다.
⑤ B빌라에 두 달 살 경우, A빌라와 C아파트의 한 달 금액을 합친 것보다 비싸다.

39 어느 날 A사원은 상사인 B부장에게서 업무와는 관련이 없는 심부름을 부탁받았다. B부장이 부탁한 물건을 사기 위해 A사원은 가게를 몇 군데나 돌아다녀야 했다. 회사에서 한참이나 떨어진 가게에서 비로소 물건을 발견했지만, B부장이 말했던 가격보다 훨씬 비싸서 B부장이 준 돈 이외에도 자신의 돈을 보태서 물건을 사야 할 상황이다. 이때 A사원이 취할 행동으로 가장 적절한 것은?

① B부장에게 불만을 토로하며 다시는 잔심부름을 시키지 않을 것임을 약속하도록 한다.
② B부장의 책상 위에 영수증과 물건을 덩그러니 놓아둔다.
③ 있었던 일을 사실대로 말하고, 자신이 보탠 만큼의 돈을 다시 받도록 한다.
④ 물건을 사지 않고 그대로 돌아와 B부장에게 물건이 없었다고 거짓말한다.
⑤ 물건을 사지 않고 돌아와 말씀하신 가격과 달라 사지 않았으니 퇴근 후 가보시라고 말한다.

40 0.5의 컨덕턴스를 가진 저항체에 6A의 전류를 흘리기 위해 가해야 하는 전압의 크기는?

① 10V ② 12V
③ 15V ④ 20V
⑤ 30V

☑ 응시시간 : 30분   ☑ 문항 수 : 40문항

정답 및 해설 p.037

01 민지, 용수, 현주가 일렬로 줄을 설 때 양 끝에 민지와 현주가 서게 될 확률은?

① $\dfrac{1}{6}$

② $\dfrac{1}{5}$

③ $\dfrac{1}{4}$

④ $\dfrac{1}{3}$

⑤ $\dfrac{1}{2}$

02 다음 글의 내용으로 가장 적절한 것은?

> 1899년 베이징의 한 금석학자는 만병통치약으로 알려진 '용골'을 살펴보다가 소스라치게 놀랐다. 용골의 표면에 암호처럼 알 듯 모를 듯한 글자들이 빼곡히 들어차 있었던 것이다. 흥분이 가신 후에 알아보니, 용골은 은 왕조의 옛 도읍지였던 허난성 안양현 샤오툰(小屯)촌 부근에서 나온 것이었다. 바로 갑골문자가 발견되는 순간이었다. 현재 갑골문자는 4천여 자가 확인되었고, 그중 약 절반 정도가 해독되었다. 사마천의 『사기』에는 은 왕조에 대해서 자세히 기록되어 있었으나, 사마천이 살던 시대보다 1천 수백 년 전의 사실이 너무도 생생하게 표현되어 있어 마치 '소설'처럼 생각되었다. 그런데 갑골문자를 연구한 결과, 거기에는 반경(般庚) 때부터 은 말까지 약 2백여 년에 걸친 내용이 적혀 있었는데, 이를 통하여 『사기』에 나오는 은나라의 왕위 계보도 확인할 수 있었다.

① 베이징은 은 왕조의 도읍지였다.

② 용골에는 당대의 소설이 생생하게 표현되었다.

③ 사마천의 『사기』에 갑골문자에 관한 기록이 나타난다.

④ 현재 갑골문자는 2천여 자가 해독되었다.

⑤ 사마천의 『사기』는 1천 수백 년 전의 사람이 만들었다.

03 다음은 분기별 모바일 뱅킹 서비스 이용 실적에 대한 표이다. 이에 대한 설명으로 옳지 않은 것은?

〈모바일 뱅킹 서비스 이용 실적〉

(단위 : 천 건, %)

구분	2022년				2023년
	1/4분기	2/4분기	3/4분기	4/4분기	1/4분기
조회 서비스	817	849	886	1,081	1,100
자금 이체 서비스	25	16	13	14	25
합계	842(18.6)	865(2.7)	899(3.9)	1,095(21.8)	1,125(2.7)

※ ( )는 전 분기 대비 증가율임

① 조회 서비스 이용 실적은 매 분기 계속 증가하였다.

② 2022년 2/4분기의 조회 서비스 이용 실적은 전 분기보다 3만 2천 건 증가하였다.

③ 자금 이체 서비스 이용 실적은 2022년 2/4분기에 감소하였다가 다시 증가하였다.

④ 모바일 뱅킹 서비스 이용 실적의 전 분기 대비 증가율이 가장 높은 분기는 2022년 4/4분기이다.

⑤ 2023년 1/4분기의 조회 서비스 이용 실적은 자금 이체 서비스 이용 실적의 40배 이상이다.

04 다음과 같은 모양을 만드는 데 사용된 블록의 개수는?(단, 보이지 않는 곳의 블록은 있다고 가정한다)

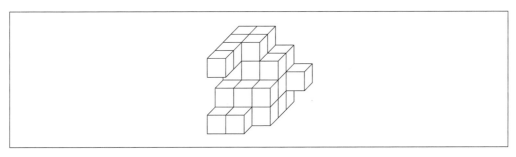

① 32개
② 33개
③ 34개
④ 35개
⑤ 36개

05 다음 물체가 수평면에서 4m 이동한다고 할 때, 물체가 하는 일의 크기는?(단, 모든 마찰 및 공기 저항은 무시한다)

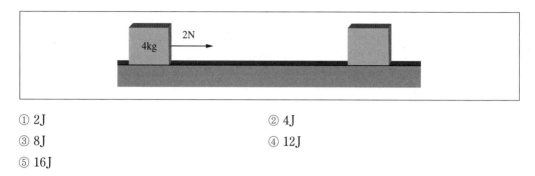

① 2J
② 4J
③ 8J
④ 12J
⑤ 16J

06 H사에 근무하는 귀하는 최근 매주 금요일 업무시간이 끝나고 한 번씩 해야 하는 바닥 청소 당번 문제를 두고 동료인 A사원과 갈등 중에 있다. 둘 중 한 명은 매주 바닥 청소를 해야 하는데, 금요일에 일찍 퇴근하기를 원하는 귀하와 A사원 모두 청소 당번에서 빠지고 싶어 하기 때문이다. 이러한 상황에서 귀하가 A사원과 갈등의 해결방법 중 하나인 '윈-윈(Win-Win) 관리법'으로 갈등을 해결하고자 할 때, 다음 중 A사원에게 제시할 수 있는 귀하의 제안으로 가장 적절한 것은?

① 우리 둘 다 청소 당번을 피할 수는 없으니, 그냥 공평하게 같이 하죠.
② 제가 그냥 A사원 몫까지 매주 청소를 맡아서 할게요.
③ 저와 A사원이 번갈아가면서 청소를 맡도록 하죠.
④ 우선 금요일 업무시간 전에 청소를 할 수 있는지 확인해보도록 하죠.
⑤ 저는 절대 양보할 수 없으니, A사원이 그냥 맡아서 해주세요.

07 다음 중 자동차 부품의 한글 명칭과 영어 명칭이 바르게 연결된 것은?

① 보닛 - Bonnit
② 변속기 - Speed Shift
③ 경적 - Craker
④ 글로브 박스 - Glove Compartment
⑤ 펜더 - Fenther

08 다음 중 두 축이 평행하지도 교차하지도 않는 축에 쓰이는 기어는?

① 평기어   ② 베벨 기어
③ 헬리컬 기어   ④ 웜과 웜 기어
⑤ 래크와 피니언

09 다음 중 제시된 그림에서 찾을 수 없는 조각은?

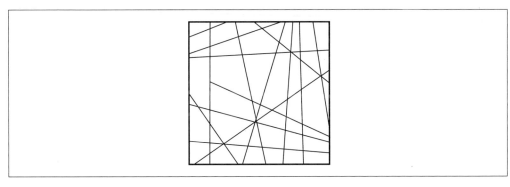

①

②

③

④

⑤

10 다음 제시된 자동차 부품의 명칭을 영어로 바르게 옮긴 것은?

연료탱크

① Flow Tank   ② Fluid Tank

③ Fusel Tank   ④ Fosel Tank

⑤ Fuel Tank

11 H사에 입사하는 사원의 수를 조사하니 올해 남자 사원수는 작년에 비하여 8% 증가하고 여자 사원수는 10% 감소했다. 작년의 전체 사원은 820명이고, 올해는 작년에 비하여 10명이 감소하였다고 할 때, 올해의 여자 사원수는?

① 378명   ② 379명

③ 380명   ④ 381명

⑤ 382명

12 다음 중 회전 방향이 나머지와 다른 것은?

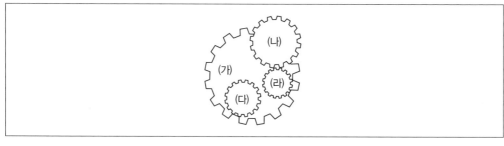

① (가)   ② (나)

③ (다)   ④ (라)

⑤ 모두 같음

다음 글의 제목으로 가장 적절한 것은?

요한 제바스티안 바흐는 '경건한 종교음악가'로서 천직을 다하기 위한 이상적인 장소를 라이프치히라고 생각하여 27년 동안 그곳에서 열심히 칸타타를 써 나갔다고 알려졌다. 그러나 실은 7년째에 라이프치히의 칸토르(교회의 음악감독)직으로는 가정을 꾸리기에 수입이 충분치 못해서 다른 일을 하기도 했고 다른 궁정에 자리를 알아보기도 했다. 그것이 계기가 되어 칸타타를 쓰지 않게 되었다는 사실이 최근의 연구에서 밝혀졌다. 또한 볼프강 아마데우스 모차르트의 경우에는 비극적으로 막을 내린 35년이라는 짧은 생애에 걸맞게 '하늘이 이 위대한 작곡가의 죽음을 비통해하듯' 천둥 치고 진눈깨비 흩날리는 가운데 장례식이 행해졌고 그 때문에 그의 묘지는 행방을 알 수 없게 되었다고 하는데, 그 후 이러한 이야기는 빈 기상대에 남아 있는 기상자료와 일치하지 않는다는 사실도 밝혀졌다. 게다가 만년에 엄습해온 빈곤에도 불구하고 다수의 걸작을 남기고 세상을 떠난 모차르트가 실제로는 그 정도로 수입이 적지는 않았다는 사실도 드러나 최근에는 도박벽으로 인한 빈곤설을 주장하는 학자까지 등장하게 되었다.

① 음악가들의 쓸쓸한 최후
② 미화된 음악가들의 이야기와 그 진실
③ 음악가들을 괴롭힌 근거 없는 소문들
④ 음악가들의 명성에 가려진 빈곤한 생활
⑤ 음악가들의 헌신적인 열정

일정한 규칙으로 수를 나열할 때, 빈칸에 들어갈 알맞은 수는?

$$\frac{4}{3} \quad \frac{4}{3} \quad (\quad) \quad 8 \quad 32 \quad 160$$

① $\frac{1}{3}$ 　　　　　　　　② 1

③ $\frac{5}{3}$ 　　　　　　　　④ 2

⑤ $\frac{8}{3}$

15 다음 도형을 시계 반대 방향으로 90° 회전한 후, 상하 반전했을 때의 모양은?

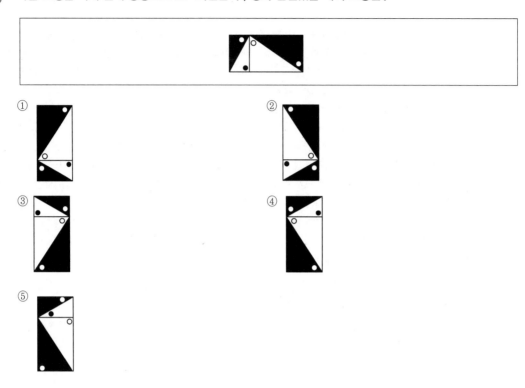

16 다음은 동북아시아 3개국 수도의 30년간의 인구 변화에 대한 표이다. 이에 대한 설명으로 옳지 않은 것은?

〈동북아시아 3개국 수도 인구수〉

(단위 : 십만 명)

구분	1993년	2003년	2013년	2023년
서울	80	120	145	180
베이징	50	80	158	205
도쿄	300	330	356	360

① 2013년을 기점으로 인구수가 2번째로 많은 도시가 바뀐다.
② 세 도시 중 해당 기간 동안 인구가 감소한 도시가 있다.
③ 1993년 대비 2003년의 서울의 인구 증가율은 50%이다.
④ 2003년 대비 2013년의 인구 증가폭은 베이징이 가장 높다.
⑤ 2023년 인구가 최대인 도시의 인구수는 인구가 최소인 도시 인구수의 2배이다.

17 다음 문장을 논리적 순서대로 바르게 나열한 것은?

> (가) 1970년 이후 적정기술을 기반으로 많은 제품이 개발되어 현지에 보급되어 왔지만, 그 성과에 대해서는 여전히 논란이 있다.
> (나) 적정기술은 새로운 기술이 아닌 우리가 알고 있는 여러 기술 중의 하나로, 어떤 지역의 직면한 문제를 해결하는 데 적절하게 사용된 기술이다.
> (다) 빈곤 지역의 문제 해결을 위해서는 기술 개발 이외에도 지역 문화에 대한 이해와 현지인의 교육까지도 필요하다.
> (라) 이는 기술의 보급만으로는 특정 지역의 빈곤 탈출과 경제적 자립을 이룰 수 없기 때문이다.

① (가) — (나) — (다) — (라)
② (가) — (라) — (나) — (다)
③ (나) — (가) — (라) — (다)
④ (나) — (다) — (라) — (가)
⑤ (다) — (라) — (나) — (가)

18 다음 중 자동차 에어백에 사용되며 물체의 속도 변화를 감지하는 센서는?

① 온도 센서
② 이온 센서
③ 화학 센서
④ 가속도 센서
⑤ 전자기 센서

19 그림과 같이 수평면 위에 정지해 있는 1kg의 물체에 수평 방향으로 4N과 8N의 힘이 서로 반대 방향으로 작용한다면, 이 물체의 가속도 크기는?(단, 모든 마찰과 저항은 무시한다)

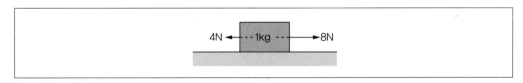

① $4m/s^2$
② $5m/s^2$
③ $6m/s^2$
④ $7m/s^2$
⑤ $8m/s^2$

20 다음 주어진 입체도형 중 나머지와 다른 하나는?

①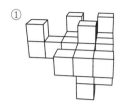

②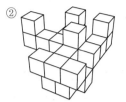

③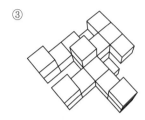

④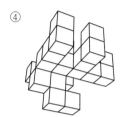

⑤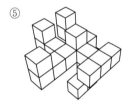

21 다음은 특정 기업 47개를 대상으로 조사한 제품전략, 기술개발 종류 및 기업형태별 기업 수에 대한 표이다. 이에 대한 설명으로 옳은 것은?

〈제품전략, 기술개발 종류 및 기업형태별 기업 수〉

(단위 : 개)

제품전략	기술개발 종류	기업형태	
		벤처기업	대기업
시장견인	존속성 기술	3	9
	와해성 기술	7	8
기술추동	존속성 기술	5	7
	와해성 기술	5	3

※ 각 기업은 한 가지 제품전략을 취하고 한 가지 종류의 기술을 개발함

① 와해성 기술을 개발하는 기업 중에는 벤처기업의 비율이 대기업의 비율보다 낮다.
② 기술추동전략을 취하는 기업 중에는 존속성 기술을 개발하는 비율이 와해성 기술을 개발하는 비율보다 낮다.
③ 존속성 기술을 개발하는 기업의 비율이 와해성 기술을 개발하는 기업의 비율보다 높다.
④ 벤처기업 중에서 기술추동전략을 취하는 비율은 시장견인전략을 취하는 비율보다 높다.
⑤ 대기업 중에서 시장견인전략을 취하는 비율은 기술추동전략을 취하는 비율보다 낮다.

22 다음 대화가 이루어지는 장소로 가장 적절한 곳은?

A : Excuse me. I'd like to exchange these shoes.
B : Sure. What's wrong with them?

① 음식점   ② 우체국
③ 환전소   ④ 동물 병원
⑤ 구두 가게

23 다음 중 4행정 사이클 기관의 작동 순서로 적절한 것은?

① 압축 — 흡입 — 배기 — 폭발
② 배기 — 흡입 — 폭발 — 압축
③ 흡입 — 압축 — 폭발 — 배기
④ 폭발 — 배기 — 압축 — 흡입
⑤ 배기 — 폭발 — 압축 — 흡입

24 다음 글의 빈칸에 들어갈 내용으로 가장 적절한 것은?

전통문화는 근대화의 과정에서 해체되는 것인가, 아니면 급격한 사회 변동의 과정에서도 유지될 수 있는 것인가? 전통문화의 연속성과 재창조는 왜 필요하며, 어떻게 이루어지는가? 외래문화의 토착화(土着化), 한국화(韓國化)는 사회 변동과 문화 변화의 과정에서 무엇을 의미하는가? 이상과 같은 의문들은 오늘날 한국 사회에서 논란의 대상이 되고 있으며, 입장에 따라 상당한 견해 차이도 드러내고 있다.

전통의 유지와 변화에 대한 견해 차이는 오늘날 한국 사회에서 단순하게 보수주의와 진보주의의 차이로 이해될 성질의 것이 아니다. 한국 사회의 근대화는 이미 한 세기의 역사를 가지고 있으며, 앞으로도 계속 되어야 할 광범하고 심대(深大)한 사회 구조적 변동이다. 그렇기 때문에 성향이 보수주의적인 사람들도 전통문화의 변질을 어느 정도 수긍하지 않을 수 없는가 하면, 사회 변동의 강력한 추진 세력 또한 문화적 전통의 확립을 주장하지 않을 수 없다.

또, 한국 사회에서 전통문화의 변화에 관한 논의는 단순히 외래문화이냐 전통문화이냐의 양자택일적인 문제가 될 수 없다는 것도 명백하다. 근대화는 전통문화의 연속성과 변화를 다 같이 필요로 하며, 외래문화의 수용과 그 토착화 등을 다 같이 요구하는 것이기 때문이다. 그러므로 전통을 계승하고 외래문화를 수용할 때에 무엇을 취하고 무엇을 버릴 것이냐 하는 문제도 단순히 문화의 보편성(普遍性)과 특수성(特殊性)이라고 하는 기준에서만 다룰 수 없다. 근대화라고 하는 사회 구조적 변동이 문화 변화를 결정지을 것이기 때문에 전통문화의 변화 문제를 _____에서 다루어 보는 분석이 매우 중요하리라고 생각한다.

① 보수주의의 시각
② 진보주의의 시각
③ 사회 변동의 시각
④ 외래와 전통의 시각
⑤ 보편성과 특수성의 시각

25 (라) 기어의 회전 방향은 어느 쪽인가?

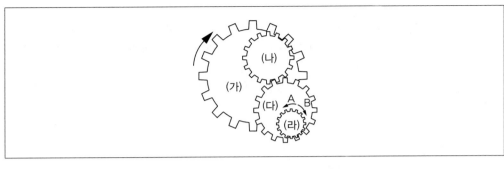

① A   ② B   ③ 움직이지 않음

26 제시된 명제가 모두 참일 때, 빈칸에 들어갈 명제로 가장 적절한 것은?

> • 회사원은 야근을 한다.
> • _____
> • 늦잠을 자지 않는 사람은 회사원이 아니다.

① 회사원이 아니면 야근을 하지 않는다.
② 늦잠을 자면 회사원이다.
③ 야근을 하지 않는 사람은 늦잠을 잔다.
④ 야근을 하는 사람은 늦잠을 잔다.
⑤ 회사원이면 늦잠을 자지 않는다.

27 H사의 마케팅부, 영업부, 영업지원부에서 2명씩 대표로 회의에 참석하기로 하였다. 원탁 테이블에 같은 부서 사람이 옆자리로 앉는다고 할 때, 6명이 앉을 수 있는 총 경우의 수는?

① 15가지   ② 16가지
③ 17가지   ④ 18가지
⑤ 20가지

28 다음 글의 내용으로 가장 적절한 것은?

Some people in the city like pigeons. These people think pigeons make the city people feel closer to nature. But some people in the city do not like pigeons at all. These people think pigeons carry diseases.

① Pigeons do not carry diseases.
② All city people like pigeons.
③ Not all city people like pigeons.
④ No city people like pigeons.
⑤ Pigeons live in the nature.

29 다음 중 제시된 그림에서 찾을 수 없는 조각은?

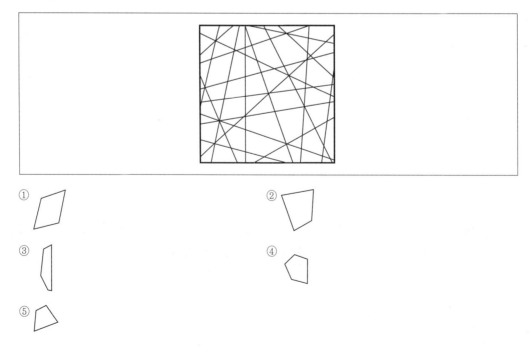

30 H씨와 동생은 각각 500원짜리 동전 42개, 12개를 가지고 있다. H씨가 동생에게 동전 몇 개를 주었더니 동생이 가진 금액의 2배와 H씨가 가진 금액이 같아졌다. H씨가 동생에게 준 동전의 개수는?

① 5개　　　　　　　　　　　　　　　　　② 6개
③ 7개　　　　　　　　　　　　　　　　　④ 8개
⑤ 9개

31 다음 상황에 대해 D대리가 H대리에게 해줄 수 있는 조언으로 가장 적절한 것은?

> H대리 : 나 참, A과장님 왜 그러시는지 이해를 못하겠네.
> D대리 : 무슨 일이야?
> H대리 : 어제 내가 회식자리에서 A과장님께 장난을 좀 쳤거든. 근데 A과장님이 내 장난을 잘 받아 주시길래 아무렇지 않게 넘어갔는데, 오늘 A과장님이 나에게 어제 일로 화를 내시는 거 있지?

① 부하직원인 우리가 참고 이해하는 것이 좋을 것 같아.
② 본인이 실수했다고 느꼈을 때 바로 사과하는 것이 중요해.
③ A과장님께 본인이 무엇을 잘못했는지 확실히 물어보는 것이 어때?
④ 직원회의 시간에 이 문제에 대해 확실히 짚고 넘어가는 것이 좋겠어.
⑤ 업무에 성과를 내서 A과장님 기분을 풀어드리는 것이 좋을 것 같아.

32 다음 글의 내용으로 적절하지 않은 것은?

> 식물의 광합성 작용은 빛 에너지를 이용하여 뿌리에서 흡수한 물과 잎의 기공에서 흡수한 이산화탄소로부터 포도당과 같은 유기물과 산소를 만들어내는 과정이다. 하지만 광합성 작용을 할 때 빛과 이산화탄소가 동시에 필요한 것은 아니다. 물(H_2O)이 엽록체에서 빛 에너지에 의해 수소 이온, 전자와 산소로 분해되어 이 수소 이온과 전자가 식물의 잎에 있는 $NADP^+$와 결합해서 NADPH가 되는데 이와 같은 반응을 명반응이라고 한다. 또한 식물 세포에서 이산화탄소를 흡수하여 포도당과 같은 탄수화물을 합성하는 열화학 반응을 암반응이라 하는데 이 과정에는 명반응에 의해 만들어진 NADPH가 필요하다.

① 식물의 광합성 작용은 산소를 만들어낸다.
② 광합성 작용을 할 때 빛과 이산화탄소가 동시에 필요하다.
③ 빛이 필요한 반응은 명반응이고, 이산화탄소가 필요한 반응은 암반응이다.
④ NADPH는 명반응에서 만들어진다.
⑤ 암반응의 과정에는 NADPH가 필요하다.

33 100V, 10A, 1,500rpm인 직류 분권 발전기의 정격 시의 계자 전류는 2A이고, 계자 회로에는 10Ω의 외부 저항이 삽입되어 있다. 다음 중 계자 권선의 저항은?

① 20Ω

② 40Ω

③ 60Ω

④ 80Ω

⑤ 100Ω

34 다음 중 제시된 도형과 같은 것은?

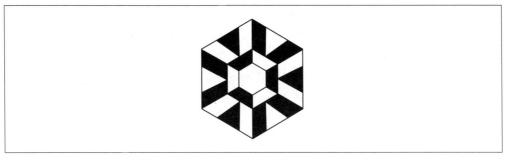

①

②

③

④

⑤

35 똑같은 방법으로 집을 지어 완성할 때 A는 10일, B는 8일이 걸린다. A가 집을 나흘 동안 지은 후 B가 그 집을 마저 완성하였다. B가 집을 마저 완성하는 데 소요된 기간은?

① 5일
② 6일
③ 7일
④ 8일
⑤ 9일

36 다음 제시된 도형의 규칙을 보고 ?에 들어갈 알맞은 도형을 고르면?

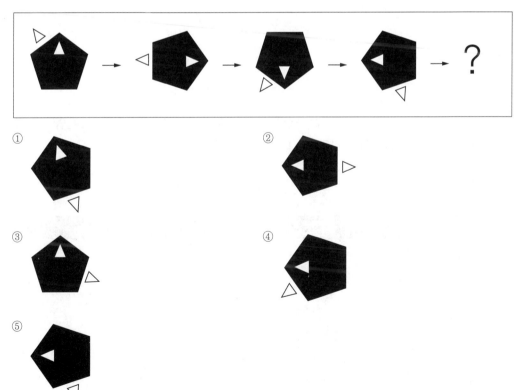

37 다음 글의 중심 내용으로 가장 적절한 것은?

칸트는 인간이 이성을 부여받은 것은 욕망에 의해 움직이지 않게 하기 위함이라고 말하면서 자신의 행복을 우선시하기보다는 도덕적인 의무를 먼저 수행해야 한다고 주장했다. 칸트의 시각에서 볼 때 행동의 도덕적 가치를 결정하는 것은 어떠한 상황에서든 모든 사람이 그 행동을 했을 때에 아무런 모순이 생기지 않아야 한다는 보편주의이다. 내가 타인을 존중하지 않으면서 타인이 나를 존중하고 도와줄 것을 기대한다면, 이는 보편주의를 위배하는 것이다. 그러므로 남이 나에게 해주길 바라는 것을 실천하는 것이 바로 도덕적 행동이라는 것이다. 따라서 도덕적 행동이 나의 이익이나 본성과 일치하지 않더라도 나는 나의 의무를 수행해야 한다고 역설했다.

① 칸트의 도덕관에 대한 비판
② 칸트가 생각하는 도덕적 행동
③ 도덕적 가치에 대한 칸트의 관점
④ 무목적성을 지녀야 하는 도덕적 행위
⑤ 칸트의 도덕적 의무론이 지니는 가치

38 다음은 H사 신입사원 채용 현황에 대한 표이다. 이에 대한 설명으로 옳지 않은 것은?(단, 합격률 및 비율은 소수점 둘째 자리에서 반올림한다)

〈신입사원 채용 현황〉

(단위 : 명)

구분	입사지원자 수	합격자 수
남자	10,891	1,699
여자	3,984	624

① 총입사지원자의 합격률은 15% 이상이다.
② 여자 입사지원자의 합격률은 20% 미만이다.
③ 총입사지원자 중 여자 입사지원자의 비율은 30% 미만이다.
④ 총합격자 중 남자 합격자의 비율은 약 80%이다.
⑤ 남자 입사지원자의 합격률은 여자 입자지원자의 합격률보다 낮다.

39 다음 중 오버러닝 클러치 형식의 기동 전동기에서 기관이 시동 된 후에도 계속해서 키 스위치를 작동시킬 때 발생하는 현상은?

① 기동 전동기의 전기자가 타기 시작하여 소손된다.
② 기동 전동기의 전기자는 무부하 상태로 공회전한다.
③ 기동 전동기의 전기자가 정지된다.
④ 기동 전동기의 전기자가 기관회전보다 고속 회전한다.
⑤ 특별한 변화가 일어나지 않는다.

40 다음 두 블록을 합쳤을 때, 나올 수 있는 형태는?

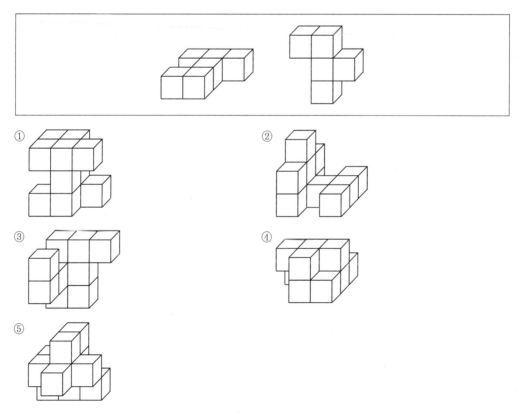

아이들이 답이 있는 질문을 하기 시작하면 그들이 성장하고 있음을 알 수 있다.

– 존 J. 플롬프 –

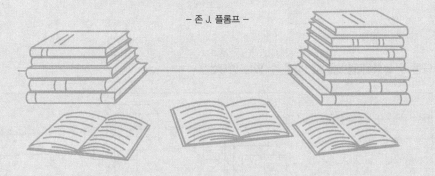

인성검사

개인이 업무를 수행하면서 능률적인 성과물을 만들기 위해서는 개인의 능력과 경험 그리고 회사에서의 교육 및 훈련 등이 필요하지만, 개인의 성격이나 성향 역시 중요하다. 여러 직무분석 연구에서 나온 결과들에 따르면, 직무에서의 성공과 관련된 특성들 중 최고 70% 이상이 능력보다는 성격과 관련이 있다고 한다. 따라서 최근 기업들은 인성검사의 비중을 높이고 있는 추세이다.

현재 기업들은 인성검사를 KIRBS(한국행동과학연구소)나 SHR(에스에이치알) 등의 전문기관에 의뢰해서 시행하고 있다. 전문기관에 따라서 인성검사 방법에 차이가 있고, 보안을 위해서 인성검사를 의뢰한 기업을 공개하지 않아 특정 기업의 인성검사를 정확하게 판단할 수 없지만, 지원자들이 후기에 올린 문제를 통해 인성검사 유형을 예상할 수 있다. 본서는 현대자동차그룹의 인성검사와 수검요령 및 검사 시 유의사항에 대해 간략하게 정리하였다. 또한 인성검사 모의연습을 통해 실제 시험 유형을 확인할 수 있도록 하였다.

1. 현대자동차그룹 인성검사

현대자동차그룹의 인재상과 적합한 인재인지 평가하는 테스트로, 지원자의 개인 성향이나 인성에 관한 질문으로 구성되어 있다.

(1) 문항 수 : 320문항

(2) 시간 : 50분

(3) 유형 : 각 문항에 대해, 자신의 성격에 맞게 '① 전혀 그렇지 않다, ② 그렇지 않다, ③ 그렇다, ④ 매우 그렇다'를 선택하는 문제가 출제된다.

2. 인성검사 수검요령

인성검사는 특별한 수검요령이 없다. 다시 말하면 모범답안이 없고, 정답이 없다는 이야기다. 국어문제처럼 말뜻을 풀이하는 것도 아니다. 굳이 수검요령을 말하자면, 진실하고 솔직한 내 생각이 답변이라고 할 수 있을 것이다.

인성검사에서 가장 중요한 것은 첫째, 솔직한 답변이다. 지금까지의 경험을 통해 축적된 내 생각과 행동을 허구 없이 솔직하게 기재해야 한다. 예를 들어, "나는 타인의 물건을 훔치고 싶은 충동을 느껴본 적이 있다."라는 질문에 피검사자들은 많은 생각을 하게 된다. 생각해 보라. 유년기에 또는 성인이 되어서도 타인의 물건을 훔친 적은 없다 해도 마음속에서 훔치고 싶은 충동은 누구나 조금은 느껴보았을 것이다. 그런데 이 질문에 고민하는 사람이 간혹 있다. 이 질문에 "예"라고 대답하면 담당 검사관들이 나를 사회적으로 문제가 있는 사람으로 여기지는 않을까 하는 생각에 "아니요"라는 답을 기재하게 된다. 이런 솔직하지 않은 답변은 답변의 신뢰와 솔직함을 나타내는 타당성 척도에 좋지 않은 점수를 준다.

둘째, 일관성 있는 답변이다. 인성검사의 수많은 질문 문항 중에는 비슷한 뜻의 질문이 여러 개 숨어 있는 경우가 많다. 그 질문들은 피검사자의 솔직한 답변과 심리적인 상태를 알아보기 위해 내포되어 있는 문항들이다. 가령 "나는 유년시절 타인의 물건을 훔친 적이 있다."라는 질문에 "예"라고 대답했는데, "나는 유년시절 타인의 물건을 훔쳐보고 싶은 충동을 느껴본 적이 있다."라는 질문에는 "아니요"라는 답을 기재한다면 어떻겠는가. 일관성 없이 '대충 기재하자'라는 식의 심리적 무성의성 답변이 되거나, 정신적으로 문제가 있는 사람으로 보일 수 있다.

인성검사는 많은 문항 수를 풀어나가기 때문에 피검사자들은 지루함과 따분함, 반복된 뜻의 질문으로 인해 인내 상실 등이 나타날 수 있다. 인내하면서 솔직하게 내 생각을 대답하는 것이 무엇보다 중요한 요령이 될 것이다.

3. 인성검사 시 유의사항

(1) 충분한 휴식으로 불안을 없애고 정서적인 안정을 취한다. 심신이 안정되어야 자신의 마음을 표현할 수 있다.

(2) 생각나는 대로 솔직하게 응답한다. 자신을 너무 과대포장하지도, 너무 비하시키지도 마라. 답변을 꾸며서 하면 앞뒤가 맞지 않게끔 구성돼 있어 불리한 평가를 받게 되므로 솔직하게 답하도록 한다.

(3) 검사문항에 대해 지나치게 생각해서는 안 된다. 지나치게 몰두하면 엉뚱한 답변이 나올 수 있으므로 불필요한 생각은 삼간다.

(4) 검사시간에 너무 신경 쓸 필요는 없다. 인성검사는 시간제한이 없는 경우가 많으며 있다 해도 시간은 충분하다.

(5) 인성검사는 대개 문항 수가 많기에 자칫 건너뛰는 경우가 있는데, 가능한 한 모든 문항에 답해야 한다. 응답하지 않은 문항이 많을 경우 평가자가 정확한 평가를 내리지 못해 불리한 평가를 내릴 수 있기 때문이다.

4. 인성검사 모의연습

※ 인성검사는 정답이 따로 없는 유형의 검사이므로 결과지를 제공하지 않습니다.

※ 다음 문항을 읽고 ①~④ 중 자신에게 해당하는 것을 고르시오(① 전혀 그렇지 않다, ② 그렇지 않다, ③ 그렇다, ④ 매우 그렇다). [1~320]

번호	문항	응답
1	타박을 받아도 위축되거나 기가 죽지 않는다.	① ② ③ ④
2	몸이 피곤할 때도 명랑하게 행동한다.	① ② ③ ④
3	익숙지 않은 집단이나 장소로 옮겨가는 것이 꺼려진다.	① ② ③ ④
4	타인의 지적을 순수하게 받아들일 수 있다.	① ② ③ ④
5	매일의 목표가 있는 생활을 하고 있다.	① ② ③ ④
6	실패했던 기억을 되새기면서 고민하는 편이다.	① ② ③ ④
7	언제나 생기가 있고 열정적이다.	① ② ③ ④
8	상품을 선택하는 취향이 오랫동안 바뀌지 않는다.	① ② ③ ④
9	자신을 과시하다가 으스댄다는 핀잔을 듣곤 한다.	① ② ③ ④
10	동료가 될 사람을 1명만 택한다면 자기유능감이 높은 사람을 뽑겠다.	① ② ③ ④
11	열등감으로 자주 고민한다.	① ② ③ ④
12	많은 사람들을 만나는 것을 좋아한다.	① ② ③ ④
13	새로운 것에 대한 호기심이 잘 생기지 않는다.	① ② ③ ④
14	사람들을 쉽게 믿고 그들을 이해하려 노력한다.	① ② ③ ④
15	무엇이든 꾸준히 하면 스스로 해낼 수 있다고 믿는다.	① ② ③ ④
16	남에게 무시당하면 화가 치밀어 주체할 수 없다.	① ② ③ ④
17	과묵하고 소극적이라는 평가를 받곤 한다.	① ② ③ ④
18	상상보다는 사실지향성에 무게를 두는 편이다.	① ② ③ ④
19	남의 의견을 호의적으로 받아들이고 협조적이다.	① ② ③ ④
20	별로 반성하지 않으며, 게으름을 부리곤 한다.	① ② ③ ④
21	물건을 살 때 꼭 필요한 것인지 따져보며 충동구매를 하지 않는다.	① ② ③ ④
22	일부 특정한 사람들하고만 교제를 하는 편이다.	① ② ③ ④
23	일반적이고 확실한 것이 아니라면 거절하는 편이다.	① ② ③ ④
24	남에게 자신의 진심을 표현하기를 주저하는 편이다.	① ② ③ ④
25	임무를 달성하기 위해 목표를 분명하게 세운다.	① ② ③ ④
26	사고 싶은 것이 있으면 따지지 않고 바로 사곤 한다.	① ② ③ ④
27	낯선 사람에게도 친근하게 먼저 말을 건네는 편이다.	① ② ③ ④
28	다양성을 존중해 새로운 의견을 수용하는 편이다.	① ② ③ ④
29	남의 말을 들을 때 진위를 의심하곤 한다.	① ② ③ ④
30	시험 전에도 노는 계획을 세우곤 한다.	① ② ③ ④

31	주변 상황에 따라 기분이 수시로 변하곤 한다.	① ② ③ ④
32	몸담고 있는 동호회나 모임이 여러 개이다.	① ② ③ ④
33	익숙한 것만을 선호하다가 변화에 적응하지 못할 때가 많다.	① ② ③ ④
34	나를 비판하는 사람의 진짜 의도를 의심해 공격적으로 응수한다.	① ② ③ ④
35	도중에 실패해도 소임을 다하기 위해 끝까지 추진한다.	① ② ③ ④
36	고민이 있어도 지나치게 걱정하지 않는다.	① ② ③ ④
37	많은 사람들 앞에서 말하는 것이 서툴다.	① ② ③ ④
38	지적 흥미에 관심이 많고, 새로운 지식에 포용적이다.	① ② ③ ④
39	사람들을 믿지 못해 불편할 때가 많다.	① ② ③ ④
40	자신의 책임을 잊고 경솔하게 행동하곤 한다.	① ② ③ ④
41	기분 나쁜 일은 금세 잊는 편이다.	① ② ③ ④
42	다과회, 친목회 등의 소모임에서 책임을 자주 맡는다.	① ② ③ ④
43	부모님의 권위를 존중해 그분들의 말씀에 거의 순종한다.	① ② ③ ④
44	나의 이익을 지키려면 반드시 타인보다 우위를 점해야 한다고 생각한다.	① ② ③ ④
45	언행이 가볍다고 자주 지적받는다.	① ② ③ ④
46	슬럼프에 빠지면 좀처럼 헤어나지 못한다.	① ② ③ ④
47	자신이 기력이 넘치며 사교적이라고 생각한다.	① ② ③ ④
48	익숙한 일·놀이에 진부함을 잘 느끼고, 새로운 놀이·활동에 흥미를 크게 느낀다.	① ② ③ ④
49	친구들을 신뢰해 그들의 말을 잘 듣는 편이다.	① ② ③ ④
50	인생의 목표와 방향이 뚜렷하며 부지런하다는 평가를 받곤 한다.	① ② ③ ④
51	감정을 잘 조절해 여간해서 흥분하지 않는 편이다.	① ② ③ ④
52	느긋하고 서두르지 않으며 여유로운 편이다.	① ② ③ ④
53	새로운 유행이 시작되면 다른 사람보다 먼저 시도해 보는 편이다.	① ② ③ ④
54	친구와 다투면 먼저 손을 내밀어 화해하지 못해 친구를 잃곤 한다.	① ② ③ ④
55	자신이 유능하다고 믿기 때문에 자신감이 넘친다.	① ② ③ ④
56	걱정거리가 머릿속에서 쉽사리 잊히지 않는 편이다.	① ② ③ ④
57	혼자 있을 때가 편안하다.	① ② ③ ④
58	비유적·상징적인 것보다는 사실적·현실적인 표현을 선호한다.	① ② ③ ④
59	모르는 사람은 믿을 수 없으므로 경계하는 편이다.	① ② ③ ④
60	책임감, 신중성 등 자신에 대한 주위의 평판이 좋다고 생각한다.	① ② ③ ④
61	슬픈 일만 머릿속에 오래 남는다.	① ② ③ ④
62	꾸물대는 것이 싫어 늘 서두르는 편이다.	① ② ③ ④
63	예술가가 된 나의 모습을 상상하곤 한다.	① ② ③ ④
64	칭찬도 나쁘게 받아들이는 편이다.	① ② ③ ④
65	경솔한 언행으로 분란을 일으킬 때가 종종 있다.	① ② ③ ④
66	삶이 버겁게 느껴져 침울해지곤 한다.	① ② ③ ④

67	윗사람, 아랫사람 가리지 않고 쉽게 친해져 어울린다.	① ② ③ ④
68	상상 속에서 이야기를 잘 만들어내는 편이다.	① ② ③ ④
69	손해를 입지 않으려고 약삭빠르게 행동하는 편이다.	① ② ③ ④
70	기왕 일을 한다면 꼼꼼하게 하는 편이다.	① ② ③ ④
71	비난을 받으면 몹시 신경이 쓰이고 자신감을 잃는다.	① ② ③ ④
72	주위 사람들에게 인사하는 것이 귀찮다.	① ② ③ ④
73	창의력과 상상력이 풍부하다는 이야기를 자주 듣는다.	① ② ③ ④
74	자기중심적인 관점에서 남을 비판하곤 한다.	① ② ③ ④
75	지나치게 깔끔하고 싶은 강박증이 있다.	① ② ③ ④
76	세밀한 계획을 세워도 과도한 불안을 느낄 때가 많다.	① ② ③ ④
77	항상 바쁘게 살아가는 편이다.	① ② ③ ④
78	타인이 예상하지 못한 엉뚱한 행동, 생각을 할 때가 자주 있다.	① ② ③ ④
79	의견이 어긋날 때는 먼저 한발 양보하는 편이다.	① ② ③ ④
80	어떤 일을 시도하다가 잘 안되면 금방 포기한다.	① ② ③ ④
81	긴박한 상황에 맞닥뜨리면 자신감을 잃을 때가 많다.	① ② ③ ④
82	처음 만난 사람과 이야기하는 것이 피곤하다.	① ② ③ ④
83	이것저것 새로운 것에 관심이 많고 새로운 것을 배우고 싶다.	① ② ③ ④
84	싫은 사람과도 충분히 협력할 수 있다고 생각한다.	① ② ③ ④
85	꾸준하고 참을성이 있다는 말을 자주 듣는다.	① ② ③ ④
86	신호 대기 중에도 조바심이 난다.	① ② ③ ④
87	남들보다 우월한 지위에서 영향력을 행사하고 싶다.	① ② ③ ④
88	'왜?'라는 질문을 자주 한다.	① ② ③ ④
89	좋아하지 않는 사람이라도 친절하고 공손하게 대한다.	① ② ③ ④
90	세부적인 내용을 일목요연하게 정리해 공부한다.	① ② ③ ④
91	상대가 통화 중이면 다급해져 연속해서 전화를 건다.	① ② ③ ④
92	쾌활하고 자신감이 강하며 남과의 교제에 적극적이다.	① ② ③ ④
93	궁금한 점이 있으면 꼬치꼬치 따져서 반드시 궁금증을 풀고 싶다.	① ② ③ ④
94	사람들은 누구나 곤경을 회피하려고 거짓말을 한다.	① ② ③ ④
95	물건을 분실하거나 어디에 두었는지 기억 못할 때가 많다.	① ② ③ ④
96	충동적인 행동을 하지 않는 편이다.	① ② ③ ④
97	상대방이 말을 걸어오기를 기다리는 편이다.	① ② ③ ④
98	새로운 생각들을 수용해 자신의 관점을 쉽게 수정하는 편이다.	① ② ③ ④
99	기분을 솔직하게 드러내는 편이어서 남들이 나의 기분을 금방 알아채곤 한다.	① ② ③ ④
100	의지와 끈기가 강한 편이다.	① ② ③ ④
101	어떤 상황에서든 만족할 수 있다.	① ② ③ ④
102	모르는 사람에게 말을 걸기보다는 혼자 있는 게 좋다.	① ② ③ ④

103	어떤 일이든 새로운 방향에서 이해할 수 있다고 생각한다.	① ② ③ ④
104	부모님이나 친구들에게 진심을 잘 고백하는 편이다.	① ② ③ ④
105	참을성이 있지만 융통성이 부족하다는 말을 듣곤 한다.	① ② ③ ④
106	깜짝 놀라면 몹시 당황하는 편이다.	① ② ③ ④
107	아는 사람이 많아져 대인관계를 넓히는 것을 선호한다.	① ② ③ ④
108	자신의 감수성, 지적 흥미에 충실하며 내면세계에 관심이 많다.	① ② ③ ④
109	사람들은 이득이 된다면 옳지 않은 방법이라도 쓸 것이다.	① ② ③ ④
110	세밀하게 설정된 계획표를 성실하게 실천하려 노력하는 편이다.	① ② ③ ④
111	난처한 헛소문에 휘말려도 개의치 않는다.	① ② ③ ④
112	매사에 진지하려고 노력한다.	① ② ③ ④
113	급진적인 변화를 선호한다.	① ② ③ ④
114	주변 사람들의 감정과 욕구를 잘 이해하는 편이다.	① ② ③ ④
115	대체로 먼저 할 일을 해 놓고 나서 노는 편이다.	① ② ③ ④
116	긴급 사태에도 당황하지 않고 행동할 수 있다.	① ② ③ ④
117	일할 때 자신의 생각대로 하지 못할 때가 많다.	① ② ③ ④
118	새로운 변화를 싫어한다.	① ② ③ ④
119	다른 사람의 감정에 민감하다.	① ② ③ ④
120	시험을 보기 전에 먼저 꼼꼼하게 공부 계획표를 짠다.	① ② ③ ④
121	삶에는 고통을 주는 것들이 너무 많다고 생각한다.	① ② ③ ④
122	내성적인 성격 때문에 윗사람과의 대화가 꺼려진다.	① ② ③ ④
123	새로운 물건에서 신선한 아름다움을 느낄 때가 많다.	① ② ③ ④
124	사람들이 정직하게 행동하는 것은 타인의 비난이 두렵기 때문이다.	① ② ③ ④
125	계획에 따라 규칙적인 생활을 하는 편이다.	① ② ③ ④
126	걱정거리가 있으면 잠을 잘 수가 없다.	① ② ③ ④
127	자기주장만 지나치게 내세워 소란을 일으키곤 한다.	① ② ③ ④
128	예술 작품에서 큰 감동을 받곤 한다.	① ② ③ ④
129	싹싹하고 협조적이라는 평가를 받곤 한다.	① ② ③ ④
130	소지품을 잘 챙기지 않아 잃어버리곤 한다.	① ② ③ ④
131	즐거운 일보다는 괴로운 일이 더 많다.	① ② ③ ④
132	누가 나에게 말을 걸기 전에는 내가 먼저 말을 걸지 않는다.	① ② ③ ④
133	기본에 얽매이는 정공법보다는 창의적인 변칙을 선택하곤 한다.	① ② ③ ④
134	쉽게 양보를 하는 편이다.	① ② ③ ④
135	신발이나 옷이 떨어져도 무관심해 단정하지 못할 때가 종종 있다.	① ② ③ ④
136	사소한 일에도 긴장해 위축되곤 한다.	① ② ③ ④
137	타인과 어울리는 것보다는 혼자 지내는 것이 즐겁다.	① ② ③ ④
138	직업을 선택할 때 창조력과 심미안이 필요한 것을 선호한다.	① ② ③ ④

139	자기 것을 이웃에게 잘 나누어주는 편이다.	① ② ③ ④
140	몇 번이고 생각하고 검토한다.	① ② ③ ④
141	어떤 일을 실패하면 두고두고 생각한다.	① ② ③ ④
142	친구와 웃고 떠드는 것을 별로 좋아하지 않는다.	① ② ③ ④
143	창조적인 일을 하고 싶다.	① ② ③ ④
144	자기 것을 덜 주장하고, 덜 고집하는 편이다.	① ② ③ ④
145	일단 결정된 것은 완수하기 위해 자신의 능력을 총동원한다.	① ② ③ ④
146	수줍음이 많아서 사람들 앞에서 너무 위축되곤 한다.	① ② ③ ④
147	비교적 말이 없고 무난한 것을 선호하는 편이다.	① ② ③ ④
148	새로운 것을 고안하는 일에서 큰 즐거움을 느낀다.	① ② ③ ④
149	나의 이익에 직접적인 영향을 주는 사안에 대해서는 고집을 꺾지 않는다.	① ② ③ ④
150	사회적 규범을 지키려 애쓰고 목표 의식이 뚜렷한 편이다.	① ② ③ ④
151	나를 기분 나쁘게 한 사람을 쉽게 잊지 못한다.	① ② ③ ④
152	내성적이어서 낯선 이와 만나는 것을 꺼리는 편이다.	① ② ③ ④
153	예술적 감식안이 있는 편이다.	① ② ③ ④
154	남의 명령이 듣기 싫고 자기 본위적인 편이다.	① ② ③ ④
155	규율을 따르느라 때로는 융통성이 부족해지곤 한다.	① ② ③ ④
156	나를 힘들게 하는 일들이 너무 많다고 여긴다.	① ② ③ ④
157	마음을 터놓고 지내는 친구들이 적은 편이다.	① ② ③ ④
158	창조력은 부족하지만 실용적인 사고에 능숙한 편이다.	① ② ③ ④
159	남이 일하는 방식이 못마땅해 공격적으로 참견하곤 한다.	① ② ③ ④
160	여러 번 생각한 끝에 결정을 내린다.	① ② ③ ④
161	주변 사람이 잘되는 것을 보면 상대적으로 내가 실패한 것 같다.	① ② ③ ④
162	대중의 주목을 받는 연예인이 되고 싶은 마음은 조금도 없다.	① ② ③ ④
163	예술제나 미술전 등에 관심이 많다.	① ② ③ ④
164	조화로운 신뢰 관계를 유지하기 위해 타인의 이름을 기억하려 노력하는 편이다.	① ② ③ ④
165	도서실 등에서 책을 정돈하고 관리하는 일을 싫어하지 않는다.	① ② ③ ④
166	남의 비난에도 스트레스를 잘 받지 않는다.	① ② ③ ④
167	여럿이 모여서 얘기하는 데 잘 끼어들지 못한다.	① ② ③ ④
168	공상이나 상상을 많이 하는 편이다.	① ② ③ ④
169	예절은 가식처럼 느껴지기 때문에 잘 신경 쓰지 않는 편이다.	① ② ③ ④
170	선입견으로 섣불리 단정하지 않기 위해 주의 깊게 살피는 편이다.	① ② ③ ④
171	불확실한 미래에 대한 염려는 불필요하다고 생각한다.	① ② ③ ④
172	처음 보는 사람들과 쉽게 얘기하고 친해지는 편이다.	① ② ③ ④
173	참신한 물건을 개발하는 일이 적성에 맞는 것 같다.	① ② ③ ④
174	의기양양하며 공격적인 사람보다는 겸손하며 이해심이 많은 사람이 되고 싶다.	① ② ③ ④

175	주어진 일을 매듭짓기 위해 끝까지 매달리는 편이다.	① ② ③ ④
176	기분 나쁜 일은 오래 생각하지 않는다.	① ② ③ ④
177	모르는 사람들이 많이 있는 곳에서도 활발하게 행동하는 편이다.	① ② ③ ④
178	새로운 아이디어를 생각해내는 일이 좋다.	① ② ③ ④
179	대인관계에서 상황을 빨리 파악하는 편이다.	① ② ③ ④
180	전표 계산 또는 장부 기입 같은 일을 싫증내지 않고 할 수 있다.	① ② ③ ④
181	근심이 별로 없고, 정서적인 반응이 무딘 편이다.	① ② ③ ④
182	모임에서 말을 많이 하고 적극적으로 행동한다.	① ② ③ ④
183	사건 뒤에 숨은 본질을 생각해 보기를 좋아한다.	① ② ③ ④
184	나는 이해득실에 밝은 현실주의자라고 생각한다.	① ② ③ ④
185	자신의 장래를 위해 1년, 5년, 10년 등 장단기 목표를 세운다.	① ② ③ ④
186	자신이 처한 환경에서 불안, 분노, 우울, 절망 등을 잘 느끼지 않는다.	① ② ③ ④
187	여기저기에 친구나 아는 사람들이 많이 있다.	① ② ③ ④
188	색채 감각이나 미적 센스가 풍부한 편이다.	① ② ③ ④
189	남의 감정을 잘 이해하는 편이라서 남이 나에게 고민 상담을 요청할 때가 많다.	① ② ③ ④
190	신중하고 주의 깊다는 평가를 받곤 한다.	① ② ③ ④
191	대체로 걱정하거나 고민하지 않는다.	① ② ③ ④
192	활발하고 적극적이라는 말을 자주 듣는다.	① ② ③ ④
193	엉뚱한 일을 하기 좋아하고 발상도 개성적이다.	① ② ③ ④
194	남들과 껄끄러운 상황을 되도록 회피하려고 한다.	① ② ③ ④
195	일을 완료하기 전에는 쉬어도 마음이 편하지 않다.	① ② ③ ④
196	일반적으로 낙담할 일을 당해도 쉽게 상처받지 않는다.	① ② ③ ④
197	혼자 조용히 있기보다는 사람들과 어울리려고 한다.	① ② ③ ④
198	지적 흥미를 충족하기 위해 책과 신문을 많이 읽는다.	① ② ③ ④
199	타인과 더불어 살려면 반드시 법을 지켜야 한다.	① ② ③ ④
200	실패하든 성공하든 장래를 위해 그 원인을 반드시 분석한다.	① ② ③ ④
201	화가 날 법한 상황을 잘 참는 편이다.	① ② ③ ④
202	활동이 많으면서도 무난하고 점잖다는 말을 듣곤 한다.	① ② ③ ④
203	패션과 아름다움에 대한 감각이 둔한 편이다.	① ② ③ ④
204	타인을 잘 믿는 편이며, 남을 돕기를 주저하지 않는다.	① ② ③ ④
205	매사에 충분히 준비되어 있다는 자신감이 든다.	① ② ③ ④
206	비관적이고 무기력한 상황을 견디기 힘들다.	① ② ③ ④
207	앞에 나서서 통솔하기보다는 다른 이의 지휘에 잘 따르는 편이다.	① ② ③ ④
208	자신의 감수성을 발휘하면 좋은 에세이를 쓸 수 있을 것 같다.	① ② ③ ④
209	상대방의 기분을 잘 이해한다.	① ② ③ ④
210	과업을 이루려면 준법정신이 반드시 필요하다.	① ② ③ ④

211	실수를 하면 하루 종일 기분이 좋지 않다.	① ② ③ ④
212	혼자서 일하기를 좋아한다.	① ② ③ ④
213	낯선 곳에서 생소한 풍취를 즐길 수 있는 여행이 좋다.	① ② ③ ④
214	공식적인 요청이 없더라도 회사의 행사에는 참여해야 한다.	① ② ③ ④
215	성공하기 위해서는 반드시 자신을 통제해야 한다고 생각한다.	① ② ③ ④
216	화가 나면 주변에 있는 물건을 집어던지곤 한다.	① ② ③ ④
217	조용하고 명상적인 분위기를 좋아한다.	① ② ③ ④
218	박람회 등에서 견학을 하며 지식을 넓히는 일을 좋아한다.	① ② ③ ④
219	집단의 협동을 위해서 월간 정보, 공지 사항을 꼼꼼하게 확인하는 편이다.	① ② ③ ④
220	시간을 시, 분 단위로 세밀하게 나눠 쓴다.	① ② ③ ④
221	욕구를 느끼면 기존의 것을 무시하고 충동적으로 행동하는 편이다.	① ② ③ ④
222	친구를 잘 바꾸지 않는다.	① ② ③ ④
223	상품을 고를 때 디자인과 색에 신경을 많이 쓴다.	① ② ③ ④
224	다른 사람과 싸워도 쉽게 화해할 수 있다.	① ② ③ ④
225	삶의 목표를 이루려면 정성스럽고 참된 행동이 가장 중요하다고 생각한다.	① ② ③ ④
226	예기치 못한 일이 발생해도 침착함을 유지한다.	① ② ③ ④
227	모든 일에 앞장서는 편이다.	① ② ③ ④
228	한때는 예술가를 꿈꾸며 습작에 매달린 적이 있다.	① ② ③ ④
229	부서의 협력을 위해 상사의 명령은 반드시 수행해야 한다고 생각한다.	① ② ③ ④
230	큰일을 이루고 싶은 야망을 위해 자신을 닦아세우는 편이다.	① ② ③ ④
231	자신에 대한 주위의 잘못된 소문에도 크게 화를 내지 않는다.	① ② ③ ④
232	남을 지배하는 사람이 되고 싶다.	① ② ③ ④
233	실내 장식품이나 액세서리 등에 관심이 많다.	① ② ③ ④
234	자신의 행동이 타인에게 무례하게 보이지는 않는지 살피는 편이다.	① ② ③ ④
235	걸리지만 않는다면 융통성을 위해 법을 조금은 어겨도 괜찮다.	① ② ③ ④
236	감정에 휘둘려 섣부른 판단을 하지 않으려고 애쓴다.	① ② ③ ④
237	외딴 곳보다는 사람들이 북적거리는 곳에 살고 싶다.	① ② ③ ④
238	지자체에서 개최하는 각종 예술제 소식에 관심이 많다.	① ② ③ ④
239	인간은 착한 본성을 가지고 태어났다고 생각한다.	① ② ③ ④
240	마감이 다가오기 전에 미리 업무를 마무리하는 편이다.	① ② ③ ④
241	누군가 내 험담을 하는 것은 아닌지 괜스레 불안할 때가 있다.	① ② ③ ④
242	혼자서 하는 일보다는 여러 사람을 두루 만나는 일이 더 마음에 든다.	① ② ③ ④
243	무슨 감정이든 쉽게 몰입하며 낯선 것에 흥미를 느끼는 편이다.	① ② ③ ④
244	대화를 할 때 남을 더 배려하는 편이다.	① ② ③ ④
245	어떻게 일해야 더 효율적일지 늘 고민한다.	① ② ③ ④
246	나쁜 일이 일어나도 쉽게 떨쳐낼 수 있다.	① ② ③ ④
247	바쁜 도시보다는 한적한 자연에 묻혀 느긋하게 살고 싶다.	① ② ③ ④

248	추운 지역에 사는 주민들에게 냉장고를 파는 방법처럼 상식의 틀을 깨는 사고방식을 선호한다.	① ② ③ ④
249	모임이 있을 때 주로 남들에게 맞춰주는 편이다.	① ② ③ ④
250	주위를 항상 청결하게 하려고 노력하는 편이다.	① ② ③ ④
251	화가 나도 적당히 조절하며 남에게 화풀이를 하지 않는다.	① ② ③ ④
252	휴일에 집에만 머물지 않고 외출해 나를 찾는 친구들과 어울리는 편이다.	① ② ③ ④
253	생활 주변에 있는 설치미술 작품을 보면서 깊은 감명을 받는다.	① ② ③ ④
254	남을 도울 때 큰 보람을 느낀다.	① ② ③ ④
255	일을 추진하기 전에 새로운 방법은 없는지 찾아보는 편이다.	① ② ③ ④
256	무기력을 자주 느끼며, 그럴 때마다 열등감 때문에 속을 썩인다.	① ② ③ ④
257	조직 내에서 주목을 받을 때는 난처함을 느낀다.	① ② ③ ④
258	기존의 종교적·정치적 가치는 언제든 재검토될 수 있다고 생각한다.	① ② ③ ④
259	타인이 나를 돕는 것에는 다른 뜻이 숨어 있다고 생각한다.	① ② ③ ④
260	조직의 실패를 비판할 때 자책감을 자주 느낀다.	① ② ③ ④
261	자질구레한 일로 갑자기 화를 잘 내는 편이다.	① ② ③ ④
262	잘하지는 못하지만 발표를 마다하지 않는다.	① ② ③ ④
263	현실적인 것, 실용적인 것, 익숙한 것을 선호한다.	① ② ③ ④
264	타인의 행복에 관심이 적고, 타인에게 상냥하지 않은 편이다.	① ② ③ ④
265	목표를 세웠으나 흐지부지되는 경우가 많은 편이다.	① ② ③ ④
266	일을 그르쳤을 때 그 원인을 알아내지 못하면 크게 불안하다.	① ② ③ ④
267	모르는 사람과 이야기하는 것은 용기가 필요하다.	① ② ③ ④
268	잘하지 못하더라도 자신의 창의성을 바탕으로 끝까지 해내려 한다.	① ② ③ ④
269	남의 생일이나 명절 때 선물을 사러 다니는 일이 귀찮게 느껴진다.	① ② ③ ④
270	다른 사람들이 하지 못하는 일을 하고 싶다.	① ② ③ ④
271	집에서 가만히 있으면 기분이 우울해진다.	① ② ③ ④
272	번잡한 인간관계를 잠시 접어두고 혼자서 여행을 떠나고 싶을 때가 자주 있다.	① ② ③ ④
273	지적 호기심이 별로 없고, 감정이 건조한 편이다.	① ② ③ ④
274	반대에 부딪혀도 자신의 의견을 끝까지 고집한다.	① ② ③ ④
275	일을 할 때는 노력한 만큼 명시적인 결과를 내는 것이 중요하다고 생각한다.	① ② ③ ④
276	지금까지 후회를 하면서 마음을 썩인 적이 거의 없다.	① ② ③ ④
277	다른 사람과 몸을 많이 부딪치는 거친 운동에 도전하는 편이다	① ② ③ ④
278	여행을 가서 새로운 자극을 경험하는 것을 선호한다.	① ② ③ ④
279	남들이 반대해도 내 생각을 절대 바꾸지 않는다.	① ② ③ ④
280	어려움에 빠져도 좌절하지 않고 정성스럽게 행동한다.	① ② ③ ④
281	다소 비관적이어서 좀처럼 결단을 내리지 못하는 경우가 있다.	① ② ③ ④
282	그룹 내에서는 누군가의 주도 아래 따라가는 경우가 많다.	① ② ③ ④
283	낯선 것은 다양한 변화를 이끌 가능성이 많다고 본다.	① ② ③ ④
284	남들이 내 일에 관여하면 방해를 받은 것 같아 비협조적으로 된다.	① ② ③ ④

285	계획 없이 행동을 먼저 하다가 포기할 때가 간혹 있다.	① ② ③ ④
286	고민 때문에 끙끙거리며 생각할 때가 많다.	① ② ③ ④
287	남들과의 관계가 어색해지면 입을 다무는 경우가 많다.	① ② ③ ④
288	현실에 만족하지 않고 변화를 추구하는 편이다.	① ② ③ ④
289	자신의 감정을 솔직하게 드러내고, 타인에게 상냥하고 너그러운 편이다.	① ② ③ ④
290	실행하기 전에 재확인할 때가 많다.	① ② ③ ④
291	인내력이 약하고 성격이 급하다는 소리를 자주 듣는다.	① ② ③ ④
292	타인과 사적(私的)인 교제보다는 공적(公的)인 거리를 유지하는 것을 선호한다.	① ② ③ ④
293	나는 복잡해서 깊은 이해가 필요한 문제를 푸는 것에 흥미를 느낀다.	① ② ③ ④
294	반드시 남을 앞질러 이기고 싶어 몹시 경쟁적일 때가 있다.	① ② ③ ④
295	개인적인 목표를 거의 매번 성취하는 편이다.	① ② ③ ④
296	삶은 원래 허무한 것이라는 생각 때문에 세상이 괴롭고 귀찮게 느껴지곤 한다.	① ② ③ ④
297	행사에서 사회를 맡는 일처럼 대중 앞에 서는 일에 관심이 많다.	① ② ③ ④
298	소설을 읽을 때는 대리만족과 심리적 쾌감이 중요하다고 생각한다.	① ② ③ ④
299	사람은 누구나 실패할 수 있으므로 서로 도와야 한다고 생각한다.	① ② ③ ④
300	타인과 대화할 때 내 생각을 잘 정리해 조리 있게 말하려고 하는 편이다.	① ② ③ ④
301	나는 곤란한 상황도 심각하게 인식하지 않기 때문에 스스로 대담하게 대처할 수 있다고 생각한다.	① ② ③ ④
302	연구직처럼 한 곳에만 머물며 한 가지 일에 몰두하는 일은 따분할 것 같아 싫다.	① ② ③ ④
303	아이디어 회의 중 모든 의견은 반드시 존중되어야 한다.	① ② ③ ④
304	누구나 자신의 이익을 위해서라면 타인의 손해에 무관심할 수 있다고 생각한다.	① ② ③ ④
305	내가 몸담은 조직에서 사고가 발생한다면 기꺼이 책임을 지고 물러나겠다.	① ② ③ ④
306	스트레스를 받는 상황에 대한 대처 능력이 다소 부족하다.	① ② ③ ④
307	교제 범위가 넓은 편이라 사람을 만나는 데 많은 시간을 들인다.	① ② ③ ④
308	사회적 현상의 이면에 숨은 의미를 통찰하는 데 관심이 있다.	① ② ③ ④
309	타인의 욕구를 공감하고 이해하려 노력하는 편이다.	① ② ③ ④
310	나는 우유부단한 신중론자보다는, 파격적으로 보이더라도 융통성 있는 행동파가 낫다고 생각한다.	① ② ③ ④
311	다소 다혈질적인 성격 때문에 화를 내는 일이 잦다.	① ② ③ ④
312	리더로서 주도하기보다는 리더를 보좌하는 일에 능숙하다.	① ② ③ ④
313	가치의 기준은 당연히 사람마다 조금씩 다르다고 생각한다.	① ② ③ ④
314	타인을 전적으로 믿지 못하기 때문에 나의 본심을 감출 때가 많다.	① ② ③ ④
315	성실함과 자긍심은 성공이라는 문을 여는 마스터키라고 생각한다.	① ② ③ ④
316	긴장감을 잘 느끼지 않으며 비교적 차분한 편이다.	① ② ③ ④
317	모르는 사람과도 마음이 맞으면 쉽게 마음을 터놓고 바로 친해진다.	① ② ③ ④
318	전자책, SNS 등 새로운 정보 획득 수단을 적극 활용한다.	① ② ③ ④
319	어떠한 경우에도 공익을 위해 자신의 권리를 희생할 수 없다고 생각한다.	① ② ③ ④
320	수행 목표를 이루기 위해 스스로를 관리하는 기본 규칙을 설정한다.	① ② ③ ④

PART

4

면접

01 | 면접 유형 및 실전 대책

01 ▸ 면접 주요사항

면접의 사전적 정의는 면접관이 지원자를 직접 만나보고 인품(人品)이나 언행(言行) 따위를 시험하는 일로, 흔히 필기시험 후에 최종적으로 심사하는 방법이다.

최근 주요 기업의 인사담당자들을 대상으로 채용 시 면접이 차지하는 비중을 설문조사했을 때, 50~80% 이상이라고 답한 사람이 전체 응답자의 80%를 넘었다. 이와 대조적으로 지원자들을 대상으로 취업 시험에서 면접을 준비하는 기간을 물었을 때, 대부분의 응답자가 2~3일 정도라고 대답했다.

지원자가 일정 수준의 스펙을 갖추기 위해 자격증 시험과 토익을 치르고 이력서와 자기소개서까지 쓰다 보면 면접까지 챙길 여유가 없는 것이 사실이다. 그리고 서류전형과 인적성검사를 통과해야만 면접을 볼 수 있기 때문에 자연스럽게 면접은 취업시험 과정에서 그 비중이 작아질 수밖에 없다. 하지만 아이러니하게도 실제 채용 과정에서 면접이 차지하는 비중은 절대적이라고 해도 과언이 아니다.

기업들은 채용 과정에서 토론 면접, 인성 면접, 프레젠테이션 면접, 역량 면접 등의 다양한 면접을 실시한다. 1차 커트라인이라고 할 수 있는 서류전형을 통과한 지원자들의 스펙이나 능력은 서로 엇비슷하다고 판단되기 때문에 서류상 보이는 자격증이나 토익 성적보다는 지원자의 인성을 파악하기 위해 면접을 더욱 강화하는 것이다. 일부 기업은 의도적으로 압박 면접을 실시하기도 한다. 지원자가 당황할 수 있는 질문을 던져서 그것에 대한 지원자의 반응을 살펴보는 것이다.

면접은 다르게 생각한다면 '나는 누구인가?'에 대한 물음에 해답을 줄 수 있는 가장 현실적이고 미래적인 경험이 될 수 있다. 취업난 속에서 자격증을 취득하고 토익 성적을 올리기 위해 앞만 보고 달려온 지원자들은 자신에 대해서 고민하고 탐구할 수 있는 시간을 평소 쉽게 가질 수 없었을 것이다. 자신을 잘 알고 있어야 자신에 대해서 자신감 있게 말할 수 있다. 대체로 사람들은 자신에게 관대한 편이기 때문에 스스로에 대해서 어떤 기대와 환상을 가지고 있는 경우가 많다. 하지만 면접은 제삼자에 의해 개인의 능력을 객관적으로 평가받는 시험이다. 어떤 지원자들은 다른 사람에게 자신을 표현하는 것을 어려워한다. 평소에 잘 사용하지 않는 용어를 내뱉으면서 거창하게 자신을 포장하는 지원자도 많다. 면접에서 가장 기본은 자기 자신을 면접관에게 알기 쉽게 표현하는 것이다.

이러한 표현을 바탕으로 자신이 앞으로 하고자 하는 것과 그에 대한 이유를 설명해야 한다. 최근에는 자신감을 향상시키거나 말하는 능력을 높이는 학원도 많기 때문에 얼마든지 자신의 단점을 극복할 수 있다.

1. 자기소개의 기술

자기소개를 시키는 이유는 면접자가 지원자의 자기소개서를 압축해서 듣고, 지원자의 첫인상을 평가할 시간을 가질 수 있기 때문이다. 면접을 위한 워밍업이라고 할 수 있으며, 첫인상을 결정하는 과정이므로 매우 중요한 순간이다.

(1) 정해진 시간에 자기소개를 마쳐야 한다.

쉬워 보이지만 의외로 지원자들이 정해진 시간을 넘기거나 혹은 빨리 끝내서 면접관에게 지적을 받는 경우가 많다. 본인이 면접을 받는 마지막 지원자가 아닌 이상, 정해진 시간을 지키지 않는 것은 수많은 지원자를 상대하기에 바쁜 면접관과 대기 시간에 지친 다른 지원자들에게 불쾌감을 줄 수 있다.

또한 회사에서 시간관념은 절대적인 것이므로 반드시 자기소개 시간을 지켜야 한다. 말하기는 1분에 200자 원고지 2장 분량의 글을 읽는 만큼의 속도가 가장 적당하다. 이를 A4 용지에 10point 글자 크기로 작성하면 반 장 분량이 된다.

(2) 간단하지만 신선한 문구로 자기소개를 시작하자.

요즈음 많은 지원자가 이 방법을 사용하고 있기 때문에 웬만한 소재의 문구가 아니면 면접관의 관심을 받을 수 없다. 이러한 문구는 시대적으로 유행하는 광고 카피를 패러디하는 경우와 격언 등을 인용하는 경우, 그리고 지원한 회사의 IC나 경영이념, 인재상 등을 사용하는 경우 등이 있다. 지원자는 이러한 여러 문구 중에 자신의 첫인상을 북돋아 줄 수 있는 것을 선택해서 말해야 한다. 자신의 이름을 문구 속에 적절하게 넣어서 말한다면 좀 더 효과적인 자기소개가 될 것이다.

(3) 무엇을 먼저 말할 것인지 고민하자.

면접관이 많이 던지는 질문 중 하나가 지원동기이다. 그래서 성장기를 바로 건너뛰고, 지원한 회사에 들어오기 위해 대학에서 어떻게 준비했는지를 설명하는 자기소개가 대세이다.

(4) 면접관의 호기심을 자극해 관심을 불러일으킬 수 있게 말하라.

면접관에게 질문을 많이 받는 지원자의 합격률이 반드시 높은 것은 아니지만, 질문을 전혀 안 받는 것보다는 좋은 평가를 기대할 수 있다. 지원한 분야와 관련된 수상 경력이나 프로젝트 등을 말하는 것도 좋다. 이는 지원자의 업무 능력과 직접 연결되는 것이므로 효과적인 자기 홍보가 될 수 있다. 일부 지원자들은 자신만의 특별한 경험을 이야기하는데, 이때는 그 경험이 보편적으로 사람들의 공감대를 얻을 수 있는 것인지 다시 생각해봐야 한다.

(5) 마지막 고개를 넘기가 가장 힘들다.

첫 단추도 중요하지만, 마지막 단추도 중요하다. 하지만 왠지 격식을 따지는 인사말은 지나가는 인사말 같고, 다르게 하자니 예의에 어긋나는 것 같은 기분이 든다. 이때는 처음에 했던 자신만의 문구를 다시 한 번 말하는 것도 좋은 방법이다. 자연스러운 끝맺음이 될 수 있도록 적절한 연습이 필요하다.

2. 1분 자기소개 시 주의사항

(1) 자기소개서와 자기소개가 똑같다면 감점일까?

아무리 자기소개서를 외워서 말한다 해도 자기소개가 자기소개서와 완전히 똑같을 수는 없다. 자기소개서의 분량이 더 많고 회사마다 요구하는 필수 항목들이 있기 때문에 굳이 고민할 필요는 없다. 오히려 자기소개서의 내용을 잘 정리한 자기소개가 더 좋은 결과를 만들 수 있다. 하지만 자기소개서와 상반된 내용을 말하는 것은 적절하지 않다. 지원자의 신뢰성이 떨어진다는 것은 곧 불합격을 의미하기 때문이다.

(2) 말하는 자세를 바르게 익혀라.

지원자가 자기소개를 하는 동안 면접관은 지원자의 동작 하나하나를 관찰한다. 그렇기 때문에 바른 자세가 중요하다는 것은 우리가 익히 알고 있다. 하지만 문제는 무의식적으로 나오는 습관 때문에 자세가 흐트러져 나쁜 인상을 줄 수 있다는 것이다. 이러한 습관을 고칠 수 있는 가장 좋은 방법은 캠코더 등으로 자신의 모습을 담는 것이다. 거울을 사용할 경우에는 시선이 자꾸 자기 눈과 마주치기 때문에 집중하기 힘들다. 하지만 촬영된 동영상은 제삼자의 입장에서 자신을 볼 수 있기 때문에 많은 도움이 된다.

(3) 정확한 발음과 억양으로 자신 있게 말하라.

지원자의 모양새가 아무리 뛰어나도, 목소리가 작고 발음이 부정확하면 큰 감점을 받는다. 이러한 모습은 지원자의 좋은 점에까지 악영향을 끼칠 수 있다. 직장을 흔히 사회생활의 시작이라고 말하는 시대적 정서에서 사람들과 의사소통을 하는 데 문제가 있다고 판단되는 지원자는 부적절한 인재로 평가될 수밖에 없다.

3. 대화법

전문가들이 말하는 대화법의 핵심은 '상대방을 배려하면서 이야기하라.'는 것이다. 대화는 나와 다른 사람의 소통이다. 내용에 대한 공감이나 이해가 없다면 대화는 더 진전되지 않는다.

베스트셀러 『카네기 인간관계론』의 작가인 철학자 카네기가 말하는 최상의 대화법은 자신의 경험을 토대로 이야기하는 것이다. 즉, 살아오면서 직접 겪은 경험이 상대방의 관심을 끌 수 있는 가장 좋은 이야깃거리인 것이다. 특히, 어떤 일을 이루기 위해 노력하는 과정에서 겪은 실패나 희망에 대해 진솔하게 얘기한다면 상대방은 어느새 당신의 편에 서서 그 이야기에 동조할 것이다.

독일의 사업가이자, 동기부여 트레이너인 위르겐 힐러의 연설법 중 가장 유명한 것은 '시즐(Sizzle)'을 잡는 것이다. 시즐이란, 새우튀김이나 돈가스가 기름에서 지글지글 튀겨질 때 나는 소리이다. 즉, 자신의 말을 듣고 시즐처럼 반응하는 상대방의 감정에 적절하게 대응하라는 것이다.

말을 시작한 지 10~15초 안에 상대방의 '시즐'을 알아차려야 한다. 자신의 이야기에 대한 상대방의 첫 반응에 따라 말하기 전략도 달라져야 한다. 첫 이야기의 반응이 미지근하다면 가능한 한 그 이야기를 빨리 마무리하고 새로운 이야깃거리를 생각해내야 한다. 길지 않은 면접 시간 내에 몇 번 오지 않는 대답의 기회를 살리기 위해서 보다 전략적이고 냉철해야 하는 것이다.

4. 차림새 이야기

(1) 구두

면접에 어떤 옷을 입어야 할지를 며칠 동안 고민하면서 정작 구두는 면접 보는 날 현관을 나서면서 즉흥적으로 신고 가는 지원자들이 많다. 구두를 보면 그 사람의 됨됨이를 알 수 있다고 한다. 면접관 역시 이러한 것을 놓치지 않기 때문에 지원자는 자신의 구두에 더욱 신경을 써야 한다. 스타일의 마무리는 발끝에서 이루어지는 것이다. 아무리 멋진 옷을 입고 있어도 구두가 어울리지 않는다면 전체 스타일이 흐트러지기 때문이다.

정장용 구두는 디자인이 깔끔하고, 에나멜 가공처리를 하여 광택이 도는 페이턴트 가죽 소재 제품이 무난하다. 검정 계열 구두는 회색과 감색 정장에, 브라운 계열의 구두는 베이지나 갈색 정장에 어울린다. 참고로 구두는 오전에 사는 것보다 발이 충분히 부은 상태인 저녁에 사는 것이 좋다. 마지막으로 당연한 일이지만 반드시 면접을 보는 전날 구두 뒤축이 닳지는 않았는지 확인하고 구두에 광을 내 둔다.

(2) 양말

양말은 정장과 구두의 색상을 비교해서 골라야 한다. 특히 검정이나 감색의 진한 색상의 바지에 흰 양말을 신는 것은 시대에 뒤처지는 일이다. 일반적으로 양말의 색깔은 바지의 색깔과 같아야 한다. 또한 양말의 길이도 신경 써야 한다. 바지를 입을 경우, 의자에 바르게 앉거나 다리를 꼬아서 앉을 때 다리털이 보여서는 안 된다. 반드시 긴 정장 양말을 신어야 한다.

(3) 정장

지원자는 평소에 정장을 입을 기회가 많지 않기 때문에 면접을 볼 때 본인 스스로도 옷을 어색하게 느끼는 경우가 많다. 옷을 불편하게 느끼기 때문에 자세마저 불안정한 지원자도 볼 수 있다. 그러므로 면접 전에 정장을 입고 생활해보는 것도 나쁘지는 않다.

일반적으로 면접을 볼 때는 상대방에게 신뢰감을 줄 수 있는 남색 계열의 옷이나 어떤 계절이든 무난하고 깔끔해보이는 회색 계열의 정장을 많이 입는다. 정장은 유행에 따라서 재킷의 디자인이나 버튼의 개수가 바뀌기 때문에 너무 오래된 옷을 입어서 다른 사람의 옷을 빌려 입고 나온 듯한 인상을 주어서는 안 된다.

(4) 헤어스타일과 메이크업

헤어스타일에 자신이 없다면 미용실에 다녀오거나 자신에게 어울리는 메이크업을 하는 것도 좋은 방법이다. 지나치게 화려한 스타일이 아니라면 보다 준비된 지원자처럼 보일 수 있다.

5. 첫인상

취업을 위해 성형수술을 받는 사람들에 대한 이야기는 더 이상 뉴스거리가 되지 않는다. 그만큼 많은 사람이 좁은 취업문을 뚫기 위해 이미지 향상에 신경을 쓰고 있다. 이는 면접관에게 좋은 첫인상을 주기 위한 것으로, 지원서에 올리는 증명사진을 이미지 프로그램을 통해 수정하는 이른바 '사이버 성형'이 유행하는 것과 같은 맥락이다. 실제로 외모가 채용 과정에서 영향을 끼치는가에 대한 설문조사에서도 60% 이상의 인사담당자들이 그렇다고 답변했다.

하지만 외모와 첫인상을 절대적인 관계로 이해하는 것은 잘못된 판단이다. 외모가 첫인상에서 많은 부분을 차지하지만, 외모 외에 다른 결점이 발견된다면 그로 인해 장점들이 가려질 수도 있다. 이러한 현상은 아래에서 다시 논하겠다.

첫인상은 말 그대로 한 번밖에 기회가 주어지지 않으며 몇 초 안에 결정된다. 첫인상을 결정짓는 요소 중 시각적인 요소가 80% 이상을 차지한다. 첫눈에 들어오는 생김새나 복장, 표정 등에 의해서 결정되는 것이다. 면접을 시작할 때 자기소개를 시키는 것도 지원자별로 첫인상을 평가하기 위해서이다. 첫인상이 중요한 이유는 만약 첫인상이 부정적으로 인지될 경우, 지원자의 다른 좋은 면까지 거부당하기 때문이다. 이러한 현상을 심리학에서는 초두효과(Primacy Effect)라고 한다.

그래서 한 번 형성된 첫인상은 여간해서 바꾸기 힘들다. 이는 첫인상이 나중에 들어오는 정보까지 영향을 주기 때문이다. 첫인상의 정보가 나중에 들어오는 정보 처리의 지침이 되는 것을 심리학에서는 맥락효과(Context Effect)라고 한다. 따라서 평소에 첫인상을 좋게 만들기 위한 노력을 꾸준히 해야만 하는 것이다. 좋은 첫인상이 반드시 외모에만 집중되는 것은 아니다. 오히려 깔끔한 옷차림과 부드러운 표정 그리고 말과 행동 등에 의해 전반적인 이미지가 만들어진다. 누구나 이러한 것 중에 한두 가지 단점을 가지고 있다. 요즈음은 이미지 컨설팅을 통해서 자신의 단점들을 보완하는 지원자도 있다. 특히, 표정이 밝지 않은 지원자는 평소 웃는 연습을 의식적으로 하여 면접을 받는 동안 계속해서 여유 있는 표정을 짓는 것이 중요하다. 성공한 사람들은 인상이 좋다는 것을 명심하자.

02 ▶ 면접 유형 및 실전 대책

1. 면접 유형

과거 천편일률적인 일대일 면접과 달리 면접에는 다양한 유형이 도입되어 현재는 "면접은 이렇게 보는 것이다."라고 말할 수 있는 정해진 유형이 없어졌다. 그러나 현재까지는 집단 면접과 다대일 면접이 보편적으로 진행되고 있으므로 어느 정도 유형을 파악하여 사전에 대비가 가능하다. 면접의 기본인 단독 면접부터, 다대일 면접, 집단 면접, PT 면접, 합숙 면접의 유형과 그 대책에 대해 알아보자.

(1) 단독 면접

단독 면접이란 응시자와 면접관이 1 대 1로 마주하는 형식을 말한다. 면접관 한 사람과 응시자 한 사람이 마주 앉아 자유로운 화제를 가지고 질의응답을 되풀이하는 방식이다. 이 방식은 면접의 가장 기본적인 방법으로 소요시간은 10~20분 정도가 일반적이다.

① 단독 면접의 장점

필기시험 등으로 판단할 수 없는 성품이나 능력을 알아내는 데 가장 적합하다고 평가받아 온 면접방식으로 응시자 한 사람 한 사람에 대해 여러 면에서 비교적 폭넓게 파악할 수 있다. 응시자의 입장에서는 한 사람의 면접관만을 대하는 것이므로 상대방에게 집중할 수 있으며, 긴장감도 다른 면접방식에 비해서는 적은 편이다.

② 단독 면접의 단점

면접관의 주관이 강하게 작용해 객관성을 저해할 소지가 있으며, 면접 평가표를 활용한다 하더라도 일면적인 평가에 그칠 가능성을 배제할 수 없다. 또한 시간이 많이 소요되는 것도 단점이다.

> **단독 면접 준비 Point**
>
> 단독 면접에 대비하기 위해서는 평소 1 대 1로 논리 정연하게 대화를 나눌 수 있는 능력을 기르는 것이 중요하다. 그리고 면접장에서는 면접관을 선배나 선생님 혹은 가까운 어른을 대하는 기분으로 면접에 임하는 것이 부담도 훨씬 적고 실력을 발휘할 수 있는 방법이 될 것이다.

〈개별 면접 평가표〉

평가항목	면접요소	체크 포인트	평가
용모, 태도, 건강	• 외모, 인상, 복장 • 태도(인사성, 활달성, 안정감) • 건강(젊음, 혈색, 체형 등)	• 입실 순간 전반적 인상 • 눈빛, 혈색, 체형, 복장 및 전체적 인상 • 보행 모습, 앉는 자세, 질문대답 관찰 • 인사성, 안정성, 활달성 • 병역면제 사유, 지병 보유, 평소 건강 등(입사지원서 기타란 참고)	
사회성	• 가정환경 및 학교생활 • 가치관, 사국관 • 생활태도	• 성장과정, 가훈, 가풍, 은사, 동아리활동, 아르바이트, 여가시간 사용 방법 등 • 생활신조, 좌우명, 신앙생활 및 바람직한 직장인상 등 • 귀가시간, 주량, 흡연정도, 취미생활, 월평균 독서량 등	
논리성	• 표현력 • 발표내용의 정연성 • 사고능력의 범위	• 정확한 어휘구사, 문제의 핵심접근 정도, 애매한 표현 유무 • 음색, 어조 등 • 질문의 이해도, 일관성 있는 답변 • 자기소개서 작성의 논리성 • 사고방식의 다양성 및 편중 여부	
지식 정도	• 전공지식 • 외국어 • 일반상식	• 전공 관련 기초지식 및 응용테스트 • 자기소개 및 지원동기의 외국어 발표 • 시사용어, 최근 핫이슈에 대한 질문	
조직적응 및 발전가능성	• 사고방식의 긍정적 여부 • 적극성, 협조성 • 리더십 및 입사 후 포부, 창의성	• 학생운동 참여 이유, 제반 경제상황에 대한 견해, 노사관계 개념 등 • 야간/휴일근무, 지방근무, 적성에 맞지 않는 업무 등 • 리더 경험, 친구 관계, 입사 후 목표 직위, 맡고 싶은 업무, 당사의 TV선전문안 등에 관한 질문 등	

종합 의견

〈개별 면접 평가항목별 등급 및 환산점수〉

등급	환산점수			평가
A(20~18)	A⁺(20)	A(19)	A⁻(18)	면접요소 각 부분에 탁월함
B(16~14)	B⁺(16)	B(15)	B⁻(14)	대체로 우수함
C(12~10)	C⁺(12)	C(11)	C⁻(10)	요소별 부족한 여지가 있음
D(8~6)	D⁺(8)	D(7)	D⁻(6)	전반적으로 심하게 부족함

(2) 다대일 면접

다대일 면접은 일반적으로 가장 많이 사용되는 면접방법으로 보통 2~5명의 면접관이 1명의 응시자에게 질문하는 형태의 면접방법이다. 면접관이 여러 명이므로 다각도에서 질문을 하여 응시자에 대한 정보를 많이 알아낼 수 있다는 점 때문에 선호하는 면접방법이다.

하지만 응시자의 입장에서는 질문도 면접관에 따라 각양각색이고 동료 응시자가 없으므로 숨 돌릴 틈도 없게 느껴진다. 또한 관찰하는 눈도 많아서 조그만 실수라도 지나치는 법이 없기 때문에 정신적 압박과 긴장감이 높은 면접방법이다. 따라서 응시자는 긴장을 풀고 한 면접관이 묻더라도 면접관 전원을 향해 대답한다는 기분으로 또박또박 대답하는 자세가 필요하다.

① 다대일 면접의 장점

면접관이 집중적인 질문과 다양한 관찰을 통해 응시자가 과연 조직에 필요한 인물인가를 완벽히 검증할 수 있다.

② 다대일 면접의 단점

면접시간이 보통 10~30분 정도로 좀 긴 편이고 응시자에게 지나친 긴장감을 조성하는 면접방법이다.

다대일 면접 준비 Point

질문을 들을 때 시선은 면접관을 향하고 다른 데로 돌리지 말아야 하며, 대답할 때에도 고개를 숙이거나 입 속에서 우물거리는 소극적인 태도는 피하도록 한다. 면접관과 대등하다는 마음가짐으로 편안한 태도를 유지하면 대답도 자연스러운 상태에서 좀 더 충실히 할 수 있고, 이에 따라 면접관이 받는 인상도 달라진다.

(3) 집단 면접

집단 면접은 다수의 면접관이 여러 명의 응시자를 한꺼번에 평가하는 방식으로 짧은 시간에 능률적으로 면접을 진행할 수 있다. 각 응시자에 대한 질문내용, 질문횟수, 시간배분이 똑같지는 않으며, 모두에게 같은 질문이 주어지기도 하고, 각각 다른 질문을 받기도 한다.

또 어떤 응시자가 한 대답에 대한 의견을 묻는 등 그때그때의 분위기나 면접관의 의향에 따라 변수가 많다. 집단 면접은 응시자의 입장에서는 개별 면접에 비해 긴장감은 다소 덜한 반면에 다른 응시자들과의 비교가 확실하게 나타나므로 응시자는 몸가짐이나 표현력·논리성 등이 결여되지 않도록 자신의 생각이나 의견을 솔직하게 발표하여 집단 속에 묻히거나 밀려나지 않도록 주의해야 한다.

① 집단 면접의 장점

집단 면접의 장점은 면접관이 응시자 한 사람에 대한 관찰시간이 상대적으로 길고, 비교 평가가 가능하기 때문에 결과적으로 평가의 객관성과 신뢰성을 높일 수 있다는 점이며, 응시자는 동료들과 함께 면접을 받기 때문에 긴장감이 다소 덜하다는 것을 들 수 있다. 또한 동료가 답변하는 것을 들으며, 자신의 답변 방식이나 자세를 조정할 수 있다는 것도 큰 이점이다.

② 집단 면접의 단점

응답하는 순서에 따라 응시자마다 유리하고 불리한 점이 있고, 면접관의 입장에서는 각각의 개인적인 문제를 깊게 다루기가 곤란하다는 것이 단점이다.

집단 면접 준비 Point

너무 자기 과시를 하지 않는 것이 좋다. 대답은 자신이 말하고 싶은 내용을 간단명료하게 말해야 한다. 내용이 없는 발언을 한다거나 대답을 질질 끄는 태도는 좋지 않다. 또 말하는 중에 내용이 주제에서 벗어나거나 자기중심적으로만 말하는 것도 피해야 한다. 집단 면접에 대비하기 위해서는 평소에 설득력을 지닌 자신의 논리력을 계발하는 데 힘써야 하며, 다른 사람 앞에서 자신의 의견을 조리 있게 개진할 수 있는 발표력을 갖추는 데에도 많은 노력을 기울여야 한다.

- 실력에는 큰 차이가 없다는 것을 기억하라.
- 동료 응시자들과 서로 협조하라.
- 답변하지 않을 때의 자세가 중요하다.
- 개성 표현은 좋지만 튀는 것은 위험하다.

(4) 집단 토론식 면접

집단 토론식 면접은 집단 면접과 형태는 유사하지만 질의응답이 아니라 응시자들끼리의 토론이 중심이 되는 면접방법으로 최근 들어 급증세를 보이고 있다.

이는 공통의 주제에 대해 다양한 견해들이 개진되고 결론을 도출하는 과정, 즉 토론을 통해 응시자의 다양한 면에 대한 평가가 가능하다는 집단 토론식 면접의 장점이 널리 확산된 데 따른 것으로 보인다.

사실 집단 토론식 면접을 활용하면 주제와 관련된 지식 정도와 이해력, 판단력, 설득력, 협동성은 물론 리더십, 조직 적응력, 적극성과 대인관계 능력 등을 파악하는 것이 용이하다고 한다.

토론식 면접에서는 자신의 의견을 명확히 제시하면서도 상대방의 의견을 경청하는 토론의 기본자세가 필수적이며, 지나친 경쟁심이나 자기 과시욕은 접어두는 것이 좋다.

또한 집단 토론의 목적이 결론을 도출해 나가는 과정에 있다는 것을 감안하여 무리하게 자신의 주장을 관철시키기보다 오히려 토론의 질을 높이는 데 기여하는 것이 좋은 인상을 줄 수 있다는 점을 알아야 한다.

취업 희망자들은 토론식 면접이 급속도로 확산되는 추세임을 감안해 특히 철저한 준비를 해야 한다.

평소에 신문의 사설이나 매스컴 등의 토론 프로그램을 주의 깊게 보면서 논리 전개 방식을 비롯한 토론 과정을 익히도록 하고, 친구들과 함께 간단한 주제를 놓고 토론을 진행해 볼 필요가 있다. 또한 사회·시사문제에 대해 자기 나름대로의 관점을 정립해두는 것도 꼭 필요하다.

집단 토론식 면접 준비 Point

- 토론은 정답이 없다는 것을 명심한다.
- 내 주장을 강조하지 않는다.
- 남이 말할 때 끼어들지 않는다.
- 필기구를 준비하여 메모하면서 면접에 임한다.
- 주제에 자신이 없다면 첫 번째 발언자가 되지 않는다.
- 자신의 입장을 먼저 밝힌다.
- 상대측의 사소한 발언에 집착하지 않고 전체적인 의미에 초점을 놓치지 않아야 한다.
- 남의 의견을 경청한다.
- 예상 밖의 반론에 당황스럽다 하더라도 유연함을 잃지 않아야 한다.

〈집단 토론 면접 평가표〉

이름	학과	지원회사	지원부서

평가요소	평가항목	평가점수	
주도성	• 토론에 영향을 끼친 발언을 했는가? • 논점사항에 적절한 의견제시가 있었는가? • 적절한 항목에서 다음 단계로 토론을 진행했는가? • 선두에 나서 발언을 했는가?	매우 좋음	+4
			+3
		비교적 좋음	+2
			+1
		보통	0
	• 뒤를 좇아 의사를 발표했는가? • 의견개진이 주목받지 못했는가? • 묻기 전에는 발표를 하지 않았는가? • 남의 의견을 묻지 않고 자기만 말했는가?	분석력 부족	−1
			−2
		분석력 결여	−3
			−4
협동성	• 토론이 단절되지 않도록 노력했는가? • 남에게 좋은 의견을 끌어냈는가? • 집단의 목표를 우선했는가?	매우 좋음	+4
			+3
		비교적 협동적	+2
			+1
		보통	0
	• 자기 주장만 앞세웠는가? • 남의 의견이나 기분은 제쳐 놓았는가? • 목표에 어긋나는 방향으로 비판했는가? • 자기논조에 의거, 목표를 잃었는가?	논리력 부족	−1
			−2
		논리력 결여	−3
			−4
공헌도	• 적절한 논점을 제시했는가? • 핵심사항에 핵심의견을 제시했는가? • 논점해결에 도움이 되는 지식을 제공했는가? • 난잡한 토론을 풀고 의견을 한데 모았는가?	매우 좋음	+4
			+3
		비교적 좋음	+2
			+1
		보통	0
	• 논점에서 벗어나는 의견이 나왔는가? • 주제와 다른 의견이 나왔는가? • 나왔던 논조를 반복하지 않았는가? • 핵심을 벗어나 엉뚱한 방향으로 토론을 끌고 가지 않았는가?	창의력 부족	−1
			−2
		창의력 결여	−3
			−4
총점			

종합 의견

(5) PT 면접

PT 면접, 즉 프레젠테이션 면접은 최근 들어 집단 토론 면접과 더불어 그 활용도가 점차 커지고 있다. PT 면접은 기업마다 특성이 다르고 인재상이 다른 만큼 인성 면접만으로는 알 수 없는 지원자의 문제해결 능력, 전문성, 창의성, 기본 실무능력, 논리성 등을 관찰하는 데 중점을 두는 면접으로, 지원자 간의 변별력이 높아 대부분의 기업에서 적용하고 있으며, 확산되는 추세이다.

면접 시간은 기업별로 차이가 있지만, 전공 및 전문 지식, 시사성 관련 주제를 제시한 다음 보통 20~50분 정도 준비하여 5분가량 발표할 시간을 준다. 면접관과 지원자의 단순한 질의응답식이 아닌, 주제에 대해 일정 시간 동안 지원자의 발언과 발표하는 모습 등을 관찰하게 된다. 정확한 답이나 지식보다는 논리적 사고와 의사표현력이 더 중시되기 때문에 자신의 생각을 어떻게 설명하느냐가 매우 중요하다.

PT 면접에서 같은 주제라도 직무별로 평가요소가 달리 나타난다. 예를 들어, 영업직은 설득력과 의사소통 능력에 중점을 둘 수 있겠고, 관리직은 신뢰성과 창의성 등을 더 중요하게 평가한다.

PT 면접 준비 Point

- 면접관의 관심과 주의를 집중시키고, 발표 태도에 유의한다.
- 모의 면접이나 거울 면접으로 미리 점검한다.
- PT 내용은 세 가지 정도로 정리해서 말한다.
- PT 내용에는 자신의 생각이 담겨 있어야 한다.
- PT 중간에 자문자답 방식을 활용한다.
- 평소 지원하는 업계의 동향이나 직무에 대한 전문지식을 쌓아둔다.
- 부적절한 용어 사용이나 무리한 주장 등은 하지 않는다.

2. 면접 실전 대책

(1) 면접 대비사항

① 지원 회사에 대한 사전지식을 충분히 갖는다.

필기시험에서 합격 또는 서류전형에서의 합격통지가 온 후 면접시험 날짜가 정해지는 것이 보통이다. 이때 수험자는 면접시험을 대비해 사전에 자기가 지원한 계열사 또는 부서에 대해 폭넓은 지식을 가질 필요가 있다.

> **지원 회사에 대해 알아두어야 할 사항**
> • 회사의 연혁
> • 회장 또는 사장의 이름, 그의 출신학교, 그의 관심사
> • 회장 또는 사장이 요구하는 신입사원의 인재상
> • 회사의 사훈, 사시, 경영이념, 창업정신
> • 회사의 대표적 상품, 특색
> • 업종별 계열회사의 수
> • 해외지사의 수와 그 위치
> • 신 개발품에 대한 기획 여부
> • 자기가 생각하는 회사의 장단점
> • 회사의 잠재적 능력개발에 대한 제언

② 충분한 수면을 취한다.

충분한 수면으로 안정감을 유지하고 첫 출발의 신선한 마음가짐을 갖는다.

③ 얼굴을 생기 있게 한다.

첫인상은 면접에 있어서 가장 결정적인 당락요인이다. 면접관에게 좋은 인상을 줄 수 있도록 화장하는 것도 필요하다. 면접관들이 가장 좋아하는 인상은 얼굴에 생기가 있고 눈동자가 살아 있는 사람, 즉 기가 살아 있는 사람이다.

④ 아침에 인터넷에 의한 정보나 신문을 읽는다.

그날의 뉴스가 질문 대상에 오를 수가 있다. 특히 경제면, 정치면, 문화면 등을 유의해서 보아 둘 필요가 있다.

> ☞ 출발 전 확인할 사항 : 이력서, 자기소개서, 성적증명서, 졸업(예정)증명서, 추천장, 스케줄표, 지갑, 도장, 신분증(주민등록증), 손수건, 휴지, 필기도구, 메모지, 예비스타킹 등을 준비하자.

(2) 면접 시 옷차림

면접에서 옷차림은 간결하고 단정한 느낌을 주는 것이 가장 중요하다. 색상과 디자인 면에서 지나치게 화려한 색상이나, 노출이 심한 디자인은 자칫 면접관의 눈살을 찌푸리게 할 수 있다. 단정한 차림을 유지하면서 자신만의 독특한 멋을 연출하는 것, 지원하는 회사의 분위기를 파악했다는 센스를 보여주는 것 또한 코디네이션의 포인트다.

> **복장 점검**
> • 구두는 잘 닦여 있는가?
> • 옷은 깨끗이 다려져 있으며 스커트 길이는 적당한가?
> • 손톱은 길지 않고 깨끗한가?
> • 머리는 흐트러짐 없이 단정한가?

(3) 면접요령

① **첫인상을 중요시한다.**

상대에게 인상을 좋게 주지 않으면 어떠한 얘기를 해도 이쪽의 기분이 충분히 전달되지 않을 수 있다. 예를 들면 '저 친구는 표정이 없고 무엇을 생각하고 있는지 전혀 알 길이 없다.'라고 생각하게 만들면 최악의 상태다. 우선 청결한 복장, 바른 자세로 침착하게 들어가야 한다. 건강하고 신선한 이미지를 주어야 하기 때문이다.

② **좋은 표정을 짓는다.**

얘기를 할 때의 표정은 중요한 사항의 하나다. 거울 앞에서는 웃는 얼굴의 연습을 해본다. 웃는 얼굴은 상대를 편안하게 만들고 특히 면접 등 긴박한 분위기에서는 천금의 값이 있다할 것이다. 그렇다고 하여 항상 웃고만 있어서는 안 된다. 자기의 할 얘기를 진정으로 전하고 싶을 때는 정상적인 얼굴로 상대의 눈을 바라보며 얘기한다. 면접을 볼 때 눈을 감고 있으면 마이너스 이미지를 주게 된다.

③ **결론부터 이야기한다.**

자기의 의사나 생각을 상대에게 정확하게 전달하기 위해서는 먼저 무엇을 말하고자 하는가를 명확히 결정해 두어야 한다. 대답을 할 경우에는 결론을 먼저 이야기하고 나서 그에 따르는 설명과 이유를 나중에 덧붙이면 논지(論旨)가 명확해지고 이야기가 깔끔하게 정리된다.

한 가지 사실을 이야기하거나 설명하는 데는 3분이면 충분하다. 복잡한 이야기라고 어느 정도의 길이로 요약해서 이야기하면 상대도 이해하기 쉽고 자기도 정리할 수 있다. 긴 이야기는 오히려 상대를 불쾌하게 할 수가 있다.

④ **질문의 요지를 파악한다.**

면접 때의 이야기는 간결성만으로 부족하다. 상대의 질문이나 이야기에 대해 적절하고 필요한 대답을 하지 않으면 대화는 끊어지고 자기의 생각도 제대로 표현하지 못하여 면접자로 하여금 수험생의 인품이나 사고방식 등을 명확히 파악할 수 없도록 만들게 된다. 무엇을 묻고 있는지, 무슨 이야기를 하고 있는지 그 요점을 정확히 알아내야 한다.

면접에서 고득점을 받을 수 있는 성공요령

1. 자기 자신을 겸허하게 판단하라.
2. 지원한 회사에 대해 100% 이해하라.
3. 실전과 같은 연습으로 감각을 익혀라.
4. 단답형 답변보다는 구체적으로 이야기를 풀어나가라.
5. 거짓말을 하지 마라.
6. 면접하는 동안 대화의 흐름을 유지하라.
7. 친밀감과 신뢰를 구축하라.
8. 상대방의 말을 성실하게 들어라.
9. 근로조건에 대한 이야기를 풀어나갈 준비를 하라.
10. 끝까지 긴장을 풀지 마라.

(4) 면접 시 주의사항

① 지각은 있을 수 없다.

면접 당일에 시간을 맞추지 못하여 지각하는 것은 있을 수 없는 일이다. 신용사회에서 약속을 못 지키는 사람은 좋은 평가를 받을 수 없다. 면접 당일에는 지정시간 10~20분쯤 전에 미리 면접장에 도착해 마음을 가라앉히고 준비해야 한다.

② 손가락을 움직이지 마라.

면접 시에 손가락을 까딱거리거나 만지작거리는 행동은 유난히 눈에 띌 뿐만 아니라 면접관의 눈에 거슬리기 마련이다. 다리를 떠는 행동은 말할 것도 없다. 불안정하거나 산만하다는 느낌을 줄 수 있으므로 주의할 필요가 있다.

③ 옷매무새를 자주 고치지 마라.

외모에 너무 신경 쓴 나머지 머리를 계속 쓸어 올리거나, 깃과 치마 끝을 만지작거리지 않도록 한다. 인사담당자의 말에 의하면 이런 사람이 의외로 많다고 한다. 집중을 하지 못하고 어수선한 사람처럼 보일 수 있으니 이러한 행동을 삼가도록 한다.

④ 너무 큰 소리로 말하지 마라.

면접관과의 거리가 어느 정도 떨어져 있기 때문에 작은 소리로 웅얼거리는 것은 좋지 않다. 그러나 너무 큰 소리로 소리를 질러가며 말하는 사람은 오히려 거북스럽게 느껴진다.

⑤ 성의 있는 응답 자세를 보여라.

질문에 대해 너무 "예, 아니요"로만 답변하면 성의 없다는 인상을 심어주게 된다. 따라서 설명을 덧붙일 수 있는 질문에 대해서는 지루하지 않을 만큼의 설명을 붙인다.

⑥ 구두를 깨끗이 닦는다.

앉아있는 사람의 구두는 면접관의 위치에서 보면 눈에 잘 띈다. 그러나 의외로 구두에 대해 신경 써서 미리 깨끗이 닦아둔 사람은 드물다. 면접 전날 반드시 구두를 깨끗이 닦아준다.

⑦ 지나친 화장은 피한다.

지나치게 짙은 화장은 거부감을 불러일으킬 수 있다. 또한 머리도 단정히 정리해서 이마가 가급적이면 드러나 보이게 하는 것이 좋다. 여기저기 흘러나온 머리는 지저분하고 답답한 느낌을 준다. 지나친 액세서리도 금물이다.

⑧ 기타 사항

㉠ 앉으라고 할 때까지 앉지 마라. 의자로 재빠르게 다가와 앉으면 무례한 사람처럼 보이기 쉽다.

㉡ 응답 시 너무 말을 꾸미지 마라.

㉢ 질문이 떨어지자마자 바쁘게 대답하지 마라.

㉣ 혹시 잘못 대답하였다고 해서 혀를 내밀거나 머리를 긁지 마라.

㉤ 머리카락에 손대지 마라. 정서불안으로 보이기 쉽다.

㉥ 면접실에 타인이 들어올 때 절대로 일어서지 마라.

㉦ 동종업계나 라이벌 회사에 대해 비난하지 마라.

㉧ 인사관리자 책상에 있는 서류를 보지 마라.

㉨ 농담을 하지 마라. 쾌활한 것은 좋지만 지나치게 경망스러운 태도는 취업에 대한 의지가 부족하게 보인다.

㉩ 질문에 대해 대답할 말이 생각나지 않는다고 천장을 쳐다보거나 고개를 푹 숙이고 바닥을 내려다보지 마라.

㉪ 면접관이 서류를 검토하는 동안 말하지 마라.

㉫ 과장이나 허세로 면접관을 압도하려 하지 마라.

㉬ 최종 결정이 이루어지기 전까지 급여에 대해 언급하지 마라.

㉭ 은연중에 연고를 과시하지 마라.

면접 전 마지막 체크 사항
- 기업이나 단체의 소재지(본사 · 지사 · 공장 등)를 정확히 알고 있다.
- 기업이나 단체의 정식 명칭(Full Name)을 알고 있다.
- 약속된 면접시간 10분 전에 도착하도록 스케줄을 짤 수 있다.
- 면접실에 들어가서 공손히 인사한 후 또렷한 목소리로 자기 수험번호와 성명을 말할 수 있다.
- 앉으라고 할 때까지는 의자에 앉지 않는다는 것을 알고 있다.
- 자신에 대해 3분간 이야기할 수 있는 준비가 되어 있다.
- 자신의 긍정적인 면을 상대방에게 바르게 전달할 수 있다.

02 현대자동차그룹 실제 면접

현대자동차그룹은 도전, 창의, 열정, 협력, 글로벌마인드로 그룹의 핵심가치를 실천할 수 있는 인재를 지향한다.

(1) 1차 면접(온라인 면접)

실무진으로 구성된 면접이며 지원자의 역량보유 정도를 평가한다. 면접을 준비하기 위해서는 현재까지 어떻게 살아왔는지, 무엇을 했었는지, 입사 후 포부는 어떤지 등을 준비하며 관련 에피소드를 정리해 두는 것이 좋다.

(2) 2차 면접

① 면접형태 : 다대다 면접
② 면접내용 : 지원자의 자질과 인성을 종합적으로 평가하는 면접으로 진행된다. 솔직하고, 일관성 있는 대답을 하는 것이 중요하며, 창조적인 대답을 요하는 질문이 있을 수 있으므로 준비를 할 필요가 있다.

(3) 면접 기출질문

- 현대자동차의 경쟁력에 대해 어떻게 생각하는가?
- 효과와 효율성의 차이점에 대해 말해 보시오.
- 현대자동차에서 생산하고 있는 차종을 말해 보시오.
- 어떤 생산라인에서 일하고 싶은가?
- 현대자동차 공장은 국내와 해외 각각 어디어디에 있는지 말해 보시오.
- 최근 몇 년간 현대자동차가 급격한 성장을 할 수 있었던 원동력은 무엇인가?
- 평소 자동차를 타면서 보완되었다면 하는 부분은 어디인가?
- 자동차 관련 기술 중 가장 유망하다고 생각하는 기술은 무엇인가?
- 현대자동차 디자인에 대한 본인의 생각은?
- 자신의 의견에 다른 사람이 반대 의견을 낸 적이 있는가? 그렇다면 어떻게 문제를 해결했는가?
- 현대자동차에 대한 생각을 말해 보시오.
- 전주공장에서 만드는 차종 이름을 한 가지 말해 보시오.
- 자신의 장단점을 말해 보시오. 또한 단점으로 인한 상사의 트러블이 있었다면 어떻게 해결했는지 말해 보시오.
- 회사에서 부당한 일을 시키면 어떻게 할 것인가?
- 본인이 생각하는 열정이란 무엇인가?
- 현대자동차 노조에 대한 본인의 생각은?

- 이전 직장에서 했던 일을 구체적으로 말해 보시오.
- 1분 동안 자기소개를 해 보시오.
- 전공이 지금과는 다른 일인데 잘할 수 있겠는가?
- 자신의 단점을 극복하기 위해 무엇을 노력했는지 말해 보시오.
- 현대자동차에 들어와서 10년 후 자신의 모습에 대해 설명해 보시오.
- 본인이 싫어하는 상대방 성격은 무엇인가?
- 직장상사와 의견대립이 있을 때 어떻게 대처할 것인가?
- 동료가 일을 하지 않고 요령을 피운다면 어떻게 하겠는가?
- 합격을 한다면 누가 가장 좋아할 것 같은가?
- 가장 존경하는 인물은 누구인가?
- 현대자동차가 지금 추구하고 있는 것이 무엇인지 말해 보시오.
- 이곳 말고 다른 공장에 배치될 수도 있는데 괜찮은가?
- 생산현장에서 본인이 가장 중요하게 생각해야 할 것은 무엇인가?
- 매일 알을 낳는 닭이 있고, 상태가 좋지 않아 일주일에 한 번 알을 낳는 닭이 있다. 이 상황에서 본인은 어떻게 대처할 것인가?
- 현대자동차가 하고 있는 사회공헌활동을 말해 보시오.
- 집단에서 모임 등을 주도하는 편인가?
- 본인을 뽑아달라고 어필해 보시오.
- 마지막으로 하고 싶은 말을 해보시오.
- 현대 노조와 삼성 노조의 차이점을 말해 보시오.
- 최근 가장 힘들었던 일은 무엇인가?
- 성적이 갈수록 떨어지는 양상을 보였는데 왜 그랬는가?
- 금형일을 하다보면 선배들이 거의 아버지뻘이다. 불편하지 않겠는가?
- 주말에는 주로 무엇을 하는가?
- 축구를 잘 하는가? 당구는 잘 치는가?
- 일하면서 가장 중요하게 생각해야 할 것은 무엇인가?
- 만약 뽑히게 된다면 6개월 동안 백만 원을 받고 생활해야 하는데 지장이 없겠는가?
- 울산공장에 대해 아는 것을 다 말해보고 특성에 대해 설명해 보시오.
- 친구 아버지가 돌아가셨는데 특근을 해야 한다. 어떻게 할 것인가?
- (학교 출석부에 지각, 조퇴, 결석이 있을 경우) 그 이유에 대해 설명해 보시오.
- 노숙자에 대한 자신의 생각을 말해 보시오.
- 현대자동차의 주가(주식)는 얼마인가?
- 차를 보유하고 있는가? 있다면 차종은 무엇인가?
- 직업병에 대해 어떻게 처신할 것인가?
- 작업현장의 먼지 때문에 건강에 문제가 생길 수도 있을 텐데, 괜찮겠는가?
- 건강과 일 중 어떤 것을 선택하겠는가?
- 졸업 후, 공백 기간에 무슨 일을 하였는가?
- 비정규직에 대해 어떻게 생각하는가?
- 무언가에 도전한 적이 있는가? 있다면 말해 보시오.

- 다른 부서에서 일할 생각은 없는가?
- 면접 대기 시간에 무슨 생각을 했는가?
- 2교대가 무엇인지 알고 있는가? 알고 있다면 할 수 있겠는가?

부록

회사상식

현대자동차 회사상식

| 회사상식 일반이론 |

1. 회사상식

회사명	현대자동차(주)
설립일	1967년 12월 29일
상장일	1974년 6월 28일
대표이사	정의선, 장재훈, 이동석
대표업종	자동차 제조업

2. 기업 이념

(1) 경영철학(Management Philosophy)

창의적 사고와 끝없는 도전을 통해 새로운 미래를 창조함으로써 인류 사회의 꿈을 실현한다.

(2) 비전(Vision)

자동차에서 삶의 동반자로

(3) 핵심가치

5대 핵심가치는 현대자동차의 조직과 구성원에게 내재되어 있는 성공 DNA이자 더 나은 미래를 향하여 새롭게 발전시키고 있는 구체적인 행동양식이다. 현대자동차는 5대 핵심가치를 통해 글로벌 기업의 위상에 맞는 선진문화를 구축하며 성공 DNA를 더욱 발전시켜 나갈 것이다.

고객 최우선 (Customer)	최고의 품질과 최상의 서비스를 제공함으로써 모든 가치의 중심에 고객을 최우선으로 두는 고객 감동의 기업 문화를 조성한다.
도전적 실행 (Challenge)	현실에 안주하지 않고 새로운 가능성에 도전하며 '할 수 있다'는 열정과 창의적 사고로 반드시 목표를 달성한다.
소통과 협력 (Collaboration)	타 부문 및 협력사에 대한 상호 소통과 협력을 통해 '우리'라는 공동체 의식을 나눔으로써 시너지효과를 창출한다.
인재존중 (People)	우리 조직의 미래가 각 구성원들의 마음가짐과 역량에 달려 있음을 믿고 자기계발에 힘쓰며, 인재존중의 기업문화를 만들어 간다.
글로벌 지향 (Globality)	문화와 관행의 다양성을 존중하며, 모든 분야에서 글로벌 최고를 지향하고 글로벌 기업시민으로서 존경 받는 개인과 조직이 된다.

3. CSV(Creating Shared Value) 소개

(1) CSV 전략체계

① 비전

Progress for Humanity

② 미션

공유가치 창출(CSV)을 통한 사회 임팩트 확산과 지속가능한 기업 생태계 구축

③ 중점영역

- Earth : 지구와 사람의 공존을 위한 노력을 계속하겠습니다.
  - 생태계 복원, 자원순환, 기후변화 대응, 생물다양성 보전 활동
- Mobility : 자유로운 이동과 연결을 위한 노력을 계속하겠습니다.
  - 이동약자/소외지역 이동 지원, 교통안전기술 지원, 미래 모빌리티 연계 활동
- Hope : 미래세대의 희망을 위해 노력을 계속하겠습니다.
  - 미래세대 교육, 성장 지원, 인재 육성 활동

(2) 친환경

- 유럽 해양 생태계 복원 및 업사이클링 활동 : 해양 생태계를 복원하기 위한 해양 플라스틱 및 폐기물 수거 활동
- 아이오닉 포레스트 신시도 : 수도권의 미세먼지를 줄이기 위해 2016년부터 5년 동안 인천 수도권 매립지에 23,250그루의 나무를 심었으며, 교실 내 미세먼지를 줄이고 다음 세대 환경교육을 위해 2019년부터 2년 동안 수도권 초등학교의 교실에 교실 숲을 조성하는 사업을 진행
- 현대 그린존 프로젝트 : 중국의 황사 발원 지역인 내몽고 지역의 마른 알칼리성(소금) 호수를 초지로 복원하는 글로벌 생태 프로젝트
- ECO Parking : 해양플라스틱 대응을 위해 해안 주차장을 이용하는 방문객 대상으로 해안가에 버려진 폐플라스틱을 수거하여 ECO Parking 기기에 투입하면 주차비를 정산해주는 방식

(3) 모빌리티

- 운전 재활 지원을 위한 가상 운전 시뮬레이터 : 운전에 대한 두려움을 극복하고 자신감을 향상시키는 가상현실 운전체험 사회공헌 프로그램
- 중동 모빌리티 활용 소외지역 지원 : 중동 지역의 빈부격차 해소 및 소외지역 지원을 위해 당사 모빌리티를 활용한 푸드뱅크 지원 활동
- 로보카폴리 교통안전 캠페인 : 어린이 교통안전을 위해 2011년 승ㆍ하차 및 사각지대 안전, 보행 안전, 자전거 안전, 신호등 표지판 교육 등의 내용을 담은 교육용 애니메이션 「폴리와 함께하는 교통안전 이야기」를 제작하여 약 82개국에 방영
- 통학사고 제로 캠페인 : 통학 시 어린이 교통사고 발생 방지를 위하여 안전 통학차량을 제공하는 통학사고 제로 캠페인
- 키즈 오토 파크 : 2009년 서울, 2019년 울산에 설립한 국내 최대 규모의 어린이 교통안전체험관

- 행복드림카/행복드림 버스 : 노인과 장애인 등 이동이 불편한 소외계층의 이동편의 향상을 위하여 울산, 아산, 전주, 남양 등 사업장이 위치한 지역 복지기관과 NGO단체에 차량을 제공하는 사업
- 사회적기업 ㈜이지무브 지원 : 현대자동차가 2010년에 출자하여 설립되었고, 장애인과 노인의 복지차 및 이동보조기구를 생산하고 판매하는 사회적 기업 ㈜이지무브 지원
- 차카차카 놀이터 ; 당사 브랜드 '쏘나타' 출시 30주년을 기념하여 서울대공원 내에 설치한 자동차 테마 놀이터로, 2015년 개장하여 2018년까지 운영

(4) 미래세대

- 북미 Hyundai Hope on Wheels : 1998년부터 현대자동차 미국판매법인이 딜러와 함께 진행한 소아암 연구 지원 캠페인
- 현대 드림센터 : 개발도상국의 청년들이 기술역량을 기를 수 있도록 하는 직업기술학교로, 2013년 가나를 시작으로 인도네시아, 캄보디아, 베트남, 필리핀, 페루에 설립
- H-모빌리티 클래스 : 차량 전동화, 자율주행 등 미래 기술에 대한 이해 확산과 인재 육성을 위한 프로그램으로, 2020년부터 국내 이공계 대학(원)생들을 위해 운영
- 미래자동차학교 : 2016년 교육부와 MOU 체결을 통해 시작된 중학교 자유학기제 미래자동차 학교로, 청소년들이 이론과 실습, 체험을 통해 자동차 산업을 쉽게 이해하고, 관련 직업을 탐구해보는 특화 진로 교육 프로그램
- 브릴리언트 키즈 모터쇼 : 키즈 모터쇼는 아이들의 꿈으로 그려진 상상 자동차 그림을 모형으로 전시하여 관람객이 직접 체험할 수 있는 전시 행사로, 국립과천과학관과 국립부산과학관에서 '제3회 브릴리언트 키즈모터쇼'를 개최

(5) 지역사회

- 페트라 세계문화유산 보존 지원 : 2018년부터 2020년까지 페트라 지역의 보전과 지역경제 활성화를 위한 지원 활동
- 해피무브 글로벌 청년봉사단 : 현대자동차그룹이 운영하는 국내 최대 규모의 글로벌 청년봉사단
- 임직원 봉사단 : 사업장 조직별로 구성된 131개의 임직원 봉사단
- H-셀프 나눔 플래너 : 임직원의 자발적 기획으로 봉사활동이 실시되는 자기주도적 봉사활동
- 드림빌리지 프로젝트 : 현대자동차 인도법인(HMI)에서 시행한 프로젝트로, 인도 지역의 마을 환경을 개선하고, 지역 주민들이 경제활동에 참여할 수 있도록 돕는 활동
- Dental Trailer : 현대자동차 브라질법인(HMB)에서 2014년부터 시행한 프로젝트로, 노인, 어린이 등 지역 소외계층을 대상으로 무료 치과 치료 서비스를 제공

4. 주요 연혁

- 1967년 : 현대모터주식회사 설립, 초대 회장 정주영
- 1968년 : 현대자동차(주)로 사명 변경, 울산공장 착공
- 1974년 : 기업공개
- 1975년 : 울산공장 준공
- 1984년 : 현대차 울산 종합주행시험장 준공
- 1989년 : 단일 차종 수출누계 100만 대 돌파
- 1990년 : 울산 제3공장 준공, 완주 상용차 공장 준공
- 1991년 : 한국 최초의 독자개발 알파엔진 출시, 전기자동차 개발
- 1993년 : 남양만 주행 시험장 준공
- 1995년 : 전주 상용차 공장 준공
- 1996년 : 남양 종합기술 연구소 준공
- 1997년 : 터키공장 준공, 입실론 엔진 독자 개발
- 1998년 : 기아자동차 매각 국제입찰에서 낙찰자로 선정, 인도 첸나이 현지공장 준공
- 1999년 : 기아자동차 인수, 현대자동차서비스 흡수합병, 현대정공 자동차 생산부문 양수
- 2000년 : 국내 최초 자동차 전문그룹인 현대자동차그룹 공식 출범, 국내 최초 대형 상용엔진 개발, 국내 최초 수소전기 자동차 개발
- 2001년 : 1톤 트럭 포터 내수시장 100만 대 돌파
- 2003년 : 세계최초 수소전기차용 초고압 수소저장 시스템 개발, 자동차업계 최초 '글로벌 환경경영' 공식 선포, 연간 수출 100만 대 돌파 · 100억 달러 수출의 탑 수상
- 2008년 : 체코 노쇼비체 공장 준공, 현대차 중국 베이징 제2공장 준공
- 2012년 : 현대차 중국 베이징 제3공장 준공
- 2015년 : 제네시스 별도의 브랜드로 독립
- 2022년 : 아이오닉 5와 넥쏘 런칭으로 일본 승용차 시장 재진출

5. 현대자동차그룹 인재상

도전	실패를 두려워하지 않으며, 신념과 의지를 가지고 적극적으로 업무를 추진하는 인재
창의	항상 새로운 시각에서 문제를 바라보며 창의적인 사고와 행동을 실무에 적용하는 인재
열정	주인의식과 책임감을 바탕으로 회사와 고객을 위해 헌신적으로 몰입하는 인재
협력	개방적 사고를 바탕으로 타 조직과 방향성을 공유하고 타인과 적극적으로 소통하는 인재
글로벌 마인드	타 문화의 이해와 다양성의 존중을 바탕으로 글로벌 네트워크를 활용하여 전문성을 개발하는 인재

01 다음 중 현대자동차가 경영철학을 뒷받침하는 비전으로 제시한 것은?

① 자동차에서 삶의 동반자로
② 위대한 사고 및 끊임없는 도전
③ 세계 시장에서 혁신을 주도하는 글로벌 리더
④ 지속 가능한 공정거래 및 상생협력 문화의 확립

02 다음 중 2023년 1월 유럽 안전성 평가(유로 NCAP)에서 대형 패밀리카 부문 '최우수(Best in Class)' 차량으로 선정된 현대자동차의 차종은?

① 넥쏘
② 아이오닉 6
③ 쏘나타 하리브리드
④ 싼타페 하리브리드

03 현대자동차에서 생산하고 있는 다음의 모델 중 최장수 차종은?

① 아반떼
② 그랜저
③ 엑센트
④ 쏘나타

04 다음 중 현대자동차의 고객 소통 채널의 명칭은?

① H－ear
② H－ombuds
③ H－relations
④ H－sympathy

05 다음 중 현대자동차에서 CSV(공유가치 창출) 전략체계 구축의 일환으로 제시한 CSV 구상(Initiative)을 표현한 용어는?

① Hyundai Procedure

② Hyundai Continue

③ Hyundai Permanent

④ Hyundai Alternative

06 다음 중 미래 세대를 위한 CSV(공유가치 창출) 활동의 일환으로 현대자동차가 미국에서 펼치고 있는 소아암 연구 지원 캠페인의 명칭은?

① Vision Drive

② Hyundai Help for Kids

③ Safe Road Traffic Project

④ Hyundai Hope on Wheels

07 현대자동차는 차량 생산부터 폐기에 이르는 전체 과정에서 탄소를 감축하기 위한 정책들을 시행하고 있다. 이와 관련한 다음 설명의 빈칸에 공통으로 들어갈 내용으로 가장 적절한 것은?

전 세계적으로 기후변화에 대응하기 위한 노력이 가속화되면서 각국 정부는 탄소 배출 규제를 강화하고 있다. 특히 자동차는 지금까지 대기오염의 주범으로 지목되어 오고 있기 때문에 환경 규제의 일환으로 전 생애 주기에 걸친 _____ 기준이 우선적으로 도입되고 있다. 이에 따라 현대자동차는 원료의 취득부터 운행, 폐기 및 재활용 단계까지 차량의 생애주기별 환경 영향을 파악하기 위해 _____ 을/를 수행하고 있다. 2020년 코나 EV에 대한 _____ 을/를 수행하며 평가 프로세스를 구축했고, 2021년에는 평가 차종을 확대하여 4개 차종에 대한 _____ 을/를 수행했다. 이를 통해 부문별 환경 영향을 파악 · 분석해 지속적으로 개선 과제를 찾아내고, 환경 영향을 최소화하기 위한 개선 활동을 적극적으로 시행할 계획이다.

① LCA

② AAM

③ SOEC

④ E－GMP

08 다음 중 현대자동차의 모델 명칭에 대한 뜻풀이로 옳지 않은 것은?

① IONIQ(아이오닉) : 'Ion(이온)'과 'Unique(독창성)'의 조합어이다.

② VENUE(베뉴) : 인생에서 도달하고 싶은 장소 · 목표 · 지향점 등으로 이해할 수 있다.

③ NEXO(넥쏘) : 'New Era Expanded Open', 즉 '완전히 새로운 시대의 개막'을 뜻한다.

④ CASPER(캐스퍼) : 경차에 대한 기존의 고정관념을 탈피하려는 의지를 담은 명칭이다.

09 현대자동차의 CSV(공유가치 창출) 추진과 관련한 다음 글의 빈칸에 공통으로 들어갈 내용으로 적절한 것은?

> 현대자동차의 ＿＿＿＿＿은/는 중국의 황사 발원 지역인 내몽골 지역의 마른 알칼리성(소금) 호수를 초지로 복원하는 글로벌 생태 프로젝트이다. 현대자동차는 2021년부터 중국녹화기금회와 함께 내몽골 우란차뿌 차이오중치의 사막화된 호수 및 주변 퇴화된 초원 지역 67만m²를 대상으로 현대 ＿＿＿＿＿ 3차 사업을 시작했다. 3차 사업에서는 초원의 탄소 흡수량을 측정하는 연구를 진행하는 한편, 공익숲 조성 사업을 병행할 계획이다. 또한 중국부빈기금회와 함께 인근 저소득 마을 소득 증진을 위한 '탄소 제로 숙박촌'을 조성할 예정이다.

① 그린존
② 그린워싱
③ 그린뮤팅
④ 그린카본

10 다음 중 현대자동차그룹이 운영하고 있으며, 전 세계를 대상으로 활동 중인 대학생 봉사단체의 명칭은 무엇인가?

① 해피콜
② 해피무브
③ 해피아워
④ 해피 바이러스

작은 기회로부터 종종 위대한 업적이 시작된다.

– 데모스테네스 –

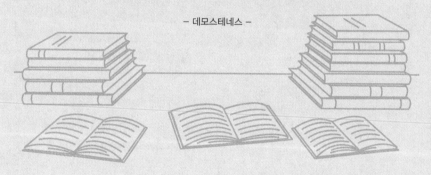

현재 나의 실력을 객관적으로 파악해 보자!

모바일 OMR
답안채점 / 성적분석 서비스

도서에 수록된 모의고사에 대한 객관적인 결과(정답률, 순위)를 종합적으로 분석하여 제공합니다.

OMR 입력

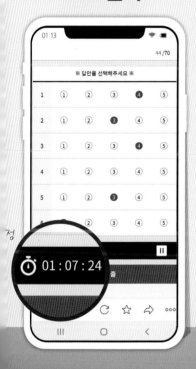

성적분석

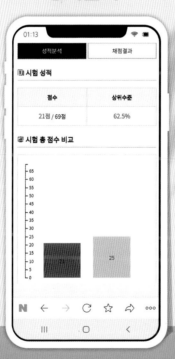

채점결과

※OMR 답안채점 / 성적분석 서비스는 등록 후 30일간 사용 가능합니다.

도서 내 모의고사 우측 상단에 위치한 QR코드 찍기 → 로그인 하기 → '시작하기' 클릭 → '응시하기' 클릭 → 나의 답안을 모바일 OMR 카드에 입력 → '성적분석 & 채점결과' 클릭 → 현재 내 실력 확인하기

더 이상의
고졸·전문대졸 필기시험 시리즈는 없다!

"알차다"
꼭 알아야 할 내용을 담고 있으니까

"친절하다"
핵심 내용을 쉽게 설명하고 있으니까

"핵심을 뚫는다"
시험 유형과 유사한 문제를 다루니까

"명쾌하다"
상세한 풀이로 완벽하게 익힐 수 있으니까

성공은 나를 응원하는 **사람**으로부터 **시작**됩니다.
시대에듀가 당신을 힘차게 응원합니다.

SDC

현대자동차 모빌리티

생산직/기술인력

필기시험

정답 및 해설

2개년 기출 + 모의고사 4회

편저 | SDC(Sidae Data Center)

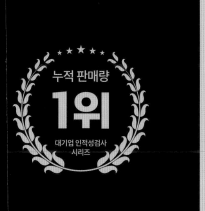

형분석 및 모의고사로
최종합격까지

한 권으로
마무리!

SDC는 시대에듀 데이터 센터의 약자로
약 30만 개의 NCS·적성 문제 데이터를
바탕으로 최신 출제경향을 반영하여
문제를 출제합니다.

시대에듀

끝까지 책임진다! 시대에듀!

QR코드를 통해 도서 출간 이후 발견된 오류나 개정법령, 변경된 시험 정보, 최신기출문제, 도서 업데이트 자료 등이 있는지 확인해 보세요! **시대에듀 합격 스마트 앱**을 통해서도 알려 드리고 있으니 구글 플레이나 앱 스토어 에서 다운받아 사용하세요. 또한, 파본 도서인 경우에는 구입하신 곳에서 교환해 드립니다.

01	02	03	04	05	06	07	08	09	10
①	①	②	③	③	③	①	①	⑤	④
11	12								
③	③								

01 　　정답 ①

제시문은 청소년의 정치적 판단 능력이 성숙하지 않으며 그에 대한 근거 그리고 그 대책에 대해 주장하고 있다. 따라서 (다) 대다수 청소년은 정치적 판단 능력이 성숙하지 않다는 문제 주장－(가) 부모나 교사로부터 영향을 받을 가능성이 크다는 의견－(나) 영향을 받을 가능성이 큰 이유에 대한 설명－(라) 정치적 판단에 대한 책임을 지우기 전에 이를 감당할 수 있도록 돕는 것이 우선임을 주장 순으로 나열하는 것이 적절하다.

02 　　정답 ①

제시문은 인간의 질병 구조가 변화하고 있고 우리나라는 고령화 시대를 맞이함에 따라 만성질환이 증가하였으며 이에 따라 간호사가 많이 필요해진 상황에 대해 말하고 있다. 하지만 제도적으로 간호사를 많이 채용하지 않고 있어 뒤처진 제도에 대한 아쉬움에 대해 설명하고 있는 글이다. 따라서 (나) 변화한 인간의 질병 구조－(가) 고령화 시대를 맞아 증가한 만성질환－(다) 간호사가 필요한 현실과는 맞지 않는 고용 상황－(라) 간호사의 필요성과 뒤처진 의료 제도에 대한 안타까움 순으로 나열하는 것이 적절하다.

03 　　정답 ②

제시문은 사회의 변화 속도를 따라가지 못하는 언어의 변화 속도에 대해 문제를 제기하며 구체적 예시와 함께 이를 시정할 것을 촉구하고 있다. 따라서 (나) 사회의 변화 속도를 따라가지 못하고 있는 언어의 실정－(라) 성별을 구분하는 문법적 요소가 없는 우리말－(가) 성별을 구분하여 사용하는 단어들의 예시－(다) 언어의 성차별에 대한 시정 노력 촉구의 순서로 나열하는 것이 적절하다.

04 　　정답 ③

빈칸 앞의 '이러한 작업'이 구체화된 바로 앞 문장을 보면 빈칸은 부분적 관점의 과학적 지식과 기술을 포괄적인 관점의 예술적 세계관을 바탕으로 이해하는 작업이므로 '과학의 예술화'가 빈칸에 들어갈 내용으로 가장 적절하다.

05 　　정답 ③

앞 문장의 '정상적인 기능을 할 수 없는 상태'와 대조를 이루는 표현이면서, 마지막 문장의 '자기 조절과 방어 시스템이 작동하는 과정인 것'이라는 내용에 어울리는 표현인 ③이 빈칸에 들어갈 내용으로 적절하다.

06 　　정답 ③

빈칸 앞에 제시된 여가생활의 질을 높이기 위한 문제를 개인적인 차원으로 보지 말자는 내용을 고려할 때, 빈칸에는 국가적인 문제로 보자는 내용이 들어가는 것이 적절하다.

07 　　정답 ①

첫 번째 문단이 도입부라 볼 수 있고, 두 번째 문단의 첫 문장이 제시문의 주제문이다. 이어서 선진사회와의 비교로 연고주의의 장점을 강화하고 있다.

08 　　정답 ①

제시문을 살펴보면 먼저 첫 번째 문단에서는 이산화탄소로 메탄올을 만드는 곳이 있다며 관심을 유도하고, 두 번째 문단에서 메탄올을 어떻게 만들고 어디에서 사용하는지 구체적으로 설명함으로써 탄소 재활용의 긍정적인 측면을 부각하고 있다. 하지만 세 번째 문단에서는 앞선 내용과 달리 이렇게 만들어진 메탄올의 부정적인 측면을 설명하고, 네 번째 문단에서는 이와 같은 이유로 탄소 재활용에 대한 결론이 나지 않았다며 글을 마무리하고 있다. 따라서 글의 주제로 가장 적절한 것은 탄소 재활용의 이면을 모두 포함하는 내용인 ①이다.

② 두 번째 문단에 한정된 내용이므로 글 전체를 다루는 주제로 보기에는 적절하지 않다.

③ 지열발전소의 부산물을 통해 메탄올이 만들어진 것은 맞지만, 새롭게 탄생된 연료로 보기는 어려우며, 글의 전체를 다루는 주제로 보기에도 적절하지 않다.

④ · ⑤ 제시문의 첫 번째 문단과 두 번째 문단에서는 버려진 이산화탄소 및 부산물의 재활용을 통해 '메탄올'을 제조함으로써 미래 원료를 해결할 수 있을 것처럼 보이지만, 이어지는 세 번째 문단과 네 번째 문단에서는 이렇게 만들어진 '메탄올'이 과연 미래 원료로 적합한지 의문점이 제시되고 있다. 따라서 글의 주제로 적절하지 않다.

09   정답 ⑤

첫 번째 문단에서는 하천의 과도한 영양분이 플랑크톤을 증식시켜 물고기의 생존을 위협한다고 하며, 두 번째 문단에서는 이러한 녹조 현상이 우리가 먹는 물의 안전까지도 위협한다고 이야기한다. 마지막 세 번째 문단에서는 생활 속 작은 실천을 통해 생태계와 인간의 안전을 위협하는 녹조를 예방해야 한다고 하므로 제시문의 제목으로 ⑤가 가장 적절하다.

10   정답 ④

① 팔은 눈에 띄지 않을 만큼 작다.
② 빌렌도르프 지역에서 발견되었다.
③ 모델에 대해서는 밝혀진 것이 없다.
⑤ 출산, 다산의 상징이라는 의견이 지배적이다.

11   정답 ③

① 두 번째 문장에서 확인할 수 있다.
② · ⑤ 마지막 문장에서 확인할 수 있다.
④ 세 번째 · 네 번째 문장에서 확인할 수 있다.

12   정답 ③

저장강박증이 있는 사람들은 물건에 대한 애정이 없어서 관리를 하지 않는다.

01	02	03	04	05	06	07	08	09	10
②	④	③	②	②	②	④	②	⑤	②

01 　　　　　　　　　　정답 ②

H씨가 준비한 박스의 개수를 x개라 하면 다음과 같은 식이 성립한다.

$4(x-1)+2=10(x-2)$

$\rightarrow 4x-2=10x-20$

$\rightarrow 6x=18$

$\therefore x=3$

따라서 H씨가 준비한 박스는 3개이다.

02 　　　　　　　　　　정답 ④

C는 A가 이기든 B가 이기든 한 게임을 할 때마다 사탕 2개를 받기 때문에 C가 30개의 사탕을 가지고 있다는 것은 게임이 총 15번 이루어졌다는 것이다. A와 B가 게임을 할 때마다 A가 B보다 한 번 더 이기면, 그때마다 A는 B보다 사탕이 4개씩 더 많아지게 된다. 즉, A가 사탕이 12개 더 많다면 A가 3번 더 이긴 것이 된다.

따라서 A가 x번 이겼다면 $x+(x-3)=15$이므로, x는 9이다.

03 　　　　　　　　　　정답 ③

종대의 나이가 14세이므로 종인이의 나이는 $14-3=11$세이다. 아버지의 나이를 x세라고 하면 다음과 같은 식이 성립한다.

$(14+11) \times 1.6=x$

$\therefore x=40$

따라서 아버지의 나이는 40세이다.

04 　　　　　　　　　　정답 ②

54와 78의 최소공배수 : 702

따라서 B톱니바퀴의 회전수는 두 수의 최소공배수에서 B톱니바퀴의 톱니 수를 나눈 $702 \div 78=9$회전이다.

05 　　　　　　　　　　정답 ②

전체 일의 양을 1이라고 하면 소미가 하루 동안 할 수 있는 일의 양은 $\frac{1}{12}$, 세정이와 미나가 함께 하루 동안 할 수 있는 일의 양은 $\frac{1}{4}$이다. 세 사람이 x일 동안 같이 일한다고 하면, 다음과 같은 식이 성립한다.

$\left(\frac{1}{12}+\frac{1}{4}\right) \times x=1$

$\therefore x=3$

따라서 세 사람이 같이 하면 3일이 걸린다.

06 　　　　　　　　　　정답 ②

세 자연수 5, 6, 7의 최소공배수를 구하면 210이며, 세 자연수로 나누고 나머지가 모두 2가 되는 가장 작은 수 A는 최소공배수에 2를 더한 212가 된다.

따라서 1,000 이하 자연수 중 212의 배수는 212, 424, 636, 848 총 4개이다.

07 　　　　　　　　　　정답 ④

두 수의 곱이 홀수가 되려면 (홀수)×(홀수)여야 하므로 1에서 10까지 적힌 숫자카드를 임의로 두 장을 동시에 뽑았을 때, 두 장 모두 홀수일 확률을 구해야 한다.

따라서 열 장 중 홀수 카드 두 개를 뽑을 확률은

$\dfrac{_5C_2}{_{10}C_2}=\dfrac{\dfrac{5 \times 2}{2 \times 1}}{\dfrac{10 \times 9}{2 \times 1}}=\dfrac{5 \times 4}{10 \times 9}=\dfrac{2}{9}$이다.

08 　　　　　　　　　　정답 ②

경증 환자 중 남자 환자의 비율은 $\frac{31}{50} \times 100=62\%$이고, 중증 환자 중 남자 환자의 비율은 $\frac{34}{50} \times 100=68\%$이므로 옳지 않은 설명이다.

① 여자 환자 중 중증 환자의 비율은 $\dfrac{8+8}{9+10+8+8}\times100$

$=\dfrac{16}{35}\times100≒45.7\%$이므로 옳은 설명이다.

③ 50세 이상 환자 수는 $10+18+8+24=60$명이고, 50세 미만 환자 수는 $9+13+8+10=40$명이다. 따라서 $\dfrac{60}{40}$ $=1.5$배이므로 옳은 설명이다.

④ 중증 여자 환자 수는 $8+8=16$명이고, 전체 당뇨병 환자 수는 $9+13+8+10+10+18+8+24=100$명이므로 $\dfrac{16}{100}\times100=16\%$이다.

⑤ 50세 미만 남자 중에서 경증 환자 비율은 $\dfrac{13}{23}$이고, 50세 이상 여자 중에서 경증 환자 비율은 $\dfrac{5}{9}$이므로 50세 미만 남자 중에서 경증 환자 비율이 더 높다.

09　정답 ⑤

20대는 2016년에 2,233명으로 가장 많이 취업했고, 30대는 2023년에 2,051명으로 가장 많이 취업했다.

10　정답 ②

2023년 20대 장애인 취업자의 전년 대비 감소율은 $\dfrac{1,946-1,918}{1,946}\times100≒1.4\%$이다. 따라서 3% 미만이다.

① · ③ 제시된 자료를 통해 알 수 있다.

④ 2022년과 2023년의 전년 대비 장애인 취업자 수 증가 인원은 각각 다음과 같다.
- 2022년 : $9,914-9,772=142$명
- 2023년 : $10,091-9,914=177$명

따라서 2023년이 더 크다.

⑤ 2018년과 2019년의 전체 장애인 취업자 중 30대 장애인 취업자가 차지하는 비율은 각각 다음과 같다.
- 2018년 : $\dfrac{1,510}{9,706}\times100≒15.56\%$
- 2019년 : $\dfrac{1,612}{9,826}\times100≒16.41\%$

따라서 2019년이 더 크다.

01	02	03	04	05	06	07	08	09	10
②	④	③	⑤	⑤	③	⑤	④	③	④
11	12	13	14	15	16	17	18	19	20
③	④	④	③	②	④	③	①	③	④
21	22	23	24	25	26	27	28	29	30
⑤	①	③	④	①	④	④	③	④	④

01 　　　정답 ②

명랑한 사람은 마라톤을 좋아하고, 마라톤을 좋아하는 사람은 인내심이 있다. 따라서 명랑한 사람은 인내심이 있으므로 대우인 '인내심이 없는 사람은 명랑하지 않다.'를 추론할 수 있다.

02 　　　정답 ④

세 번째 명제의 대우는 '운동을 좋아하는 사람은 고전을 좋아한다.'이다. 따라서 두 번째 명제와 연결하면 '사진을 좋아하는 사람은 고전을 좋아한다.'라는 명제를 얻을 수 있다.

03 　　　정답 ③

a는 'A가 외근을 나감', b는 'B가 외근을 나감', c는 'C가 외근을 나감', d는 'D가 외근을 나감', e는 'E가 외근을 나감'이라고 할 때, 네 번째 명제와 다섯 번째 명제의 대우인 b → c, c → d에 따라 a → b → c → d → e가 성립한다.
따라서 'A가 외근을 나가면 E도 외근을 나간다.'는 항상 참이 된다.

04 　　　정답 ⑤

'홍보실'을 A, '워크숍에 간다.'를 B, '출장을 간다.'를 C라 하면, 첫 번째 명제와 마지막 명제는 각각 A → B, ∼C → B이다. 따라서 마지막 명제가 참이 되려면 ∼C → A 또는 ∼A → C가 필요하므로 빈칸에 들어갈 명제는 '홍보실이 아니면 출장을 간다.'가 적절하다.

05 　　　정답 ⑤

'비가 온다.'를 A, '개구리가 운다.'를 B, '제비가 낮게 난다.'를 C라고 한다면 첫 번째 명제는 '∼A → ∼B', 두 번째 명제는 '∼A → ∼C'이다. 이때 두 번째 명제의 대우 명제는 'C → A', 즉 '제비가 낮게 날면 비가 온다.'로 빈칸에 들어갈 명제는 ⑤이다.

06 　　　정답 ③

앞의 항에 ×3+1을 하는 수열이다.
따라서 ( )=121×3+1=364이다.

07 　　　정답 ⑤

앞의 항에 $\times \frac{2}{3}$을 하는 수열이다.
따라서 ( )$= \frac{13}{18} \times \frac{2}{3} = \frac{13}{27}$이다.

08 　　　정답 ④

앞의 항에 −1.1, +1.2가 반복되는 수열이다.
따라서 ( )=6.2+1.2=7.4이다.

09 　　　정답 ③

나열된 수를 각각 A, B, C라고 하면
$\underline{A\ B\ C} \to (A \times B) + 2 = C$
따라서 ( )$= \frac{(-33-2)}{5} = -7$이다.

10 　　　정답 ④

나열된 수를 각각 A, B, C라고 하면
$\underline{A\ B\ C} \to (A \times B) + 1 = C$
따라서 ( )$=(5 \times 6)+1=31$이다.

11
정답 ③

나열된 수를 각각 A, B, C라고 하면
$\underline{A\ B\ C} \rightarrow A + B + C = 53$
따라서 (　　)$= 53 - (20 + 7) = 26$이다.

12
정답 ④

홀수 항은 $\times 2 - 1$, 짝수 항은 $+3$을 하는 수열이다.

E	C	I	F	Q	I	(G)
5	3	9	6	17	9	33(7)

13
정답 ④

1^2, 2^2, 3^2, 4^2, …으로 나열된 수열이다.

A	D	I	P	(Y)	J
1	4	9	16	25	36(10)

14
정답 ③

홀수 항은 $+3$, 짝수 항은 -3을 하는 수열이다.

ㄷ	ㅍ	ㅂ	ㅊ	(ㅈ)	ㅅ	ㅌ
3	13	6	10	9	7	12

15
정답 ②

앞에 항에 -6, $+5$, -4, $+3$, …을 하고, 알파벳과 한글 자음이 반복되는 수열이다.

O	ㅈ	N	ㅊ	M	(ㅋ)	L
15	9	14	10	13	11	12

16
정답 ④

앞의 두 항의 합이 다음 항이 되는 피보나치 수열이다.

A	B	C	E	H	M	(U)
1	2	3	5	8	13	21

17
정답 ③

앞의 항에 $+2$, $\div 3$이 반복되는 수열이다.

S	U	G	I	(C)	E
19	21	7	9	3	5

18
정답 ①

제시된 도형을 시계 반대 방향으로 $90°$ 회전한 것이다.

19
정답 ③

별도의 회전 없이 도형의 형태가 일치함을 확인할 수 있다.

20
정답 ④

제시된 도형을 $180°$ 회전한 것이다.

21
정답 ⑤

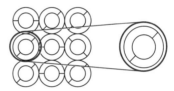

22
정답 ①

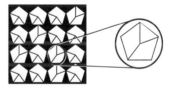

23
정답 ③

24
정답 ④

도형을 상하 반전하면

이를 시계 반대 방향으로 90° 회전하면

이를 좌우 반전하면  이 된다.

25
정답 ①

규칙은 가로 방향으로 적용된다.
첫 번째 도형을 좌우로 펼친 것이 두 번째 도형, 이를 상하로 펼친 것이 세 번째 도형이다.

26
정답 ④

규칙은 가로 방향으로 적용된다.
첫 번째 도형을 180° 회전시킨 것이 두 번째 도형, 이를 색 반전시킨 것이 세 번째 도형이다.

27
정답 ④

계획을 세울 때, 흔히 저지르기 쉬운 실수 중 하나는 너무 많은 시간을 소비하는 것이다. 계획은 완벽히 세우기 어렵고 설사 완벽하게 세웠더라도 실천하지 못하면 무용지물이다. 계획이 완벽해야 한다는 부담감을 버리고 실제로 해나가면서 수정될 수 있음을 염두에 두는 것이 좋다.

28
정답 ③

B팀장에게 가지고 있는 불만이므로 본인과 직접 해결하는 것이 가장 적절하다. 비슷한 불만을 가지고 있는 사원들과 이야기를 나누고 개선해줄 것을 바라는 사항을 정리한 후에 B팀장에게 조심스레 말하는 것이 적절하다.

29
정답 ④

갈등을 성공적으로 해결하기 위해서는 누가 옳고 그른지 논쟁하는 일은 피하는 것이 좋으며, 상대방의 양 측면을 모두 이해하고 배려하는 것이 중요하다.

30
정답 ④

효과적인 팀의 구성원들은 서로 직접적이고 솔직하게 대화한다. 이를 통해 팀원들은 상대방으로부터 조언을 구하고, 상대방의 말을 충분히 고려하며, 아이디어를 적극적으로 활용하게 된다.

오답분석
① 팀워크는 개인주의가 아닌 공동의 목적을 달성하기 위해 상호 관계성을 가지고 서로 협력하는 것이다.
② 어떤 팀에서든 의견의 불일치는 발생하며, 효과적인 팀워크는 이러한 갈등을 개방적으로 다루어 해결한다.
③ 팀워크에서는 강한 자신감을 통해 팀원들 간의 사기를 높일 필요가 있다.
⑤ 효과적인 팀은 절차, 방침 등을 명확하게 규정한 잘 짜여진 조직에서 시작된다. 따라서 팀워크를 위해서는 조직에 대한 이해가 무엇보다 필요하다.

04 | 공간지각

01	02	03	04	05	06	07	08	09	10
①	③	④	①	⑤	④	⑤	④	②	④
11	12								
⑤	⑤								

01
정답 ①

02
정답 ③

오답분석

① 　②

④ 　⑤

03
정답 ④

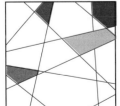

04
정답 ①

• 1층 : $4 \times 4 - 2 = 14$개
• 2층 : $16 - 3 = 13$개
• 3층 : $16 - 8 = 8$개
• 4층 : $16 - 12 = 4$개
∴ $14 + 13 + 8 + 4 = 39$개

05
정답 ⑤

• 1층 : $7 \times 3 - 1 = 20$개
• 2층 : $21 - 5 = 16$개
• 3층 : $21 - 9 = 12$개
• 4층 : $21 - 14 = 7$개
∴ $20 + 16 + 12 + 7 = 55$개

06
정답 ④

• 1층 : $6 \times 5 - 9 = 21$개
• 2층 : $30 - 14 = 16$개
• 3층 : $30 - 19 = 11$개
• 4층 : $30 - 25 = 5$개
• 5층 : $30 - 28 = 2$개
∴ $21 + 16 + 11 + 5 + 2 = 55$개

07
정답 ⑤

• 1층 : $3 \times 4 = 12$개
• 2층 : $12 - 3 = 9$개
• 3층 : $12 - 4 = 8$개
• 4층 : $12 - 7 = 5$개
∴ $12 + 9 + 8 + 5 = 34$개

08 정답 ④

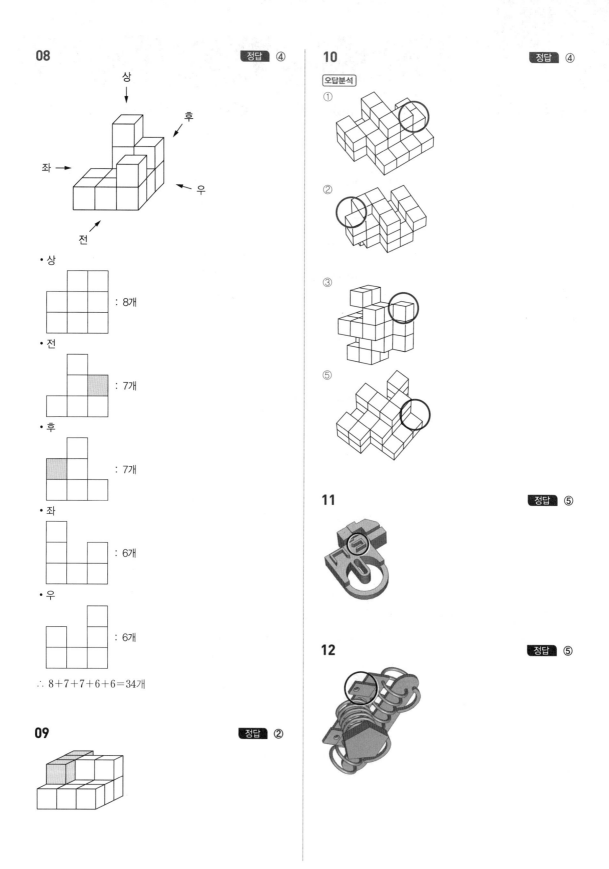

• 상

: 8개

• 전

: 7개

• 후

: 7개

• 좌

: 6개

• 우

: 6개

∴ 8+7+7+6+6=34개

09 정답 ②

10 정답 ④

오답분석

①

②

③

⑤

11 정답 ⑤

12 정답 ⑤

01	02	03	04	05	06	07	08	09	10
⑤	②	②	①	⑤	③	③	①	③	①
11	12	13	14	15	16	17	18	19	20
②	①	②	①	①	②	③	③	⑤	④

01 정답 ⑤

- Defeat : 패배
- Defense : 방어

02 정답 ②

- Instructor : 강사
- Architect : 건축가

03 정답 ②

- Hill : 언덕
- Valley : 계곡

04 정답 ①

오답분석
② 전조등 : Head Lamp
③ 운전석 : Driver's Seat
④ 비상등 : Emergency Lights
⑤ 후미등 : Tail Lamp

05 정답 ⑤

오답분석
① 후진 : Reverse
② 와이퍼 : Wiper
③ 트렁크 : Trunk
④ 현가장치 : Suspension

06 정답 ③

오답분석
① 경청 : listening
② 여름의 : summerly
④ 집중 : concentration
⑤ 발표 : announcement

07 정답 ③

- Muffler : 머플러, 배기구의 소음장치

08 정답 ①

- 차대(Chassis) : 섀시라고도 하며 차체를 제외한 나머지 부분으로 자동차가 주행하기 위해 필요한 필수 장치들의 모음이다.

09 정답 ③

- 패들 시프트(Paddle Shift) : 자동 변속기 차량에서 운전자의 임의로 변속을 조절하는 장치이다.

10 정답 ①

- 냉각수(Coolant) : 엔진에서 발생하는 뜨거운 열을 식혀주는 액체로 겨울철 동파 및 부식을 막기 위해 부동액을 사용한다.

11 정답 ②

| 어휘 |
- look around : 둘러보다, 이것저것 고려하다
| 해석 |

A : 도와드릴까요?
B : 아니요, 그냥 구경 중이에요, 아마도 나중에 도움이 필요할 거예요.
A : 그럼 천천히 둘러보세요, 위층에 더 많은 물건이 있습니다.

① 너무 비싸네요.
③ 비용이 얼마나 드나요?
④ 천만에요.
⑤ 할인하는 상품이 뭔가요?

12

A는 노래대회에서 1등을 해서 기뻐하고 있다.

| 어휘 |
• excited : 신난

| 해석 |

A : 엄마, 저 노래대회에서 1등 했어요.
B : 우와, 네가 해냈구나. 축하한다!
A : 저 정말 기뻐요.

오답분석
② 두려운
③ 후회스러운
④ 우울한
⑤ 지루한

13

| 해석 |

어떤 클럽에 가입할 거니?
(B) 미술 클럽에 가입하고 싶어.
(A) 왜 그 클럽을 좋아하니?
(C) 마술 묘기들을 배우고 싶기 때문이야.

14

| 해석 |

A : 안녕하세요? 어떻게 도와드릴까요?
B : 목구멍이 따가워요.
A : 이 약을 드세요. 5달러입니다.
B : 여기 있습니다. 감사합니다.

15

그림의 가격을 묻는 질문과 가격을 알려주는 답변을 통하여 고객과 점원의 관계임을 알 수 있다.

| 어휘 |
• painting : 그림
• good eye : 안목

| 해석 |

A : 저 그림이 마음에 들어요. 얼마죠?
B : 안목이 좋으시네요! 200달러입니다.
A : 네? 가격이 그렇게 비쌀 줄은 생각하지 못했어요.

16

| 해석 |

파라 극장
알버트가(街) 50번지
영화 : 간디
영화 상영시간 : 오후 4시 30분 / 7시 / 9시 30분
관람료 : 어른 10달러 / 학생 6달러

17

| 어휘 |
• innate : 타고난, 선천적인
• expert : 전문가
• reflex : 반사 작용
• victim : 희생자
• nourishment : 음식물, 영양분
• cradle : 요람, 아기 침대

| 해석 |

새로운 연구에 의하면, 출생의 순간부터 아기는 부모에게, 그리고 부모는 아기에게 많은 것을 요구한다. 아기들은 특별한 타고난 능력을 갖기를 요구받는다. 하지만 몇 십 년 전에 전문가들은 생물체로서 새로 태어나는 것은 반사에 의해 반응하고, 반사에 영향을 주는 능력이 없는 환경에서는 힘없는 희생자라고 말했다. 대부분의 사람은 모든 새롭게 태어나는 유아에게 필요한 것이 영양분, 깨끗한 기저귀, 그리고 따뜻한 요람일 뿐이라고 생각했다.

18

'two basic things'가 가리키는 것은 뒤의 문장에 나와 있다. 즉, 안전거리 확보와 좌석벨트(안전벨트) 착용이다.

| 머휘 |

- ignore : 무시하다
- wear seat belts : 좌석벨트(안전벨트)를 착용하다

| 해석 |

> 운전은 재밌다. 그러나 대부분의 운전자들이 두 가지 기본적인 사항을 무시한다. 그들은 앞차와의 안전거리 확보를 잊어버리고, 또한 좌석벨트(안전벨트)를 착용하지 않는다.

19

마지막 문장에서 'No children allowed(어린이는 허용되지 않는다).'라고 제시되어 있다.

| 머휘 |

- available : 가능한
- at once : 한번에, 한 때
- allowed : 허락되는, 허용되는

| 해석 |

> **공중 목욕탕**
> 열탕과 냉탕, 사우나, 운동실, 독서실 있음. 무료 수건 있음. 한번에 450명 이용 가능함. 여탕은 오후 10시까지 이용 가능함. 어린이 이용 불가.

20

Joni의 조랑말은 너무 작아 Joni는 비가 와서 불어난 하천에 쓸려 내려갈 위기에 처해 있는 상황이다. 따라서 Joni는 무척 '겁이 나' 있을 것이라 추측할 수 있다.

| 해석 |

> Joni는 자신의 언니들과 승마를 하러 갔다. 그녀의 조랑말은 언니 말들의 절반 크기라서 언니들에게 보조를 맞추느라 힘들었다. 큰 말들을 탄 언니들은 가장 깊은 부분에서 하천을 건너는 것이 재미있다고 생각했다. 그들은 Joni의 작은 조랑말이 조금 더 깊이 빠지는 것을 결코 알아차리지 못한 것처럼 보였다. 그 주 초에 비가 와서 하천은 갈색이고 물이 불었다. 자신의 조랑말이 하천의 한가운데로 걸어 들어가면서, Joni는 소용돌이치는 강물이 자신의 조랑말 다리를 세차게 흘러 돌아가는 것을 응시하며 창백해졌다. 그녀의 심장은 빨리 뛰기 시작했고, 입은 말라갔다.

06 | 기초과학

01	02	03	04	05	06	07	08	09	10
⑤	③	③	④	②	①	①	①	①	①
11	12	13	14	15	16	17	18	19	20
②	②	③	②	④	④	②	①	①	④

01
정답 ⑤

저항은 도선의 길이에 비례하고, 도선의 단면적에 반비례한다. 길이가 1cm이고 단면적이 1mm²인 금속의 저항을 R로 가정하여 각각의 조건에 따른 저항을 나타내면 다음과 같다.

① $\frac{1}{5}R$, ② $\frac{1}{2}R$, ③ 1R, ④ 2R, ⑤ 5R

따라서 저항값이 가장 큰 것은 ⑤이다.

02
정답 ③

$$E_k = \frac{1}{2}mv^2 = \frac{1}{2} \times 2 \times 5^2 = 25J$$

에너지와 일은 전환이 가능하므로 ③이 답이다.

03
정답 ③

(달리고 있을 때의 자동차의 운동 에너지)
$$= \frac{1}{2} \times 1,000 \times 10^2 = 50,000J$$
힘의 방향과 운동 방향이 반대이므로 $W = -F_s$
$50,000J - F \times 10 = 0$
[마찰력(F)]=5,000N

04
정답 ④

제시된 음파는 초음파로, 초음파와 같은 음파는 매질의 진동 방향과 파동의 진행 방향이 일치한다.

오답분석
③ 탄성파란 탄성 매질 내에서 매질의 교란 상태변화로 인해 에너지가 전달되는 파동이다.

05
정답 ②

2kg의 물체는 A방향의 반대방향으로 가속도 2m/s²로 운동한다.

06
정답 ①

$Q = cm\triangle T$에서, 열용량은 열량을 온도 변화로 나눈 값이다. 그런데 세 비커에는 모두 같은 물질인 물이 들어 있기 때문에 비열량이 같으므로, 열용량은 질량에 비례한다.
따라서 열용량이 가장 작은 A가 질량이 가장 작다.

07
정답 ①

병렬연결 전체저항은 $\frac{1}{R_{전체저항}} = \frac{1}{5\Omega} + \frac{1}{5\Omega} = \frac{2}{5\Omega}$이므로 $\frac{5}{2}\Omega$이다.

따라서 회로에 흐르는 전체전류는 $I = \frac{V}{R} = \frac{25}{2.5} = 10A$이다.

08
정답 ①

주기와 진동수는 역수의 관계에 있다. 따라서 0.5초의 주기를 가지고 있으면 진동수는 $\frac{1}{0.5} = 2Hz$이다.

오답분석
ㄴ. 매질은 위아래로 진동만 하게 된다. 현재 A의 위치는 잠시 후 아래쪽으로 움직이는 것을 유추할 수 있다.
ㄷ. 파동의 전파 속도는 $\frac{(파장)}{(주기)} = \frac{2}{0.5} = 4m/s$가 된다.

09
정답 ①

회로에서의 전체 저항은 $R = \frac{10}{2} = 5\Omega$이다.

$$4 + \frac{1}{\frac{1}{2} + \frac{1}{R_A}} = 5$$
$$\rightarrow \frac{1}{2} + \frac{1}{R_A} = 1$$
$$\rightarrow \frac{1}{R_A} = \frac{1}{2}$$

따라서 $R_A = 2\Omega$이다.

10
정답 ①

먼저 병렬로 연결되어 있는 3개(2Ω, 4Ω, 6Ω)의 저항들 중 윗부분의 직렬로 연결된 두 전구 저항 합은 $R = 2 + 4 = 6\Omega$이고, 이 두 저항과 6Ω 전구의 저항 합은 $R' = \dfrac{6 \times 6}{6 + 6} = 3\Omega$이다.

따라서 4개 전구의 전체 저항은 $R + R' = 1 + 3 = 4\Omega$이다.

11
정답 ②

열효율이 50%이므로 2,000J의 열에너지를 공급할 때 얻을 수 있는 최대의 일은 $2,000 \times 0.5 = 1,000$J이다.

12
정답 ②

두 전하 사이에 작용하는 전기력은 $F = k\dfrac{Q_1 Q_2}{r^2}$로 나타낼 수 있다. (가)는 (나)에 비해서 거리가 2배이고 전하량의 곱이 2배이므로 힘은 $\dfrac{1}{2}$배가 된다.

13
정답 ③

(중력) = (수직항력) + (탄성력)

지금 현재 0.1m 늘어난 상태에서 지면에 멈춰 있으므로 위로 수직항력과 함께 탄성력이 작용하고 있다.

14
정답 ②

같은 전력을 공급할 때 송전 전압을 n배 높이면 전류의 세기는 $\dfrac{1}{n}$배로 감소하고, 송전선에서의 전력 손실은 $\dfrac{1}{n^2}$배로 감소한다.

따라서 송전 전압을 10배로 높이면 전류의 세기는 0.1배로 감소하고, 이때 송전선에서 손실되는 전력은 0.01배로 감소한다.

15
정답 ④

[소비 전력(P)] = (전류) × (전압)이므로 배전관 퓨즈에 흐르는 전류 I를 구하는 식은 다음과 같다.

$I = (220 + 400 + 900 + 1,560 + 1,100) \div 220$

따라서 배전관 퓨즈에 흐르는 전류의 세기는 19A이다.

16
정답 ④

소리는 고체, 액체, 기체 속에서 모두 전달이 되지만, 진공 상태에서는 전달되지 않는다. 우주 공간은 진공 상태로, 소리를 전달할 매질이 없기 때문에 두 우주인은 대화를 나눌 수 없다. 하지만 헬멧을 맞대면 소리가 전달되므로 대화를 나눌 수 있다.

17
정답 ②

오답분석

ㄷ. 물체 A에 작용하는 알짜힘은 4N, 물체 B에 작용하는 알짜힘은 6N이다.

18
정답 ①

[전력량(Wh)] = [전력(W)] × [시간(h)]이다.

따라서 A는 225Wh, B는 600Wh, C는 64Wh, D는 225Wh이다.

19
정답 ①

[파동의 속력(v)] = $\dfrac{(파장)}{(주기)}$ = (파장) × (진동 수)이다.

이 파동의 파장(λ)은 8m, 주기(T)는 1.6초이므로 파동의 속력은 $\dfrac{8}{16} = 5$m/s이다.

20
정답 ④

X선($10^{-12} \sim 10^{-9}$m) < 자외선($10^{-9} \sim 4 \times 10^{-7}$m) < 가시광선($4 \times 10^{-7} \sim 7 \times 10^{-7}$m) < 적외선($7 \times 10^{-7} \sim 10^{-8}$m)

07 | 기계기능이해력

01	02	03	04	05	06	07	08	09	10
③	④	④	①	④	③	③	④	②	①
11	12	13	14	15	16	17	18	19	20
②	①	②	②	②	②	①	①	①	①

01 　　　　정답 ③

증기 기관은 18세기 후반 영국의 제임스 와트(James Watt)에 의해 발명되었다. 증기 기관이 동력으로 이용되면서 대량 생산이 가능해졌으며, 산업 혁명의 직접적인 계기가 되었다.

02 　　　　정답 ④

자전거의 동력 전달 과정

페달－크랭크－크랭크축－큰 스프로킷－체인－작은 스프로킷－뒤허브축－뒷바퀴

03 　　　　정답 ④

체인 전동은 소음과 진동을 일으키기 쉬워 고속 회전에는 부적합하다.

04 　　　　정답 ①

오답분석

② 농업용 기계

③ 제조용 기계

④ 의학용 기계

⑤ 수송용 기계

05 　　　　정답 ④

증기 기관이 동력으로 이용되면서 대량 생산이 가능해졌다.

06 　　　　정답 ③

동력 전달 장치

풀리와의 마찰력을 이용하거나, 2개의 바퀴의 면을 접촉시켜서 이때 생기는 마찰력을 이용하는 전동 장치이다.

07 　　　　정답 ③

스프링은 탄성을 이용하는 기계 요소로, 충격 완화, 에너지 축적, 힘의 통제와 측정 등에 쓰인다.

08 　　　　정답 ④

전동용 기계 요소

마찰차, 기어, 캠, 링크, 풀리, 체인, 로프 등

09 　　　　정답 ②

결합용 기계 요소

나사, 볼트, 키, 너트, 리벳 등

10 　　　　정답 ①

오답분석

③ 오른나사와 왼나사

④ 1열 나사와 다열 나사

11 　　　　정답 ②

밴드 브레이크는 강철띠 또는 강철띠 뒷면에 석면, 목재 등을 덧붙여 만든 밴드를 주철로 만든 드럼에 감고 이것을 죄어서 제동하는 브레이크로, B쪽으로 작동한다.

12 　　　　정답 ①

그림은 왼쪽으로 돌리면 전진하는 왼나사로, 자전거의 왼쪽 페달 등에 사용된다.

13 　　　　정답 ②

그림의 작은 기어를 시계 방향으로 돌리면 큰 기어는 B쪽으로 회전한다.

14

그림의 작은 기어를 시계 방향으로 돌리면 큰 기어는 B쪽으로 회전한다.

15

그림의 웜을 시계 반대 방향으로 돌리면 웜 기어는 B쪽으로 회전한다.

16

외접 기어는 회전 방향이 반대이고, 내접 기어는 회전 방향이 같다.

17~20

외접 기어는 회전 방향이 반대이고, 내접 기어는 회전 방향이 같다.

01	02	03	04	05	06	07	08	09	10
②	③	①	③	②	①	②	②	③	④
11	12	13	14	15	16	17	18	19	20
③	③	④	⑤	②	⑤	⑤	④	③	④

01 　　정답 ②

[축전지용량(Ah)]＝[방전전류(A)]×[방전시간(h)]
따라서 200×[방전시간(h)]＝100이므로 [방전시간(h)]
＝0.5h＝30분이다.

02 　　정답 ③

앞기관 앞바퀴 자동차(Front Engine Front Wheel Drive Car)는 엔진을 차량의 앞부분에 설치하여 앞바퀴를 구동하는 자동차이다.

03 　　정답 ①

전/후 차축 간의 하중 분포가 균일한 것은 후륜 구동 방식의 장점이다.

04 　　정답 ③

디젤기관의 연료 분사장치에서 인젝션 펌프는 연료 분사량을 조절한다.

05 　　정답 ②

걸어갈 때 인간 뇌의 상하운동은 60~70사이클/분, 달릴 때는 120~160사이클/분이며, 일반적으로 60~90사이클/분의 상하 움직임을 보여야 승차감이 좋다고 알려져 있다. 또한 진동수가 120사이클/분을 초과하면 딱딱한 느낌을 받고, 45사이클/분 이하에서는 둥실둥실 어지러운 느낌을 받는다.

06 　　정답 ①

뒷바퀴 굴림 차의 동력 전달 순서
엔진 - 클러치 - 변속기 - 슬립조인트 - 유니버설 조인트 - 추진축 - 종감속 장치 - 차축 - 바퀴

07 　　정답 ②

• 디젤기관의 장점
　- 열효율이 높고, 연료 소비량이 적다.
　- 인화점이 높아 화재위험이 적다.
　- 완전연소에 가까운 연소로 회전력 변동이 적다.
• 디젤기관의 단점
　- 회전속도가 낮다.
　- 운전 중 소음이 크다.
　- 마력당 중량이 크다.
　- 시동 전동기 출력이 커야 한다.

08 　　정답 ②

$$\text{기계효율}(\eta m) = \frac{\text{제동마력}(BHP)}{\text{지시마력}(IHP)}$$
$$= \frac{\text{제동일}(W_b)}{\text{지시일}(W_i)}$$
$$= \frac{\text{제동 열효율}(\eta_b)}{\text{지시 열효율}(\eta_i)}$$
$$= \frac{\text{제동평균 유효압력}(P_{mb})}{\text{지시평균 유효압력}(P_{mi})}$$

09 　　정답 ③

지시마력은 실린더 내에 발생하는 폭발 유효압력으로부터 계산해 낸 마력이다.

10 　　정답 ④

전기자동차는 고성능 축전지가 개발되지 못해 고속 장거리 주행용으로는 부적합하다.

11 　　정답 ③

액슬축 지지방식
반부동식, 전부동식, 3/4부동식

12 　　정답 ③

유압식 제동장치에서 후륜측 제동력을 감소시켜 스핀을 방지하기 위해 사용되는 밸브는 프로포셔닝 밸브이다.

13

$\text{CA}=360°\times\dfrac{R}{60}\times T=6RT$ 이므로 제시된 크랭크축 회전

각은 $6\times4,500\times\dfrac{1}{500}=54°$이다.

14

정답 ⑤

다이오드는 허용전압 범위 내에서 한쪽 방향으로 전류가 흐른다.

15

정답 ②

(종감속기어의 감속비)$=\dfrac{(\text{구동피니언 회전수})}{(\text{링기어 회전수})}$ 이므로

(구동피니언 회전수)$=$(종감속 기어의 감속비)$\times$(링기어 회전수)이다.

따라서 구동피니언은 $5\times2=10$회전을 한다.

16

정답 ⑤

점화코일은 가솔린기관 차량의 점화장치이다.

17

정답 ⑤

공회전 속도조절 장치의 종류
• 전자 스로틀 시스템(ETC)
• 아이들 스피드 액추에이터(ISA)
• 스텝 모터

18

정답 ④

오답분석
① 볼 조인트 : 승용차의 프런트 서스펜션이나 키잡이용 드래그 링크의 이음매 등 볼 형태의 이음매이다.
② 공기 스프링 : 감쇠작용이 있기 때문에 작은 진동흡수에 좋고 차체높이를 일정하게 유지하지만 구조가 복잡하고 제작비가 비싸다.
③ 쇼크 업소버 : 스프링의 진동을 억제하여 승차감을 좋게 하고 접지력을 향상시켜 자동차의 로드홀딩(Road Holding)과 주행안정성을 확보하며, 코너링 시 원심력으로 발생되는 차체의 롤링을 감소시키는 역할을 한다.
⑤ 판 스프링 : 차량의 전체 중량을 지지하고 타이어와 노면 사이의 접지력을 유지시키는 등의 역할을 한다.

19

정답 ③

오답분석
① 스로틀 포지션 센서(TPS) : 스로틀 개도를 검출하여 공회전 영역을 파악하고, 가·감속 상태를 파악하고 연료분사량을 보정하고 제어하는 일 등에 사용한다.
② MAP 센서 : 배기 공기량을 측정하는 센서이다.
④ 노크 센서 : 실린더 블록에 장착이 되어 엔진에서 발생되는 노킹을 감지하여 엔진 ECU로 신호를 보낸다.
⑤ 휠 스피드 센서 : 바퀴의 회전 속도를 감지하여 각 바퀴의 가속 및 감속을 제어할 수 있는 신호를 보낸다.

20

정답 ④

차륜 정렬(휠 얼라이먼트)의 목적
• 조향 시 조작을 확실하게 하기 위함
• 복원력을 얻기 위함
• 타이어의 마모를 줄이기 위함
• 고속 주행 시 안정성 확보를 위함

교육은 우리 자신의 무지를 점차 발견해 가는 과정이다.

– 윌 듀란트 –

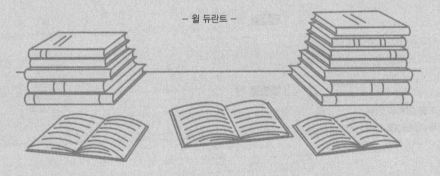

2

최종점검 모의고사

제1회 최종점검 모의고사

01	02	03	04	05	06	07	08	09	10	11	12	13	14	15	16	17	18	19	20
④	③	①	④	③	②	①	④	④	③	④	③	①	④	②	④	②	⑤	③	②
21	22	23	24	25	26	27	28	29	30	31	32	33	34	35	36	37	38	39	40
③	④	②	②	④	②	③	①	③	④	①	⑤	③	④	⑤	③	④	③	②	①

01

정답 ④

제시된 단어의 의미는 '공유하다'로, 이와 반대되는 '독점하다'의 의미를 가진 단어는 ④이다.

오답분석
① 사과하다
② 허락하다
③ 모방하다
⑤ 공존하다

02

정답 ③

2020년부터 2022년까지 경기 수가 증가하는 스포츠는 배구와 축구 2종목이다.

오답분석

① 농구의 2020년 전년 대비 경기 수 증가율은 $\frac{408-400}{400} \times 100 = 2\%$이며, 2023년 전년 대비 경기 수 증가율은 $\frac{404-400}{400} \times 100 = 1\%$이다. 따라서 2020년 전년 대비 경기 수 증가율이 더 높다.

② 2019년 농구와 배구의 경기 수 차이는 $400-220=180$회이고, 야구와 축구의 경기 수 차이는 $470-230=240$회이다. 따라서 농구와 배구의 경기 수 차이는 야구와 축구 경기 수 차이의 $\frac{180}{240} \times 100 = 75\%$이므로 70% 이상이다.

④ · ⑤ 2021년부터 2022년까지의 종목별 평균 경기 수는 다음과 같다.

- 농구 : $\frac{410+400}{2} = 405$회

- 야구 : $\frac{478+474}{2} = 476$회

- 배구 : $\frac{228+230}{2} = 229$회

- 축구 : $\frac{236+240}{2} = 238$회

2023년 경기 수가 2021년부터 2022년까지의 종목별 평균 경기 수보다 많은 스포츠는 야구 1종목이며, 야구 평균 경기 수는 축구 평균 경기 수의 $\frac{476}{238} = 2$배이다.

03

정답 ①

제시문은 근대문학 형성의 주역들이 시민이었다는 것을 여러 인물들을 예시로 하여 주장하고 있다.

04

정답 ④

- 비가 왔을 때 책을 살 확률 : $\frac{1}{5} \times \frac{1}{3} = \frac{1}{15}$

- 비가 오지 않았을 때 책을 살 확률 : $\left(1 - \frac{1}{5}\right) \times \frac{2}{7} = \frac{8}{35}$

따라서 두 확률을 더하여 어느 때나 상관없이 책을 살 확률을 구하면 $\frac{1}{15} + \frac{8}{35} = \frac{31}{105}$ 이다.

05

정답 ③

- A가 운동장 1바퀴를 도는 데 걸리는 시간 : 4분
- B가 운동장 1바퀴를 도는 데 걸리는 시간 : 6분
- 두 사람이 처음으로 출발점에서 만나는 시간 : 4와 6의 최소공배수＝12분

따라서 4번째로 만나는 시간은 12×4＝48분이므로 3시 48분이다.

06

정답 ②

직장생활은 일상생활과 달리 공적 영역이기 때문에 업무능력이 더 중요하다. 업무능력이 떨어지면 원활한 인간관계는 큰 의미가 없다. 직장생활에서 업무능력이 좋으면, 인간관계에도 긍정적인 영향을 미친다.

07

정답 ①

외접 기어는 회전 방향이 반대이고, 내접 기어는 회전 방향이 같다.

08

정답 ④

오답분석

① 내시경 : 장기 또는 체강 내부를 직접 볼 수 있게 만든 의료기구
② 청진기 : 심장 소리 및 숨소리를 듣고 건강 상태를 확인하는 의료기구
③ 혈압계 : 맥압계라고도 불리는, 인체의 혈압을 측정하는 의료기구
⑤ 초음파 검사기 : 인체 내로 초음파를 보내어 반사된 음파의 주파수를 분석함으로써 생체 내에서 운동하는 장기나 태아의 진단에 사용하는 의료기구

09

정답 ④

어빙 피셔의 교환방정식 'MV＝PT'에서 V는 화폐유통속도를 나타낸다. 따라서 사이먼 뉴컴의 교환방정식인 'MV＝PQ'에서 사용하는 V(Velocity), 즉 화폐유통속도와 동일하며 대체되어 사용되지 않는다.

오답분석

① 사이먼 뉴컴의 교환방정식 'MV＝PQ'에서 Q(Quantity)는 상품 및 서비스의 수량이다.
② 어빙 피셔의 화폐수량설은 최근 총거래 수 T(Trade)를 총생산량 Y로 대체하여 사용하고 있다.
③ 교환방정식 'MV＝PT'는 화폐수량설의 기본 모형인 거래모형이며, 'MV＝PY'는 소득모형으로 사용된다.
⑤ 어빙 피셔는 사이먼 뉴컴의 교환방정식을 인플레이션율과 화폐공급의 증가율 간 관계를 나타내는 이론인 화폐수량설로 재탄생시켰다.

10

- 1층 : $4 \times 5 - 2 = 18$개
- 2층 : $20 - 7 = 13$개
- 3층 : $20 - 13 = 7$개

∴ $18 + 13 + 7 = 38$개

11

규칙은 가로 방향으로 적용된다.

첫 번째 도형을 시계 방향으로 90° 회전시킨 것이 두 번째 도형, 이를 상하 대칭시킨 것이 세 번째 도형이다.

12

| 해석 |

A : Jessica가 여기 왜 왔어?
B : 네가 자신의 파티에 와줘서 감사하다고 말하더군.

13

오답분석

② 압력 센서 : 압력 변화에 따른 저항값을 읽는 센서로, 압력밥솥 등에 쓰인다.

③ 화학 센서 : 화학물질을 측정대상으로 하는 센서로, 가스 센서나 습도 센서, 바이오 센서 등이 있다.

④ 가속도 센서 : 관성의 법칙을 이용해서 가속도를 계산하는 센서이다.

⑤ 온도 센서 : 열을 감지하여 전기신호를 내는 센서이다.

14

2021년 출생아 수는 그해 사망자 수의 $\frac{438,420}{275,895} \fallingdotseq 1.59$배로, 1.7배 미만이므로 옳지 않은 설명이다.

오답분석

① 출생아 수가 가장 많았던 해는 2021년이므로 옳은 설명이다.

② 표를 보면 사망자 수가 2020년부터 2023년까지 매년 전년 대비 증가하고 있음을 알 수 있다.

③ 사망자 수가 가장 많은 2023년은 사망자 수가 285,534명이고, 사망자 수가 가장 적은 2019년은 266,257명으로, 두 연도의 사망자 수 차이는 $285,534 - 266,257 = 19,277$명이므로 15,000명 이상이다.

⑤ 2020년 출생아 수는 2023년 출생아 수보다 $\frac{435,435 - 357,771}{357,771} \times 100 \fallingdotseq 22\%$ 더 많으므로 옳은 설명이다.

15

고양이는 포유류이고, 포유류는 새끼를 낳아 키운다. 따라서 고양이는 새끼를 낳아 키운다.

16

초음파 장치를 검사 부위에 밀착시켜 초음파를 쏘아 보낸 다음 조직에서 반사되어 나오는 초음파를 수신하여 인체 내부를 실시간으로 영상화한다. 주로 자궁 내 태아의 발육 상태나 관절과 근육 등을 검사한다.

17

제시문은 음악을 쉽게 복제할 수 있는 환경을 비판하는 시각에 대하여 반박하며 미래에 대한 기대를 나타내는 내용을 담고 있다. 따라서 (다) 음악을 쉽게 변모시킬 수 있게 된 환경의 도래 − (가) 음악 복제에 대한 비판적인 시선의 등장 − (라) 이를 반박하는 복제품 음악의 의의 − (나) 복제품으로 새롭게 등장한 전통에 대한 기대의 순으로 나열하는 것이 적절하다.

18

A상자에서 공을 꺼내는 경우의 수는 2가지이고, B상자에서 공을 꺼내는 경우의 수는 3가지이다.
따라서 가능한 모든 경우의 수는 2×3＝6가지이다.

19

20

마지막 문장의 '표준화된 언어와 방언 둘 다의 가치를 인정'하고, '잘 가려서 사용할 줄 아는 능력을 길러야 한다.'는 내용을 바탕으로 ②와 같은 주제를 이끌어낼 수 있다.

21

피스톤이 하강하면 소기구와 배기구가 열리고, 상승하면 압축·흡입된다.

22

앞의 항에 +2, +3, +4, +5, +6, …씩 더하는 수열이다.
따라서 (   )=25+7=32이다.

23

24

정답 ②

전 직원의 주 평균 야간근무 빈도는 직급별 직원 수를 알아야 구할 수 있는 값이다. 따라서 주어진 자료만으로 알 수 없다.

오답분석

① 자료를 통해 알 수 있다.

③ 0.2시간은 60×0.2＝12분이다. 따라서 4.2시간은 4시간 12분이다.

④ 대리는 주 평균 1.8일, 6.3시간의 야간근무를 한다. 야근 1회 시 평균 6.3÷1.8＝3.5시간 근무로 가장 긴 시간 동안 일한다.

⑤ 과장은 60×4.8＝288분(4시간 48분) 야간근무를 한다. 60분의 3분의 2(40분) 이상 채울 시 1시간으로 야간근무 수당을 계산한다. 즉, 5시간으로 계산하여 50,000원을 받는다.

25

정답 ④

오답분석

① 조성은 음악에서 화성이나 멜로디가 하나의 음 또는 하나의 화음을 중심으로 일정한 체계를 유지하는 것이다.

② 무조 음악은 조성에서 벗어나 자유롭게 표현하고자 한 것이므로, 발전한 형태라고 말할 수 없다.

③ 무조 음악은 한 옥타브 안의 음 각각에 동등한 가치를 두었다.

⑤ 쇤베르크의 12음 기법은 무조 음악이 지닌 자유로움에 조성의 체계성을 더하고자 탄생한 기법이다.

26

정답 ②

- 1층 : 3×3－2＝7개
- 2층 : 9－1＝8개
- 3층 : 9－4＝5개
- 4층 : 9－4＝5개

∴ 7＋8＋5＋5＝25개

27

정답 ③

제시문은 우유니 사막의 위치와 형성, 특징 등에 대해 설명하고 있으므로 '우유니 사막의 자연지리적 특징'이 주제로 가장 적절하다.

28

정답 ①

외접 기어는 회전 방향이 반대이고, 내접 기어는 회전 방향이 같으므로 (가)의 회전 방향만 다르다.

29

정답 ③

브레인스토밍

일정한 테마에 관하여 회의 형식을 채택하고, 구성원의 자유발언을 통한 아이디어의 제시를 요구하여 발상을 찾아내려는 방법을 말한다. 브레인스토밍에서는 어떠한 내용의 발언이라도 그에 대한 비판을 해서는 안 되며, 오히려 자유분방하고 엉뚱한 의견을 출발점으로 해서 아이디어를 전개시켜 나가도록 하고 있다.

30

정답 ④

제시문은 세계 각국의 음식과 식사 전통을 체험할 수 있는 행사에 대하여 안내하고 있는 글이다.

| 어휘 |

- unique : 독특한
- customs : 관습
- adventure : 모험
- be used to : ~에 익숙하다
- challenging : 도전해 볼 만한

| 해석 |

> 정찬 모임에 참여하신 것을 환영하고 감사드립니다. 저희 모임은 독특한 식사 경험을 제공합니다. 여러분들은 전 세계의 음식을 먹어 보게 되는데, 더 중요한 것은 각 국가의 식사 전통과 관습을 경험할 수 있는 기회를 가지게 된다는 것입니다. 예를 들어, 인도에서는 손을 사용해 음식을 먹습니다. 여러분이 포크와 나이프를 사용하는 데 익숙하시다면 이는 도전이 될 것입니다. 프랑스에서는 코스 요리로 식사를 하므로 프랑스식 식사를 위해서는 반드시 충분한 시간을 잡아 놓도록 하세요. 일본에서는 국물을 수저로 먹지 않으니 사발째 직접 마셔야만 합니다. 이러한 것들은 8월 말까지 매주 토요일 저녁에 여러분들이 경험할 것들의 일부입니다. 저희는 여러분들이 식사 체험을 즐기시기를 희망합니다.

31

정답 ①

제시문은 '발전'에 대한 개념을 설명하고 있다. 이러한 유형의 문제는 빈칸 앞뒤의 문맥을 먼저 살피는 것도 하나의 요령이다. 빈칸 앞에는 '발전'에 대해 '모든 형태의 변화가 전부 발전에 해당하는 것은 아니다.'라고 하면서 '교통신호등'을 예로 들고, 빈칸 뒤에는 '사태의 진전 과정에서 나중에 나타나는 것은 적어도 그 이전 단계에 내재적으로나마 존재했던 것의 전개에 해당한다는 것이다.'라고 상술하고 있다. 여기에 첫 번째 문장까지 고려한다면, ①의 내용이 빈칸에 들어가는 것이 적절하다.

32

정답 ⑤

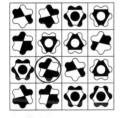

33

정답 ③

외연 기관

외부에서 연료를 연소하여 만든 증기를 기관 내부에서 기계에너지로 변환하는 장치로, 증기 터빈, 보일러 등이 있다.

34

정답 ④

정환이의 속력을 $x$km/h, 민주의 속력을 $y$km/h라고 하면 다음 식이 성립한다.

$\frac{3}{4}x + \frac{3}{4}y = 12 \cdots$ ㉠

$3x = 12 + 3y \cdots$ ㉡

㉠, ㉡을 연립하면 $x = 10$, $y = 6$이다.

따라서 정환이의 속력은 10km/h이다.

35

정답 ⑤

휠 스피드 센서는 각 바퀴의 회전수 및 록 상태를 감지하여 ABS ECU로 신호를 보낸다.

36

정답 ③

오답분석

① 　② 　④ 　⑤

37

정답 ④

마지막 문단에서 '정부도 규제와 의무보다는 사업자의 자율적인 부분을 인정해주고 사업자 노력을 드라이브 걸 수 있는 지원책을 마련하여야 한다.'라는 내용을 통해 정부는 OTT 플랫폼에 장애인 편의 기능과 관련한 규제와 의무를 지어줬지만, 이에 대한 지원책은 없음을 알 수 있다.

오답분석
① 세 번째 문단을 통해 장애인들의 국내 OTT 플랫폼의 이용이 어려움을 짐작할 수는 있지만, 장애인을 위한 서비스를 제공하는지의 유무는 확인하기 어렵다.
② 외국 OTT 플랫폼은 국내 OTT 플랫폼보다 상대적으로 장애인 편의 기능을 더 제공하고 있는 것으로 보아 장애인을 수동적인 시혜자가 아닌 능동적인 소비자로 보고 있음을 알 수 있다.
③ 제시문에서는 우리나라 장애인이 외국의 장애인보다 OTT 플랫폼의 이용이 어렵다기보다는 우리나라 OTT 플랫폼이 외국의 OTT 플랫폼보다 장애인이 이용하기 어렵다고 하였다.
⑤ 세 번째 문단의 '재생 버튼에 대한 설명이 제공되는 넷플릭스도 영상 재생 시점을 10초 앞으로, 또는 뒤로 이동하는 버튼은 이용하기 어렵다.'라는 내용을 통해 국내 OTT 플랫폼보다는 장애인을 위한 서비스 기능이 더 제공되고 있지만, 여전히 충분히 제공되고 있지 않음을 알 수 있다.

38

정답 ③

오답분석
① 1983년 A국의 석유 수입액은 74달러이고, B국의 석유 수입액은 75달러이므로 B국이 더 많다.
② 2003년 A국의 석유 수입액과 석탄 수입액의 합은 110.7달러이고 LNG 수입액의 2배는 108.6달러이므로 2배보다 많다.
④ 두 국가의 1983년 대비 2023년 LNG 수입액의 증가율은 각각 다음과 같다.

- A국 : $\frac{79.9-29.2}{29.2} \times 100 ≒ 173.6\%$

- B국 : $\frac{102-30}{30} \times 100 = 240\%$

따라서 증가율은 B국이 더 크다.
⑤ 두 국가의 1983년 대비 2023년 석탄 수입액의 감소율은 다음과 같다.

- A국 : $\frac{28-82.4}{82.4} \times 100 ≒ -66\%$

- B국 : $\frac{7.1-44}{44} \times 100 ≒ -83.9\%$

따라서 감소율은 B국이 더 크다.

39

그림의 브레이크 띠를 화살표와 같이 작동하려면 크랭크는 B쪽으로 작동해야 한다.

40

도형을 시계 반대 방향으로 90° 회전하면 ▷, 이를 좌우 반전하면 ◁ 이 된다.

제2회 최종점검 모의고사

01	02	03	04	05	06	07	08	09	10	11	12	13	14	15	16	17	18	19	20
④	⑤	②	①	②	①	③	③	④	③	④	②	④	④	③	②	②	⑤	②	②
21	22	23	24	25	26	27	28	29	30	31	32	33	34	35	36	37	38	39	40
④	③	④	①	②	①	④	①	④	④	②	④	①	④	②	④	⑤	②	③	②

01
정답 ④

앞의 항에 ×3, ÷9가 반복되는 수열이다.
따라서 (   )=3×3=9이다.

02
정답 ⑤

농작물 재배 능력이 낮고 영농 기반이 부족한 청년농업인들에게는 기존의 농업방식보다는 자동화 재배관리가 가능한 온프레시팜 방식이 농작물 재배에 더 용이할 수는 있으나, 초기 시설비용이 많이 들고 재배 기술의 확보가 어려워 접근이 더 수월하다고 볼 수는 없다.

오답분석
① 온프레시팜 지원 사업은 청년농업인들이 보다 쉽게 농작물을 재배하는 것은 물론 경제적으로도 정착할 수 있도록 도와주는 사업이다.
② 온프레시팜은 농업에 이제 막 뛰어든 청년농업인들이 보다 수월하게 농업을 경영할 수 있도록 돕는 사업이다.
③·④ 온프레시팜 방식은 토양 없이 식물 뿌리와 줄기에 영양분이 가득한 물을 분사해 농작물을 생산하는 방식이기 때문에 흙 속에 살고 있는 병해충으로 인해 피해를 예방할 수 있을 뿐만 아니라 흙이 없어 다층으로의 재배도 가능해 동일한 면적에서 기존 농업방식보다 더 많은 농작물을 재배할 것으로 예상된다.

03
정답 ②

04
정답 ①

왼나사인지 오른나사인지 구분하면 너트는 A쪽으로 돌려야 한다.

05

머무르는 기간에 대한 질문이 주어져 있으므로 이에 대한 대답인 (A)가 가장 먼저 와야 하며 목적에 대한 질문인 (C)와 그에 대한 대답인 (B)의 순서로 이어지는 것이 적절하다.

| 해석 |

당신은 얼마나 오래 머무를 계획입니까?
(A) 단 10일이요.
(C) 당신의 여행 목적은 무엇입니까?
(B) 나는 관광하러 왔습니다.

06

현재 김대리의 나이를 x살, 조카의 나이를 y살이라고 하면, 4년 전 나이와 3년 후 나이에 대한 다음 두 방정식이 성립한다.

$(x-4)=4\times(y-4) \rightarrow x-4=4y-16 \rightarrow x-4y=-12 \cdots \bigcirc$

$(x+3)=2\times(y+3)+7 \rightarrow x+3=2y+6+7 \rightarrow x-2y=10 \cdots \bigcirc$

$\bigcirc$에서 $\bigcirc$을 빼면 $y=11$이 나오고, $x=10+2\times11=32$가 된다.

따라서 현재 조카의 나이는 11살이다.

07

• 1층 : $6\times5-9=21$개
• 2층 : $30-17=13$개
• 3층 : $30-21=9$개
• 4층 : $30-27=3$개
∴ $21+13+9+3=46$개

08

차체 부분
허브, 행어, 흙받이, 안장

09

제시문의 '수소가 분자 내에 포화되어 있으므로 포화지방산이라 부르며, 이것이 들어 있는 지방을 포화지방이라고 한다.'를 통해 포화지방은 포화지방산이 들어 있는 지방을 가리킴을 알 수 있다.

오답분석

① 포화지방산에서 나타나는 탄소 결합 형태는 연결된 탄소끼리 모두 단일 결합하는 모습을 띠고, 각각의 탄소에 수소가 두 개씩 결합한다.

② 탄소에 수소가 두 개씩 결합하는 형태는 분자 간 인력이 높아 지방산 분자들이 단단하게 뭉치게 되는 것이다. 열에너지가 많아지면 인력이 느슨해진다.

③ 분자 간 인력이 높을 때 지방산 분자들이 단단히 뭉치는 것이므로 느슨해지면 그의 반대가 된다.

⑤ 포화지방이 체내에 저장되면 에너지로 전환되어 몸에 열량을 내는 데 이용된다. 몸에 좋지 않은 경우는 저밀도 단백질과 결합하는 경우이다.

10

정답 ③

2018년부터 2023년까지 공정자산총액과 부채총액의 차를 순서대로 나열하면 952, 1,067, 1,383, 1,127, 1,864, 1,908억 원이다.

오답분석

① 2021년에는 자본총액이 전년 대비 감소했다.
② 전년 대비 당기순이익이 가장 많이 증가한 해는 2022년이다.
④ 총액 규모가 가장 큰 것은 공정자산총액이다.
⑤ 2018~2021년의 자본총액 중 자본금의 비율은 각각 다음과 같다.

- 2018년 : $\frac{464}{952} \times 100 \fallingdotseq 48.7\%$

- 2019년 : $\frac{481}{1,067} \times 100 \fallingdotseq 45.1\%$

- 2020년 : $\frac{660}{1,383} \times 100 \fallingdotseq 47.7\%$

- 2021년 : $\frac{700}{1,127} \times 100 \fallingdotseq 62.1\%$

따라서 2019년에는 자본금의 비중이 감소했다.

11

정답 ④

힘의 크기를 구하는 공식은 $F = ma$이다.
m이 2kg이고, a가 3m/s^{2}이므로 물체에 작용한 힘의 크기는 6N이다.

12

정답 ②

대화를 통해 부하직원인 A씨 스스로 업무성과가 떨어지고 있고, 업무방법이 잘못되었음을 인식할 수 있도록 하여 이를 해결할 방법을 스스로 생각하도록 해야 한다. 이후 B팀장이 조언하며 A씨를 독려한다면, B팀장은 A씨의 자존감과 자기결정권을 침해하지 않으면서도 A씨 스스로 책임감을 느끼고 문제를 해결할 가능성이 높아지게 할 수 있다.

오답분석

① 징계를 통해 억지로 조언을 듣도록 하는 것은 자존감과 자기결정권을 중시하는 A씨에게 적절하지 않다.
③ 칭찬은 A씨로 하여금 자신의 잘못을 인식하지 못하도록 할 수 있어 적절하지 않다.
④ 자존감과 자기결정권을 중시하는 A씨에게 강한 질책은 효과적이지 못하다.
⑤ A씨가 자기 잘못을 인식하지 못한 상태로 시간만 흘러갈 수 있다.

13

정답 ④

제시문은 중세 유럽에서 유래된 로열티 제도가 산업 혁명부터 현재까지 지적 재산권에 대한 보호와 가치 확보를 위해 발전되었음을 설명하고 있다. 따라서 가장 적절한 제목은 '로열티 제도의 유래와 발전'이다.

14

정답 ④

오답분석

①  ②  ③  ⑤

15

제시된 명제를 정리하면 다음과 같다.
달리기를 잘한다. → 영어를 잘한다. → 부자이다.
따라서 달리기를 잘하는 나는 부자이다.

16

이 운동은 8초와 12초에 방향이 변화하였다.

17

2000년 노령화지수는 20.0%이므로 400%, 즉 5배가 증가한 노령화지수는 100%이다. 그러므로 그 이상을 보인 해를 찾으면 된다.
2023년 노령화지수는 100.7%로, 약 5배가 증가했다.

18

제시문은 빠른 사회변화 속 다양해지는 수요에 맞춘 주거복지 정책의 예로 예술인을 위한 공동주택, 창업 및 취업자를 위한 주택, 의료안심주택을 들고 있다. 따라서 글의 주제로 적절한 것은 '다양성을 수용하는 주거복지 정책'이다.

19

무의 개수를 x개, 감자의 개수는 $(15-x)$개라고 하면, 지불한 총금액에 대한 방정식은 다음과 같다.
$700x+1,200\times(15-x)=14,500$
→ $500x=3,500$
∴ $x=7$
따라서 구입한 무의 개수는 7개이다.

20

오답분석

① 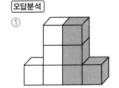　③ 　④ 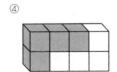　⑤

21

제시문은 초연결사회에 대해 설명하는 글이다. 따라서 (나) 최근 대두되는 초연결사회에 대한 화제 언급 – (가) 초연결사회에 대한 정의 – (라) 초연결네트워크를 통해 긴밀히 연결되는 초연결사회의 모습 – (다) 이러한 초연결사회에 가져올 변화에 대한 전망의 순으로 나열되는 것이 적절하다.

22

안개등(Fog Lamp)은 비, 안개, 눈 등 악천후 상황에서 차선 등 근거리 시야를 확보하기 위해 사용하는 전등이다.

23

정답 ④

물을 가득 채우는 것을 1이라고 하면 A관은 1분에 $\frac{1}{10}$, B관은 1분에 $\frac{1}{15}$만큼을 채운다.

두 관을 동시에 사용하면 1분에 $\frac{1}{10}+\frac{1}{15}=\frac{1}{6}$만큼을 채울 수 있으므로, 가득 채우는 데 걸리는 시간은 6분이다.

24

정답 ①

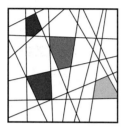

25

정답 ②

빈칸 뒤에서는 고전 미학과 근대 미학이 각각 추구하는 이념과 대상에 대해 예를 들어 설명하고 있다. 따라서 빈칸에 들어갈 내용으로 미학이 추구하는 이념과 대상도 시대에 따라 다름을 언급하는 ②가 가장 적절하다.

26

정답 ①

캠과 링크 장치는 왕복 운동 전달 기구이다.

27

정답 ④

2023년 소포우편 분야의 2019년 대비 매출액 증가율은 $\frac{42-30}{30}\times100=40\%$이므로 옳지 않은 설명이다.

오답분석

① 매년 매출액이 가장 높은 분야는 일반통상 분야인 것을 확인할 수 있다.

② 일반통상 분야의 매출액은 2020년, 2021년, 2023년에, 특수통상 분야의 매출액은 2022년, 2023년에 감소했고, 소포우편 분야는 매년 매출액이 증가했다.

③ 2023년 1분기 매출액에서 특수통상 분야의 매출액이 차지하는 비중은 $\frac{12}{50}\times100=24\%$이므로 20% 이상이다.

⑤ 2022년에는 일반통상 분야의 매출액이 전체의 $\frac{104}{200}\times100=52\%$이므로 옳은 설명이다.

28

정답 ①

전동기의 정격 전류의 합계가 50A를 초과하는 경우 그 정격 전류 합계의 1.1배인 것을 사용한다.

29

정답 ④

규칙은 세로 방향으로 적용된다.
첫 번째 도형을 180° 회전한 것이 두 번째 도형, 이를 상하 반전시킨 것이 세 번째 도형이다.

30

정답 ④

(소금의 양)＝(소금물의 양)×$\dfrac{(소금물의 농도)}{100}$이다.

따라서 농도가 7%인 소금물 300g에 들어있는 소금의 양은 $300×\dfrac{7}{100}＝21g$이다.

31

정답 ②

제시문의 중심 내용은 '반대는 필수불가결한 것이다.', '자유의지를 가진 국민의 범국가적 화합은 정부의 독단과 반대당의 혁명적 비타협성을 무력화시키는 정치권력의 충분한 균형에 의존하고 있다.', '그 균형이 더 이상 존재하지 않는다면 민주주의는 사라지고 만다.'로 요약할 수 있다. 따라서 제시문의 제목으로는 '반대의 필요성과 민주주의'가 가장 적절하다.

32

정답 ④

제시된 설명과 같은 방법으로 동력을 얻는 기관에는 제트 기관과 로켓 기관이 있다.

33

정답 ①

34

정답 ④

| 어휘 |

• reject : 거절하다, 무시하다
• a light conversation : 가벼운 대화

| 해석 |

> 만약 당신이 외톨이이고 친구들을 사귀지 못한다고 느낀다면, 당신은 마음가짐을 바꾸어야 한다. 당신은 상대방이 오기를 기다려서는 안 된다. 당신이 그들에게 먼저 다가가야 한다. 거절당하더라도 두려워하지 말자. 먼저 다가가서 날씨나 취미와 같은 가벼운 대화로 시작해라. 그들은 당신의 생각보다 더 상냥하다.

35

정답 ②

오른쪽 마찰차가 화살표와 같이 회전하면 왼쪽 마찰차는 B쪽으로 회전한다.

36

정답 ④

인젝터나 점화코일에서 전류를 급격하게 차단 시 발생하는 역기전력을 서지전압이라고 한다.

37

도형을 상하 반전하면 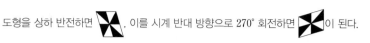. 이를 시계 반대 방향으로 270° 회전하면 ◼이 된다.

38

(B빌라 월세)+(한 달 교통비)=250,000+(2.1×2×20×1,000)=334,000원

따라서 B빌라에서 살 경우 334,000원으로 살 수 있다.

오답분석

① A빌라는 392,000원, B빌라는 334,000원, C아파트는 372,800원으로, 모두 40만 원으로 가능하다.

③ C아파트가 편도 거리 1.82km로, 교통비가 가장 적게 든다.

④ C아파트의 한 달 금액은 372,800원으로, A빌라보다 19,200원 덜 든다.

⑤ B빌라에 두 달 살 경우 668,000원이고, A빌라와 C아파트의 한 달 금액을 합하면 764,800원이다.

39

B부장의 부탁으로 여러 가게를 돌아다니다가 물건을 찾았다면 일단 사가는 것이 옳다. 그 후에 금액이 초과되어 돈을 보태어 산 상황을 이야기하고 그 돈을 받는다.

40

컨덕턴스 $G=\dfrac{1}{R}$, $V=IR$이므로 $V=I×\dfrac{1}{G}$(V)이다.

따라서 가해야 하는 전압의 크기는 $6×\dfrac{1}{0.5}=12V$이다.

제3회 최종점검 모의고사

01	02	03	04	05	06	07	08	09	10	11	12	13	14	15	16	17	18	19	20
④	④	③	②	③	④	④	④	④	⑤	①	②	②	⑤	④	②	③	④	①	①
21	22	23	24	25	26	27	28	29	30	31	32	33	34	35	36	37	38	39	40
③	⑤	③	③	①	④	②	③	⑤	②	②	②	②	⑤	①	③	②	④	②	②

01
정답 ④

• 세 사람이 일렬로 줄을 서는 경우의 수 : $3 \times 2 \times 1 = 6$가지
• 민지와 현주가 양 끝에 서는 경우의 수 : 2가지

따라서 양 끝에 민지와 현주가 서게 될 확률은 $\frac{2}{6} = \frac{1}{3}$이다.

02
정답 ④

오답분석
① 은 왕조의 옛 도읍지는 허난성이다.
② 용골에는 은 왕조의 기록이 있었다.
③ 제시문에는 그러한 내용이 없다.
⑤ 사마천의 『사기』가 언제 만들어졌다는 내용은 없다.

03
정답 ③

2022년 3/4분기에도 감소하였다.

오답분석
① 조회 서비스 이용 실적은 817 → 849 → 886 → 1,081 → 1,100천 건으로 매 분기 계속 증가하였다.
② 2022년 2/4분기 조회 서비스 이용 실적은 849천 건이고, 전 분기의 이용 실적은 817천 건이므로 849－817＝32, 즉 3만 2천 건 증가하였다.
④ 모바일 뱅킹 서비스 이용 실적의 전 분기 대비 증가율이 가장 높은 분기는 21.8%인 2022년 4/4분기이다.
⑤ 2023년 1/4분기의 조회 서비스 이용 실적은 자금 이체 서비스 이용 실적의 $\frac{1,100}{25} = 44$배로, 40배 이상이다.

04
정답 ②

• 1층 : $4 \times 4 - 5 = 11$개
• 2층 : $16 - 6 = 10$개
• 3층 : $16 - 10 = 6$개
• 4층 : $16 - 10 = 6$개
∴ $11 + 10 + 6 + 6 = 33$개

05
정답 ③

일의 크기는 W＝F×s＝2N×4m＝8J이다.

06
정답 ④

'윈－윈(Win－Win) 관리법'은 갈등을 피하거나 타협하는 것이 아닌 모두에게 유리할 수 있도록 문제를 근본적으로 해결하는 방법이다. 귀하와 A사원이 공통적으로 가지는 근본적인 문제는 금요일에 일찍 퇴근할 수 없다는 것이므로, 금요일 업무시간 전에 청소를 할 수 있다면 귀하와 A사원 모두에게 유리할 수 있는 갈등 해결방법이 되는 것이다.

오답분석

① '나도 지고 너도 지는 방법'인 회피형에 대한 방법이다.
② '나는 지고 너는 이기는 방법'인 수용형에 대한 방법이다.
③ '서로가 타협적으로 주고받는 방법'인 타협형에 대한 방법이다.
⑤ '나는 이기고 너는 지는 방법'인 경쟁형(지배형)에 대한 방법이다.

07
정답 ④

오답분석

① 보닛 : Bonnet
② 변속기 : Gear Shift
③ 경적 : Horn
⑤ 펜더 : Fender

08
정답 ④

두 축이 평행 또는 교차하지 않는 기어에는 스크루 기어, 웜과 웜 기어가 있다.

09
정답 ④

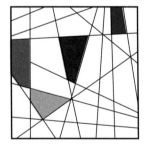

10
정답 ⑤

연료탱크(Fuel Tank)는 자동차에 사용할 연료를 넣는 용기이다.

11

정답 ①

작년의 여자 사원의 수를 x명이라고 하면 남자 사원의 수는 $(820-x)$명이므로 다음 식이 성립한다.

$$\frac{8}{100}(820-x)-\frac{10}{100}x=-10$$

$$\therefore x=420$$

따라서 올해의 여자 사원수는 $\frac{90}{100}\times420=378$명이다.

12

정답 ②

외접 기어는 회전 방향이 반대이고, 내접 기어는 회전 방향이 같다.

13

정답 ②

제시문은 유명 음악가 바흐와 모차르트에 대해 알려진 이야기들과 다르게 밝혀진 사실을 대비하여 이야기하고 있다. 또한 사실이 아닌 이야기가 바흐와 모차르트의 삶을 미화하는 경향이 있으므로 제목으로는 '미화된 음악가들의 이야기와 그 진실'이 가장 적절하다.

14

정답 ⑤

앞의 항에 $\times1$, $\times2$, $\times3$, …을 하는 수열이다.

따라서 (　　)$=\frac{4}{3}\times2=\frac{8}{3}$이다.

15

정답 ④

도형을 시계 반대 방향으로 90° 회전하면 , 이를 상하 반전하면 이 된다.

16

정답 ②

서울, 베이징, 도쿄 모두 해당 기간 동안 지속적으로 인구가 증가하고 있다.

오답분석

① 2013년을 기점으로 서울과 베이징의 인구 순위가 뒤바뀐다.

③ 1993년 대비 2003년의 서울의 인구 증가율은 $\frac{120-80}{80}\times100=50\%$이다.

④ 2003년 대비 2013년의 인구 증가폭은 서울이 25십만 명, 베이징이 78십만 명, 도쿄가 26십만 명으로 베이징이 가장 높다.

⑤ 2023년 인구가 최대인 도시는 도쿄로 360십만 명이다. 이는 인구가 최소인 도시 서울의 $\frac{360}{180}=2$배이다.

17

정답 ③

제시문은 빈곤 지역의 문제 해결을 위해 도입된 적정기술에 대한 설명이다. 따라서 (나) 적정기술에 대한 정의 － (가) 현지에 보급된 적정기술의 성과에 대한 논란 － (라) 적정기술 성과 논란의 원인 － (다) 빈곤 지역의 문제 해결을 위한 방안의 순서로 나열되는 것이 적절하다.

18

정답 ④

가속도 센서는 이동하는 물체의 가속도나 충격의 세기를 측정하는 센서로, 자동차, 선박, 기차 등 각종 운송 수단, 공장자동화 및 로봇 등의 제어시스템에 사용된다.

19

정답 ①

가속도는 시간에 대한 속도 변화의 비율을 나타내는 양으로, 질량을 m, 가속도를 a, 힘을 F라고 하면 운동 방정식 $F=ma$가 성립한다. 그림에서 질량은 1kg이므로 가속도 a는 힘 F와 같고, 서로 반대 방향으로 작용하는 힘 때문에 가속도의 크기는 $4m/s^2$이다.

20

정답 ①

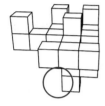

21

정답 ③

조사대상 기업 중에서 존속성 기술을 개발하는 기업의 총수는 24개, 와해성 기술을 개발하는 기업의 총수는 23개이므로 옳다.

오답분석

① 와해성 기술을 개발하는 전체 기업은 23개이고 이 중 벤처기업은 12개, 대기업은 11개이므로, 벤처기업이 대기업보다 높다.
② 존속성 기술은 12개, 와해성 기술은 8개로 옳지 않다.
④ 10:10의 동일한 비율이므로 옳지 않다.
⑤ 17:10으로 시장견인전략을 취하는 비율이 월등히 높다.

22

정답 ⑤

신발 교환을 요청하는 내용의 대화를 나눌 수 있는 곳은 구두 가게이다.

| 어휘 |

• exchange : 교환하다

| 해석 |

> A : 실례합니다. 신발을 교환하고 싶습니다.
> B : 네, 무슨 문제가 있나요?

23

정답 ③

4행정 사이클 기관의 작동 순서

흡입행정 − 압축행정 − 폭발행정 − 배기행정

24

두 번째 문단에서 전통의 유지와 변화에 대한 견해 차이는 보수주의와 진보주의의 차이로 이해될 성질의 것이 아니며, 한국 사회의 근대화는 앞으로도 계속되어야 할 광범하고 심대한 사회 구조적 변동이라고 하였다. 또한 마지막 문단에서 근대화라고 하는 사회 구조적 변동이 문화 변화를 결정지을 것이기 때문이라고 하였으므로 전통문화의 변화 문제를 '사회 변동의 시각'에서 다루는 것이 적절하다. 따라서 빈칸에 들어갈 내용으로 가장 적절한 것은 ③이다.

25

정답 ①

외접 기어는 회전 방향이 반대이고, 내접 기어는 회전 방향이 같다.

26

정답 ④

'회사원'을 A, '야근을 한다.'를 B, '늦잠을 잔다.'를 C라고 하면, 첫 번째 명제와 마지막 명제는 각각 A → B, ~C → ~A이다.
이때, 첫 번째 명제의 대우는 ~B → ~A이므로 마지막 명제가 참이 되려면 ~C → ~B 또는 B → C가 필요하다.
따라서 빈칸에 들어갈 명제는 '야근을 하는 사람은 늦잠을 잔다.'가 가장 적절하다.

27

정답 ②

2명씩 짝을 지어 한 그룹으로 보고 원탁에 앉는 방법은 원순열 공식 $(n-1)!$을 이용한다.
2명씩 3그룹이므로 $(3-1)!=2\times1=2$가지이다.
또한 그룹 내에서 2명이 자리를 바꿔 앉을 수 있는 경우는 2가지씩이다.
따라서 6명이 원탁에 앉을 수 있는 방법은 $2\times2\times2\times2=16$가지이다.

28

정답 ③

제시문에서 어떤 도시 사람들은 비둘기가 질병을 옮긴다고 생각해서 전혀 좋아하지 않는다고 이야기한다.

| 어휘 |
- pigeon : 비둘기
- disease : 질병
- carry : (병 따위를) 옮기다.
- nature : 자연
- not ~ at all : 전혀 ~하지 않다.

| 해석 |

어떤 도시 사람들은 비둘기를 좋아한다. 이 사람들은 비둘기가 도시 사람들에게 자연을 더 가깝게 느끼게 해 준다고 생각한다. 그러나 어떤 도시 사람들은 비둘기를 전혀 좋아하지 않는다. 이 사람들은 비둘기가 질병을 옮긴다고 생각한다.

오답분석
① 비둘기들은 질병을 옮기지 않는다.
② 모든 도시 사람은 비둘기를 좋아한다.
④ 도시 사람 아무도 비둘기를 좋아하지 않는다.
⑤ 비둘기는 자연 속에서 산다.

29

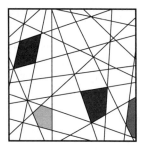

30

H씨가 동생에게 준 동전의 개수를 x개라고 하자.

$42-x=2(12+x)$

$\rightarrow 3x=18$

$\therefore x=6$

따라서 H씨는 동생에게 6개의 동전을 주었다.

31

회식자리에서의 농담은 자신의 생각이 아니라 받아들이는 사람이 어떻게 받아들이는가에 달려있다. 상사가 자신의 기분이 상할 수 있는 농담을 들었을 때, 회식과 같이 화기애애한 자리를 갑자기 냉각시킬 수는 없으므로 그 자리에서만 수용해줄 수 있는 것이다. 따라서 본인이 실수했다고 느낄 때 바로 사과하는 것이 적절하다.

32

명반응에서 빛에 의해 만들어진 물질이 암반응에서 이산화탄소와 결합하여 포도당이 만들어지는 것을 광합성 작용이라 하는데, 광합성 작용을 할 때 빛과 이산화탄소가 동시에 필요한 것은 아니다.

33

$V=I_f(R_f+R)$에서 $R_f=\dfrac{V}{I_f}-R=\dfrac{100}{2}-10=40\Omega$이다.

34

오답분석

① 　② 　③ 　④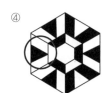

35

전체 일의 양을 1이라 하면 A와 B가 하루에 하는 일의 양은 각각 $\frac{1}{10}$, $\frac{1}{8}$이다.

B가 일한 기간을 x일이라고 하면 다음과 같은 식이 성립한다.

$$\frac{1}{10}\times 4 + \frac{1}{8}\times x = 1$$
$$\therefore\ x = 4.8$$

따라서 B가 집을 마저 완성하는 데 소요된 기간은 5일이다.

36

가장 큰 도형과 내부도형은 시계 방향으로 90° 회전하고, 외부도형은 가장 큰 도형의 회전과 관계없이 시계 반대 방향으로 가장 큰 도형의 변을 한 칸씩 이동하는 규칙이다.

37

제시문의 중심 내용은 '칸트가 생각하는 도덕적 행동'에 대한 것이며, 그는 도덕적 행동을 남이 나에게 해주길 바라는 것을 실천하는 것이라 말했다.

38

총합격자 중 남자 합격자의 비율은 $\frac{1,699}{1,699+624}\times 100 ≒ 73.1\%$이므로 옳지 않은 설명이다.

[오답분석]

① 총입사지원자의 합격률은 $\frac{1,699+624}{10,891+3,984}\times 100 ≒ 15.6\%$이므로 15% 이상이다.

② 여자 입사지원자의 합격률은 $\frac{624}{3,984}\times 100 ≒ 15.7\%$이므로 20% 미만이다.

③ 총입사지원자 중 여자 입사지원자의 비율은 $\frac{3,984}{14,875}\times 100 ≒ 26.8\%$이므로 30% 미만이다.

⑤ 남자 입사지원자의 합격률은 $\frac{1,699}{10,891}\times 100 ≒ 15.6\%$이고, 여자 입사지원자의 합격률은 $\frac{624}{3,984}\times 100 ≒ 15.7\%$이므로 옳은 설명이다.

39

오버러닝 클러치 형식의 기동 전동기에서 기관이 작동 후에도 지속해서 키 스위치를 지속해서 작동 시, 전동기 내 전기자는 무부하 상태로 공회전하게 된다.

40

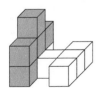

많이 보고 많이 겪고 많이 공부하는 것은 배움의 세 기둥이다.

— 벤자민 디즈라엘리 —

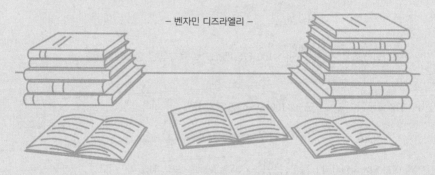

부록

회사상식

현대자동차 회사상식

01	02	03	04	05	06	07	08	09	10
①	②	④	①	②	④	①	③	①	②

01

정답 ①

현대자동차는 고객 최우선(Customer), 도전적 실행(Challenge), 소통과 협력(Collaboration), 인재 존중(People), 글로벌 지향(Globality) 등의 5대 핵심 가치(Core Value)를 통해 '자동차에서 삶의 동반자로'라는 비전(Vision)을 세우고, 이러한 핵심 가치와 비전을 토대로 '창의적 사고와 끝없는 도전을 통해 새로운 미래를 창조함으로써 인류 사회의 꿈을 실현한다'는 경영철학(Management Philosophy)을 도출하였다.

오답분석
② KG모빌리티는 존경받는 기업, 자랑스런 회사가 되기 위해 위대한 사고를 하고 끊임없이 도전하는 것을 기업이념으로 삼는다.
③ 한국GM 쉐보레는 글로벌 브랜드를 지향점으로 삼는다.
④ 존중(Respect), 신뢰(Trust), 투명(Transparency) 등의 핵심 가치를 통해 도출된 르노코리아의 비전이다.

02

정답 ②

현대자동차 전용 전기차 브랜드 아이오닉의 2번째 모델인 아이오닉 6는 2023년 1월 유럽의 신차 안전성 평가 프로그램인 유로 NCAP(New Car Assessment Programme)의 '대형 패밀리카(Large Family Car)' 부문에서 '최우수(Best in Class)' 차량에 선정됐다. 유로 NCAP 측은 아이오닉 6가 정면ㆍ측면 충돌 실험에서 승객 공간이 안전한 상태를 유지해 성인과 어린이 탑승자의 주요 신체를 잘 보호했다며 강건한 차체는 물론 승객을 보호하는 에어백 시스템, 다양한 첨단 안전 보조 기능 등이 결합되어 최고 등급의 안전도 획득을 이끌었다며 선정 사유를 밝혔다.

03

정답 ④

쏘나타는 1985년 10월 국내 최초로 크루즈 컨트롤을 장비한 고급 승용차로 출시되었고, 2024년 5월 현재까지 생산이 이어지고 있다.

오답분석
① 아반떼 : 1995년 3월 독자 개발한 수출 전략형 준중형차로 출시되었고, 2024년 5월 현재까지 생산이 이어지고 있다.
② 그랜저 : 1986년 7월 일본 미쓰비시와 공동 개발한 고급 승용차로 출시되었고, 2024년 5월 현재까지 생산이 이어지고 있다.
③ 엑센트 : 1994년 4월 모든 부품을 완전히 현대자동차의 독자 기술로 개발한 최초의 차량으로, 국내시장에서는 2019년 단종되었다.

04

정답 ①

히어(H-ear)는 현대자동차(H)의 귀가 되어 고객의 소리를 듣고(Hear), 고객과 함께 자동차의 미래를 설계하기 위한 고객 소통 채널이다. 'H-ear'를 통해 차량 정보, 서비스, 트렌드에 대한 고객의 아이디어ㆍ제안을 공유하며, 설문조사와 주어진 질문을 주제로 토론할 수 있다. 이러한 과정을 통해 도출된 실행안을 현대자동차의 분야별 전문 담당자들이 검토하여 현대자동차의 각종 제품과 서비스에 반영한다.

05

정답 ②

현대자동차는 공유가치 창출(CSV; Creating Shared Value)을 통해 사회 임팩트를 확산하고, 지속 가능한 기업 생태계를 구축하기 위해 현대자동차가 추구하는 지속 가능한 미래를 향한 의지를 담아 2022년 1월 'Hyundai Continue' 이니셔티브를 시작했다. '하나로 이어진 우리, 연결을 시작하다'는 공약(公約) 아래 전개되는 Hyundai Continue는 지구와 사람의 공존을 위한 노력, 자유로운 이동과 연결을 위한 노력, 미래 세대의 희망을 위한 노력으로 이루어져 있다.

06

정답 ④

현대자동차는 미래 세대가 내일을 꿈꾸고 무엇이든 도전할 수 있도록 아동, 청소년, 청년을 위한 다양한 희망 지원 활동들을 사업장이 위치한 글로벌 지역사회 곳곳에서 펼치고 있다. 이러한 활동 가운데 하나인 'Hyundai Hope on Wheels'는 미국의 소아암 연구를 지원하는 캠페인으로, 1998년부터 이어져오고 있다. 2021년 말 누적 기부금은 총 1억 8,500만 달러를 기록했다.

오답분석

① Vision Drive : 현대자동차 남양연구소에서 펼치고 있는 활동으로, 임직원 강연 기부 비전 멘토링과 명사 초청 강연 비전 페스티벌로 구성된다. 비전 멘토링은 현대자동차 임직원이 학교를 방문해 자동차의 역사와 기술, 미래 모빌리티 등에 대한 이해를 통해 학생들에게 자동차 산업의 진로 탐색 기회를 제공하는 활동이다. 비전 페스티벌은 다양한 분야의 명사를 초청해 명사와 대담하는 기회를 제공함과 동시에 다양한 분야의 진로 강연을 들을 수 있는 프로그램이다.

② Hyundai Help for Kids : 호주의 어린이들과 가족에게 도움을 주는 활동이다. 생활에 필수적인 자금 지원뿐만 아니라 차량을 보조하고 교육을 제공하는 등 다양한 활동을 진행하고 있다. 2014년부터 2020년까지 모금된 기부금은 1,000만 달러를 넘었다.

③ Safe Road Traffic Project : 러시아 연방 교통경찰과 교육부와 협업해 2017년부터 펼치고 있는 어린이 교통안전 교육이다. 어린이는 물론 부모와 어린이집, 교사 등도 교육 대상이며, 온라인 게임 시뮬레이터 프로그램을 론칭함으로써 비대면으로도 교육 활동을 벌이고 있다.

07

정답 ①

LCA(전과정 평가)는 'Life Cycle Assessment'의 약어로, 제품의 제조 공정 및 서비스가 생산되어 폐기되기까지의 모든 과정이 환경에 미치는 영향에 대해 평가하는 기법을 말한다. 원료의 채취 → 가공 · 조립 · 제조 → 수송 · 유통 → 사용 → 폐기 · 재활용에 이르는 제품의 라이프 사이클을 통한 모든 영향, 환경 부하 등을 분석 · 평가하는 것으로, 제품이 환경에 끼치는 악영향을 저감하거나 개선하고자 한다. 국제규격(ISO 14040 및 14044)에 LCA 가이드라인이 제시되어 있다.

오답분석

② AAM(미래 항공 모빌리티) : 'Advanced Air Mobility'의 약어로, 항공 서비스가 부족하거나 항공 서비스를 받지 못하는 지역 사이에 사람 · 화물을 옮길 수 있는 항공 운송 체계를 가리킨다. 예컨대 수직 이착륙이 가능한 전동 무인 드론을 활용하면 교통 혼잡의 해소, 도서 · 산간 접근성 개선 등은 물론 환경 오염, 소음 공해 등 문제를 해결할 것으로 기대된다. 한편 현대자동차는 2022년 1월 AAM본부를 설치했으며, AAM 연구소 착공을 위한 작업에 나서는 등 국내 항공 모빌리티 산업의 기초를 다지고 있다.

③ SOEC(고체 산화물 전해조 전지) : 'Solid Oxide Electrolysis Cell'의 약어로, 이산화탄소 배출 없이 물에서 그린수소를 생산하는 기술이다. 저비용으로 수소를 생산할 수 있는 차세대 기술로 주목을 받고 있다. 그린수소는 재생에너지에서 나온 전기로 물을 산소와 수소로 분해해 생산하는 수전해수소를 말한다.

④ E-GMP : 'Electric-Global Modular Platform'의 약어로, 현대자동차에서 개발한 차세대 전기차 전용 플랫폼이다. E-GMP는 확장 가능한 휠베이스를 통해 다양한 유형의 차량을 구성할 수 있도록 모듈화 · 표준화된 통합 플랫폼으로, 더 긴 거리 주행을 가능하게 하고, 충전 시간을 한층 단축할 수 있다. 또한 바닥을 평평하게 만들 수 있고 엔진과 변속기, 연료탱크 등이 차지하던 공간이 사라져 내부 공간을 더욱 여유롭게 활용할 수 있다.

'NEXO'는 고대 게르만어로는 '물의 정령'을, 라틴어·스페인어로는 '결합·연계'를 뜻한다. 현대자동차 측은 NEXO가 "산소와 수소의 '결합'으로 오직 에너지와 '물'만 발생하는 궁극의 친환경차의 특성을 정확히 표현한다."고 설명했다.

오답분석

① IONIQ : 전기의 힘으로 에너지를 만들어내는 '이온(Ion)'과 현대자동차의 독창성을 뜻하는 '유니크(Unique)'를 조합한 명칭 이다.

② VENUE : 영어로 콘서트·스포츠경기·회담 등의 장소, 즉 특별한 일이나 활동을 위한 장소를 의미한다. 이는 차량의 실내 공간은 물론 운전자가 차량과 함께 도달하고 싶은 장소 또는 인생에서 도달하고 싶은 장소·목표·지향점 등 다양한 의미로 해석된다.

④ CASPER : 스케이트보드를 뒤집어 착지하는 기술을 뜻하며, 새로운 차급, 기존 자동차의 고정관념을 뒤집으려는 의지를 표 현한 명칭이다.

그린존(Green Zone)은 현대자동차는 2008~2013년에 내몽골 아빠까치 차칸노르 지역에서 현대 그린존 1차 사업을 진행하였으 며, 2014~2020년 진행한 2차 사업에서는 정란치 보샤오떼노르 및 하기노르 지역을 초지로 조성하고, 현지 정부에 사막화 방지 생태복원 기술을 이전했다. 현대 그린존 프로젝트에는 현대자동차 임직원, 대학생 봉사단이 지속적으로 참여하고 있다. 이러한 중 국 사회에 대한 기여를 인정받아 현대자동차는 중국 사회과학원 CSR 연구센터의 '2021 기업사회책임 발전지수 평가'에서 6년 연속으로 자동차 기업 부문 1위에 선정되었다.

오답분석

② 그린워싱(Green Washing) : 'Green'과 'White Washing(세탁)'의 합성어로, 실제로는 환경에 해롭지만 마치 친환경적인 것 처럼 광고하는 것을 말한다. 기업들이 자사의 상품을 환경 보호에 도움이 되는 것처럼 홍보하는 '위장환경주의'를 뜻하기도 한 다. 기업이 상품을 생산하는 과정에서 일어나는 환경오염 문제는 축소시키고 재활용 등의 일부 과정만을 부각시켜 마치 친환 경인 것처럼 포장하는 것이 이에 해당한다.

③ 그린뮤팅(Green Muting) : 그린워싱과 반대로 기업이 그린워싱으로 오해받는 리스크를 우려해 환경 보호·개선 노력과 성과 에 대해 정보 공개나 주장을 거의 하지 않는 행위를 뜻한다.

④ 그린카본(Green Carbon) : 자연에 존재하는 탄소는 그것이 포함된 환경에 따라 그린카본, 블루카본, 블랙카본 등으로 분류된 다. 그린카본은 열대우림 등의 삼림과 같은 육상 생태계가 흡수하는 탄소, 즉 식물의 광합성에 이용되는 탄소를 의미한다. 블 루카본은 바닷가에 서식하는 동식물과 퇴적물 등 해양 생태계가 흡수하는 탄소를 가리킨다. 그린카본과 블루카본은 지구온난 화를 해소하는 수단이 될 수 있다. 블랙카본은 화석연료나 나무 등이 불완전 연소하면서 발생하는 탄소를 가리키며, 지구온난 화를 부채질할 수 있다.

현대자동차그룹이 운영하는 '해피무브 글로벌 청년봉사단'은 연간 약 1,000명의 대한민국 청년을 선발해 방학기간을 이용해 해외 각국으로 파견하며, 이들은 건축, 환경, 교육, 문화 등 다양한 분야에서 봉사활동을 펼친다. 단발성 파견의 한계를 넘어서고자 개 발도상국 내 저개발지역 가운데 3년 이상 봉사단을 파견할 마을을 선정하며, 단원들이 현지의 주민 대학생들과 함께 워크숍 등을 통해 마을의 문제를 개선할 수 있는 아이디어를 제안하며, 현지 주민의 실질적 자립에 기여한다.

오답분석

① 해피콜(Happy Call) : 고객과의 원만한 관계를 형성하고 이를 통해 간접적으로 판매 활동을 촉진하기 위한 마케팅 전략을 가리 킨다. 애프터서비스를 비롯해 고객의 기념일에 선물을 보낸다거나 우수 제안을 한 고객에게 사은품을 제공하는 것 등이 있다.

③ 해피아워(Happy Hour) : 호텔의 식음료 매장에서 하루 중 손님이 드문 시간대를 이용하여 저렴한 가격이나 무료로 음료 및 간단한 식사나 간식거리 따위를 제공하는 서비스를 뜻한다.

④ 해피 바이러스(Happy Virus) : 한 사람 또는 일부의 말이나 행복을 통해 다른 사람이 행복을 느끼고, 그러한 분위기가 널리 퍼지는 현상을 뜻한다.

현대자동차 모빌리티 생산직/기술인력 답안지

문번	1	2	3	4	5		문번	1	2	3	4	5
1	①	②	③	④	⑤		21	①	②	③	④	⑤
2	①	②	③	④	⑤		22	①	②	③	④	⑤
3	①	②	③	④	⑤		23	①	②	③	④	⑤
4	①	②	③	④	⑤		24	①	②	③	④	⑤
5	①	②	③	④	⑤		25	①	②	③	④	⑤
6	①	②	③	④	⑤		26	①	②	③	④	⑤
7	①	②	③	④	⑤		27	①	②	③	④	⑤
8	①	②	③	④	⑤		28	①	②	③	④	⑤
9	①	②	③	④	⑤		29	①	②	③	④	⑤
10	①	②	③	④	⑤		30	①	②	③	④	⑤
11	①	②	③	④	⑤		31	①	②	③	④	⑤
12	①	②	③	④	⑤		32	①	②	③	④	⑤
13	①	②	③	④	⑤		33	①	②	③	④	⑤
14	①	②	③	④	⑤		34	①	②	③	④	⑤
15	①	②	③	④	⑤		35	①	②	③	④	⑤
16	①	②	③	④	⑤		36	①	②	③	④	⑤
17	①	②	③	④	⑤		37	①	②	③	④	⑤
18	①	②	③	④	⑤		38	①	②	③	④	⑤
19	①	②	③	④	⑤		39	①	②	③	④	⑤
20	①	②	③	④	⑤		40	①	②	③	④	⑤

고사장

성명

수험번호

⓪	①	②	③	④	⑤	⑥	⑦	⑧	⑨
⓪	①	②	③	④	⑤	⑥	⑦	⑧	⑨
⓪	①	②	③	④	⑤	⑥	⑦	⑧	⑨
⓪	①	②	③	④	⑤	⑥	⑦	⑧	⑨
⓪	①	②	③	④	⑤	⑥	⑦	⑧	⑨
⓪	①	②	③	④	⑤	⑥	⑦	⑧	⑨
⓪	①	②	③	④	⑤	⑥	⑦	⑧	⑨

감독위원 확인

인

현대자동차 모빌리티 생산직/기술인력 답안지

교시장

성 명

수험번호

① ② ③ ④ ⑤ ⑥ ⑦ ⑧ ⑨
⓪ ① ② ③ ④ ⑤ ⑥ ⑦ ⑧ ⑨
⓪ ① ② ③ ④ ⑤ ⑥ ⑦ ⑧ ⑨
⓪ ① ② ③ ④ ⑤ ⑥ ⑦ ⑧ ⑨
⓪ ① ② ③ ④ ⑤ ⑥ ⑦ ⑧ ⑨
⓪ ① ② ③ ④ ⑤ ⑥ ⑦ ⑧ ⑨
⓪ ① ② ③ ④ ⑤ ⑥ ⑦ ⑧ ⑨

감독위원 확인
(인)

문번	1	2	3	4	5		문번	1	2	3	4	5	
1	①	②	③	④	⑤		21	①	②	③	④	⑤	
2	①	②	③	④	⑤		22	①	②	③	④	⑤	
3	①	②	③	④	⑤		23	①	②	③	④	⑤	
4	①	②	③	④	⑤		24	①	②	③	④	⑤	
5	①	②	③	④	⑤		25	①	②	③	④	⑤	
6	①	②	③	④	⑤		26	①	②	③	④	⑤	
7	①	②	③	④	⑤		27	①	②	③	④	⑤	
8	①	②	③	④	⑤		28	①	②	③	④	⑤	
9	①	②	③	④	⑤		29	①	②	③	④	⑤	
10	①	②	③	④	⑤		30	①	②	③	④	⑤	
11	①	②	③	④	⑤		31	①	②	③	④	⑤	
12	①	②	③	④	⑤		32	①	②	③	④	⑤	
13	①	②	③	④	⑤		33	①	②	③	④	⑤	
14	①	②	③	④	⑤		34	①	②	③	④	⑤	
15	①	②	③	④	⑤		35	①	②	③	④	⑤	
16	①	②	③	④	⑤		36	①	②	③	④	⑤	
17	①	②	③	④	⑤		37	①	②	③	④	⑤	
18	①	②	③	④	⑤		38	①	②	③	④	⑤	
19	①	②	③	④	⑤		39	①	②	③	④	⑤	
20	①	②	③	④	⑤		40	①	②	③	④	⑤	

현대자동차 모빌리티 생산직/기술인력 답안지

문번	1	2	3	4	5		문번	1	2	3	4	5	
1	①	②	③	④	⑤		21	①	②	③	④	⑤	
2	①	②	③	④	⑤		22	①	②	③	④	⑤	
3	①	②	③	④	⑤		23	①	②	③	④	⑤	
4	①	②	③	④	⑤		24	①	②	③	④	⑤	
5	①	②	③	④	⑤		25	①	②	③	④	⑤	
6	①	②	③	④	⑤		26	①	②	③	④	⑤	
7	①	②	③	④	⑤		27	①	②	③	④	⑤	
8	①	②	③	④	⑤		28	①	②	③	④	⑤	
9	①	②	③	④	⑤		29	①	②	③	④	⑤	
10	①	②	③	④	⑤		30	①	②	③	④	⑤	
11	①	②	③	④	⑤		31	①	②	③	④	⑤	
12	①	②	③	④	⑤		32	①	②	③	④	⑤	
13	①	②	③	④	⑤		33	①	②	③	④	⑤	
14	①	②	③	④	⑤		34	①	②	③	④	⑤	
15	①	②	③	④	⑤		35	①	②	③	④	⑤	
16	①	②	③	④	⑤		36	①	②	③	④	⑤	
17	①	②	③	④	⑤		37	①	②	③	④	⑤	
18	①	②	③	④	⑤		38	①	②	③	④	⑤	
19	①	②	③	④	⑤		39	①	②	③	④	⑤	
20	①	②	③	④	⑤		40	①	②	③	④	⑤	

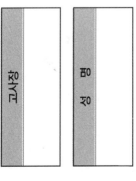

교시장

성 명

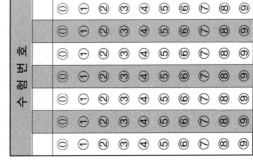

수험번호

감독위원 확인

인

※ 정확선을 따라 분리하여 실제 시험과 같이 사용하면 더욱 효과적입니다.

현대자동차 모빌리티 생산직/기술인력 답안지

교시장

성 명

수 험 번 호

⓪	⓪	⓪	⓪	⓪	⓪	⓪
①	①	①	①	①	①	①
②	②	②	②	②	②	②
③	③	③	③	③	③	③
④	④	④	④	④	④	④
⑤	⑤	⑤	⑤	⑤	⑤	⑤
⑥	⑥	⑥	⑥	⑥	⑥	⑥
⑦	⑦	⑦	⑦	⑦	⑦	⑦
⑧	⑧	⑧	⑧	⑧	⑧	⑧
⑨	⑨	⑨	⑨	⑨	⑨	⑨

감독위원 확인
(인)

문번	1	2	3	4	5	문번	1	2	3	4	5		
1	①	②	③	④	⑤	21	①	②	③	④	⑤		
2	①	②	③	④	⑤	22	①	②	③	④	⑤		
3	①	②	③	④	⑤	23	①	②	③	④	⑤		
4	①	②	③	④	⑤	24	①	②	③	④	⑤		
5	①	②	③	④	⑤	25	①	②	③	④	⑤		
6	①	②	③	④	⑤	26	①	②	③	④	⑤		
7	①	②	③	④	⑤	27	①	②	③	④	⑤		
8	①	②	③	④	⑤	28	①	②	③	④	⑤		
9	①	②	③	④	⑤	29	①	②	③	④	⑤		
10	①	②	③	④	⑤	30	①	②	③	④	⑤		
11	①	②	③	④	⑤	31	①	②	③	④	⑤		
12	①	②	③	④	⑤	32	①	②	③	④	⑤		
13	①	②	③	④	⑤	33	①	②	③	④	⑤		
14	①	②	③	④	⑤	34	①	②	③	④	⑤		
15	①	②	③	④	⑤	35	①	②	③	④	⑤		
16	①	②	③	④	⑤	36	①	②	③	④	⑤		
17	①	②	③	④	⑤	37	①	②	③	④	⑤		
18	①	②	③	④	⑤	38	①	②	③	④	⑤		
19	①	②	③	④	⑤	39	①	②	③	④	⑤		
20	①	②	③	④	⑤	40	①	②	③	④	⑤		

현대자동차 모빌리티 생산직/기술인력 답안지

문번	1	2	3	4	5
1	①	②	③	④	⑤
2	①	②	③	④	⑤
3	①	②	③	④	⑤
4	①	②	③	④	⑤
5	①	②	③	④	⑤
6	①	②	③	④	⑤
7	①	②	③	④	⑤
8	①	②	③	④	⑤
9	①	②	③	④	⑤
10	①	②	③	④	⑤
11	①	②	③	④	⑤
12	①	②	③	④	⑤
13	①	②	③	④	⑤
14	①	②	③	④	⑤
15	①	②	③	④	⑤
16	①	②	③	④	⑤
17	①	②	③	④	⑤
18	①	②	③	④	⑤
19	①	②	③	④	⑤
20	①	②	③	④	⑤

문번	1	2	3	4	5
21	①	②	③	④	⑤
22	①	②	③	④	⑤
23	①	②	③	④	⑤
24	①	②	③	④	⑤
25	①	②	③	④	⑤
26	①	②	③	④	⑤
27	①	②	③	④	⑤
28	①	②	③	④	⑤
29	①	②	③	④	⑤
30	①	②	③	④	⑤
31	①	②	③	④	⑤
32	①	②	③	④	⑤
33	①	②	③	④	⑤
34	①	②	③	④	⑤
35	①	②	③	④	⑤
36	①	②	③	④	⑤
37	①	②	③	④	⑤
38	①	②	③	④	⑤
39	①	②	③	④	⑤
40	①	②	③	④	⑤

고사장

성 명

수 험 번 호

⓪	①	②	③	④	⑤	⑥	⑦	⑧	⑨
⓪	①	②	③	④	⑤	⑥	⑦	⑧	⑨
⓪	①	②	③	④	⑤	⑥	⑦	⑧	⑨
⓪	①	②	③	④	⑤	⑥	⑦	⑧	⑨
⓪	①	②	③	④	⑤	⑥	⑦	⑧	⑨
⓪	①	②	③	④	⑤	⑥	⑦	⑧	⑨
⓪	①	②	③	④	⑤	⑥	⑦	⑧	⑨

감독위원 확인

(인)

현대자동차 모빌리티 생산직/기술인력 답안지

교사장

성 명

수 험 번 호

⓪	⓪	⓪	⓪	⓪	⓪	⓪
①	①	①	①	①	①	①
②	②	②	②	②	②	②
③	③	③	③	③	③	③
④	④	④	④	④	④	④
⑤	⑤	⑤	⑤	⑤	⑤	⑤
⑥	⑥	⑥	⑥	⑥	⑥	⑥
⑦	⑦	⑦	⑦	⑦	⑦	⑦
⑧	⑧	⑧	⑧	⑧	⑧	⑧
⑨	⑨	⑨	⑨	⑨	⑨	⑨

감독위원 확인

인

문번	1	2	3	4	5		문번	1	2	3	4	5		
1	①	②	③	④	⑤		21	①	②	③	④	⑤		
2	①	②	③	④	⑤		22	①	②	③	④	⑤		
3	①	②	③	④	⑤		23	①	②	③	④	⑤		
4	①	②	③	④	⑤		24	①	②	③	④	⑤		
5	①	②	③	④	⑤		25	①	②	③	④	⑤		
6	①	②	③	④	⑤		26	①	②	③	④	⑤		
7	①	②	③	④	⑤		27	①	②	③	④	⑤		
8	①	②	③	④	⑤		28	①	②	③	④	⑤		
9	①	②	③	④	⑤		29	①	②	③	④	⑤		
10	①	②	③	④	⑤		30	①	②	③	④	⑤		
11	①	②	③	④	⑤		31	①	②	③	④	⑤		
12	①	②	③	④	⑤		32	①	②	③	④	⑤		
13	①	②	③	④	⑤		33	①	②	③	④	⑤		
14	①	②	③	④	⑤		34	①	②	③	④	⑤		
15	①	②	③	④	⑤		35	①	②	③	④	⑤		
16	①	②	③	④	⑤		36	①	②	③	④	⑤		
17	①	②	③	④	⑤		37	①	②	③	④	⑤		
18	①	②	③	④	⑤		38	①	②	③	④	⑤		
19	①	②	③	④	⑤		39	①	②	③	④	⑤		
20	①	②	③	④	⑤		40	①	②	③	④	⑤		

시대에듀 현대자동차 모빌리티 생산직/기술인력 필기시험 2개년 기출+모의고사 4회

개정9판2쇄 발행	2024년 08월 20일 (인쇄 2024년 08월 14일)
초 판 발 행	2012년 05월 15일 (인쇄 2012년 05월 08일)
발 행 인	박영일
책 임 편 집	이해욱
편 저	SDC(Sidae Data Center)
편 집 진 행	안희선 · 김내원
표지디자인	박수영
편집디자인	김예슬 · 장성복
발 행 처	(주)시대고시기획
출 판 등 록	제10-1521호
주 소	서울시 마포구 큰우물로 75 [도화동 538 성지 B/D] 9F
전 화	1600-3600
팩 스	02-701-8823
홈 페 이 지	www.sdedu.co.kr

I S B N	979-11-383-7221-3 (13320)
정 가	22,000원

현대자동차 모빌리티

생산직
기술인력

필기시험

2개년 기출 + 모의고사 4회

최신 출제경향 전면 반영

고졸 / 전문대졸 취업 기초부터 합격까지! 취업의 문을 여는 **Master Key!**

고졸/전문대졸 필기시험 시리즈

포스코그룹
생산기술직 / 직업훈련생

GSAT 4급

현대자동차
생산직 / 기술인력

S-OIL 생산직

SK하이닉스
Operator/Maintenance

SK이노베이션

※도서의 이미지 및 구성은 변동될 수 있습니다.

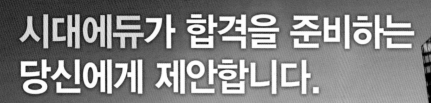

시대에듀가 합격을 준비하는
당신에게 제안합니다.

결심하셨다면 지금 당장 실행하십시오.
시대에듀와 함께라면 문제없습니다.

성공의 기회!
시대에듀를 잡으십시오.

NEXT STEP!

- 마크 트웨인 -

기회란 포착되어 활용되기 전에는 기회인지조차 알 수 없는 것이다.